本书系广东省哲学社会科学规划教育类“十一五”课题
——“‘自主探究、多元互动’课堂教学模式的研究与实践”（课题号：09SJYY002）成果

自主探究 多元互动

中学全新课堂教学模式的研究与实践

ZIZHU TANJIU DUOYUAN HUDONG
ZHONGXUE QUANXIN KETANG JIAOXUE MOSHI
DE YANJIU YU SHIJIAN

主　编◎陈秋兰
副主编◎叶翠玲

暨南大學出版社
JINAN UNIVERSITY PRESS

中国·广州

图书在版编目（CIP）数据

自主探究　多元互动：中学全新课堂教学模式的研究与实践/陈秋兰主编；叶翠玲副主编．—广州：暨南大学出版社，2016.3
ISBN 978－7－5668－1755－6

Ⅰ．①自…　Ⅱ．①陈…　②叶…　Ⅲ．①课堂教学—教学模式—教学研究—中学　Ⅳ．①G632.421

中国版本图书馆 CIP 数据核字（2016）第 038355 号

出版发行：暨南大学出版社

地　址：中国广州暨南大学
电　话：总编室（8620）85221601
　　　　营销部（8620）85225284　85228291　85228292（邮购）
传　真：（8620）85221583（办公室）　85223774（营销部）
邮　编：510630
网　址：http://www.jnupress.com　http://press.jnu.edu.cn

排　版：广州尚文数码科技有限公司
印　刷：佛山市浩文彩色印刷有限公司

开　本：787mm×960mm　1/16
印　张：16
字　数：350 千
版　次：2016 年 3 月第 1 版
印　次：2016 年 3 月第 1 次

定　价：42.00 元

前言

PREFACE

“自主探究、多元互动”课堂教学模式的研究与实践（课题号：09SJYY002）是广东省哲学社会科学规划教育类“十一五”课题。本课题自2009年立项以来，经过了广州市第四中学全体课题组成员的努力以及学校层面自上而下的宏观统筹，全面推行课堂改革，全面推进了学校素质教育的切实实施。我们借助学校管理力量，运用文献分析法、问卷调查法、案例研究法等方法，从学校的宏观层面到微观的学科层面来构建“自主探究、多元互动”的课堂教学模式，形成了一些操作性强、系统完整的教学与管理的评价标准，研制了“自主探究、多元互动”的优秀课堂标准，形成了“多元课堂”的操作体系及其课堂学习方法指导意见，让一线教师在教学中有明确目标，表现有尺可量，考评有据可依。与此同时，我们把课题与校本教研融合，构建了学习型团队，开展了14个学科子课题的研究，在研究过程中，形成了大量的优秀教学案例与课题论文，并由此编写了本论文集。

本论文集分为“学术研讨篇”和“教学案例篇”两个部分，主要从课程与教学评价的角度探讨“自主探究、多元互动”的课题开展，从教师的角度探讨“自主探究、多元互动”的教学策略与教学方法，从学生的角度探讨各种自主探究、互动学习的方法和策略。

我们希望通过推出本论文集，充分发挥课题的正面反拨效应，增强课题的效果：深入推进高中新课程改革的实施，促进学校教育观念的转变，进一步提高教师教书育人的质量。

陈秋兰

2015年11月

目录

CONTENTS

学术研讨篇

教学案例篇

“‘自主探究、多元互动’课堂教学模式的研究与实践”课题结题报告

课题组执笔　叶翠玲

【摘要】本课题研究是基于高中新课程改革的背景下，针对教师在实践中面临的各种问题，借用学校管理力量，运用文献分析法、问卷调查法、案例研究法，从学校的宏观层面到微观的学科层面来构建“自主探究、多元互动”的课堂教学模式，推进新课标理念的实现。

【关键词】自主探究　多元互动　课堂模式

第一部分　引言

“‘自主探究、多元互动’课堂教学模式的研究与实践”是广州市中小学教育领域进一步深化素质教育专项课题第二批立项的。本课题自2009年立项以来，经过广州市第四中学全体课题组成员的努力以及学校自上而下的宏观统筹，全面推行课堂改革，全面推进了学校素质教育的切实实施。我们借用学校的管理力量，运用文献分析法、问卷调查法、案例研究法等，从学校的宏观层面到微观的学科层面来构建“自主探究、多元互动”的课堂教学模式，形成一些操作性强、系统完整的教学与管理的评价标准，研制了“自主探究、多元互动”的优秀课堂标准，形成了“多元课堂”的操作体系及其课堂学习方法指导意见，让一线教师在教学中有明确目标，表现有尺可量，考评有据可依。与此同时，我们把课题与校本教研融合，构建了学习型团队，开展了14个学科子课题的研究。在课题研究

中，形成了大量的优秀教学案例与课题相关论文，并编写出了35万字的论文集。

上述课题成果体现了我们充分发挥课题的正面反拨效应，推广课题的效果：深入推进高中新课程改革实施，促进学校教育观念的转变，进一步提高教师教书育人的质量。

第二部分 正文

一、课题的研究背景与目的

（一）研究背景

在社会发展的大背景下，高中新课程改革是培养适应知识经济时代高素质人才的需要，是顺应国际教育改革的发展趋势要求。因此，我们教育工作的重心已不再是教给学生固定的系统知识，而是坚定“以学生发展为本”的理念，塑造具有丰富内涵的自由人格，让学生在教师的教导和指引下，进行有意义的自主学习。新课改有利于推动对学生、教师以及学校的评价制度的改革，促进素质教育，提高全体学生的全面素质。

本课题研究是基于高中新课程改革的背景下，针对教师在实践中面临的诸多问题，通过实践性研究的方法，努力提高课堂教学的实效性，寻找提高课堂教学效益的方法，让学生对学习充满兴趣，从提高学生的学习能力入手，进一步提高教学质量。

从内部环境来看，我校正处在新课程理念向教学实践的转化过程中，由于缺乏教学目标方面的理论培训指导，以及在该方面的具体教学技术层面的帮助指导，所以，不少教师在课堂教学实践中的三维教学目标难以整合，新课程教学目标难以落实，从而导致教学质量和效益难以提高，课程资源不能得到有效利用，学生学习主动性未能有效激发。

上述问题说明不少教师对新课程改革的意识不强，或者说在制定教学目标时对教学目标定位的依据（学科性、生本性、新课标要求、新高考要求等）缺少深刻的理解和研究，导致他们在教学设计及教学过程中未能准确实施，造成实际教学与目标不匹配，最终影响课堂教学效率。为此，本课题研究也是帮助教师提高教学专业素养和教学质量的需要，是深化我校课改的必要做法。

（二）研究目的

中国基础教育的改革与发展迫切需要我们确立“以人为本”的教育理念，倡导我们的课堂教学使用探究性方式，强调师生互动，从"过程与方法"的角度，调动学生的情感积累，引导学生进行有深度的思考。我们深知，课改如果仅仅停留在某学科课堂教学模式研究上，就只能是星星之火，其推广力度是不够的。

为此，我校"自主探究、多元互动"课堂教学模式的研究与实践旨在从学校自上而下宏观的统筹，全面推行课堂改革。我们借用学校管理力量，从学校的宏观层面到微观的学科层面来构建"自主探究、多元互动"的课堂教学模式，并具体化该课堂教学模式，形成一些操作性强、系统完整的教学与管理的评价标准等，让一线教师教学中有明确目标、表现有尺可量，考评有据可依，使我们的教学在深度反思中推进高中新课程改革，促进教育观念的转变，提升学校与教师的教育能力。

二、课题研究的价值取向

（一）理论价值

以"自主探究""多元互动"为关键词，从中国知网进行 2009 年至 2013 年中文文献跨库搜索得知，国内外众多的研究验证了"自主探究、多元互动"课堂教学模式从小学到大学各个教学年段、各学科都可以实施。在日常的教学里，这种教学模式是可行与有效的，是践行新课标理念，实施自主探究、合作交流与创新教学方式的举措。通过文献查询，可知"自主探究、多元互动"课堂教学模式在学科领域开展研究的数量很多，而从学校的宏观到学科的微观方面的纵向研究比较少，更不用说从学校层面自上而下地推行该模式的教学探讨。

因此，"自主探究、多元互动"课堂教学模式的研究与实践是从学校层面由上至下进行的，在学校管理层面、教育与教学层面全面推进，为构建新的课堂教学策略提出一种理论依据和科学观念，为建构我校新课改实施中校本教研的策略理论框架提供一个新的解释系统，这是一种真正意义上的思辨的提升与理性的思考。

（二）实践价值

从操作层面来看，通过确立"自主探究、多元互动"的课堂教学模式，构建该课堂教学评价标准，构建多元课堂（同课异构与分层教学）的操作体系，把本课题与课堂教学、校本教研以及学科组的课题联系起来从上至下地开展，促进我校教与学方式的变革，使学生主动、积极地学会学习、学会发展，使教师与学校有以下的改变：

（1）通过"自主探究、多元互动"课堂教学模式的研究与实践，揭示课堂教学发展的内在规律，有助于提升教师的教育能力和促进教育观念的转变。

（2）通过研究，帮助我校教育工作者反思和克服当前教育实践中不合理的传统教育观念，彻底摒弃急功近利的价值取向，增强实践活动的规律性与目的性，增强教育改革的意识，明确课堂教学改革与发展研究的方向和主题，整体提升学校的教学质量和水平。

（3）通过“自主探究、多元互动”课堂教学模式的研究与实践，可以帮助我们找到解决课堂教学上的诸多问题和各环节中存在的困惑和办法，可以寻求到或构筑起可操作的既符合时代要求又带有学校特色的有利于全面提升学生素质的课堂教学办法。为如何通过课堂教学这一实施素质教育的主渠道，提高学生的全面素质，提供了可行性强和有推广价值的策略。

三、课题界定与支撑性理论

（一）核心概念的界定

1. 自主探究

“自主探究”是指学生通过自主探究、合作交流等学习方式，主动获取知识，构建新的知识体系，培养学生积极的学习态度、创新意识和实践能力以及健康的身心品质等多方面的综合发展的模式。构建“自主探究课堂教学模式”，能够培育富有生命活力的课堂，使新课程改革得到进一步完善，课堂教学策略得到进一步调整和优化（陈俊林，2002）。

2. 多元互动

“多元互动”中的“元”是指与学习有关而又能相互作用的各种教学因素，包括教师、学生（人员要素）、教材（信息要素）、教学条件与环境（物质要素）等。而“互动”则指以和谐教育思想为指导，充分利用各种与学习有关而又能相互作用的教学因素，促使学生主动地学习与发展，进而达到高质高效的教学效果（王庆宪，2003）。多元互动课堂教学是在课堂教学过程中变传统的以教师为主的单向传授式教学为现代的以学生为主的多元探究式教学。即教师指导学生与教材进行探究性互动，与同学和教师进行交流研讨性互动，与问题情境进行尝试体验性互动，通过系列多元互动进行自主学习，以达到知识的内化、智能的建构。

（二）“自主探究、多元互动”课堂教学模式的理论依据

行为主义理论认为学生的学习过程一般分为自我指导、自我监控、自我评价、自我强化四部分（杨永欣，2002）。认知主义学习理论的代表人奥苏贝尔和布鲁纳认为学习的过程都是认知结构建立的过程，是对知识的建立和运用的过

程。建构主义理论认为应从人的知识规律出发，以学生为中心，强调学生对知识主动探索、主动发现和对所学知识意义的主动建构（乐眉云，1994）。多元智能理论代表人华德·加德纳提出了人类至少有7种不同的智力，指明个体差异性教学在日常教学中尤为重要（李简，2008）。本项目的教学模式是基于上述的理论依据而开展的。

四、课题研究的基本原则和主要方法

（一）研究的原则

教学理念的转变、现代教学思想的确立必然带来课题研究中原则的巨大变化。我们在本课题研究中力求遵循以下五个研究总体原则与三个操作性原则。

1. 理论与实践相结合的原则

注重理论和实践相结合，以理论指导实践，以实践丰富理论，提倡理论工作者与实践工作者紧密结合，积极参与。

2. 发展性原则

一切有效教学策略的制定和实施均以学生积极的终身发展为前提。

3. 整合性原则

新课改理念下的有效教学策略，必须对各种先进的教学理论（如认知主义学习理论、行为主义理论等）进行整合、对传统的教学手段和现代信息技术进行整合等。

4. 主体性原则

有效教学策略的研究与实践必须以学生为主体，充分发挥学生的独立性、自主性和创造性。

5. 可操作性原则

有效教学策略必须具有可操作性，这是教学策略属性的本质规定。

在操作层面，我们化繁为简，开展课题研究的"三个结合"，充分利用课堂时间，立足课堂，想方设法来提高教学效能。

1. 课题研究与常规课堂教学相结合

教学中要求教师紧密结合"自主探究、多元互动"课堂教学模式研究课题来认真设计常规课。要求教师根据不同的教学内容、教学目标、学生认知水平、情感特征和兴趣爱好等，依据"自主探究、多元互动"课堂教学模式的基本要求来创设课堂教学过程和情境，让学生在新的课堂教学模式下充分地动手、动口、动脑，并自主地发现问题、探索问题和解决问题。

2. 课题研究与各类研究课相结合

将课题研究与示范课、研究课和汇报课等相结合，通过不同类型的研究课，让教师们大胆运用“自主探究、多元互动”课堂教学模式（或者着重体现在这一教学模式下的子课题的某一环节），并在教学实践中依据各自的教学实际灵活地改进“自主探究、多元互动”课堂教学模式，尽可能地通过这些研究课，使“自主探究、多元互动”课堂教学模式能够在教学中产生一定的影响，并在交流中加以完善和提升。

3. 课题研究与教研活动相结合

如上面所提到的，我们开展了教师论坛、科组长论坛、教学沙龙等，举行教学案例、教学论文、优质课等评比活动，所有这些活动都围绕“自主探究、多元互动”课堂教学模式这一主题。

（二）研究的方法

本课题主要采用以下三种研究方法：文献分析法、问卷调查法、案例研究法。具体的研究过程分以下三步走：

第一步为文献分析。文献分析法是指搜集、鉴别和整理文献，并通过对文献的研究形成对事物科学认识的一种方法，它在教育研究中的应用最为频繁。本文通过对“自主探究、多元互动”的相关文献进行回顾和梳理，了解国内外研究状况，并在此基础上对国内外有关“自主探究、多元互动”的论著和文献进行归纳总结，提炼出获得广泛认可、体现时代精神和符合我校实际情况的课堂教学模式、课堂评价指标体系以及教学评价体系内容。

第二步为问卷调查。问卷调查法是实证研究中最常用的一种方法，但在我国目前教育研究中的应用远不如文献分析法来得多。为了更好地验证我们的研究的效果，提升我们课堂教学与我校教师的专业发展能力，并考虑到本课题的实施效果评价主体应该是多元（学生、教师、学校、家长等），我们设计了学生、教师、家长纬度的问卷，用分值法与评语法两种，从质性与量性的角度来统计数据。学生的问卷调查内容包括教师的师德、课堂教学教学策略、课堂教学管理、布置作业量、教学总体评价、教学优点以及教学建议等多方面。教师的问卷调查内容包括本课题教学理念的理解、教学策略使用情况、教学改进等。家长的问卷调查内容包括孩子在家完成作业情况、对我校教学的认可度、对我校管理制度的评价、对小孩所在班的情况调查、对班主任与小孩沟通情况调查等。

第三步为案例研究。我们有目的地选择一些老师（工作未满 3 年的青年教师、工作满 5 年的一级中青年教师、工作 10 年以上的高级教师），对他们进行个案分析。分析的内容有这些教师的理念更新、教学能力表现、科研能力表现、职业态度等。

五、课题研究的过程和保证措施

（一）研究过程

1. 准备阶段（2010 年 9 月初—10 月中）

建立总课题组，设计课题研究方案，进行相关文献搜索与理论学习，唤起教师专业发展的主体意识。

2. 实施阶段（2010 年 11 月—2012 年 11 月）

（1）课题开题报告，各科组确定科组子课题。对我校教师与学生进行问卷调查，探讨他们对本课题的意识与学习情况。

（2）各学科子课题开题并实施；学校研制"自主探究、多元互动"的课堂教学模式体系；各学科研制具有本学科特色的教学评价标准。

（3）各学科根据研制的教学模式体系与教学评价标准，开始研究多元课堂的操作内容，包括开设各类示范课、研讨课等，开展课堂教学发展性评估（包括常规课、示范课等。利用"同课异构""一课两讲""一课多讲""分层教学"等进行课题研讨及中期反思。在课堂研究中探讨"多元课堂"下各学科学习方法与习惯的指导。

（4）课题组设计问卷，开展问卷调查与访谈，进一步开设示范课、研讨课等反思课题效果；调查我校教师科研能力的发展情况；收集优秀典型课堂教学案例并进行评比活动，形成各学科"自主探究、多元互动"课堂教学模式案例集及有关论文集。

3. 总结结题阶段（2012 年 12 月—2013 年 2 月）

从 2012 年下半年开始，进行学科的子课题和大课题的总结，提升和完善"自主探究、多元互动"课堂教学模式，汇编论文集（含教学案例集），并在兄弟学校进行介绍与推广本课题成果。

（二）保证措施

课题组充分解读《普通高中课程方案》，深入系统地学习了《中共中央国务院关于深化教育改革全面推进素质教育的决定》《国务院关于基础教育改革与发展的决定》《普通高中课程方案（实验）》《国家中长期教育改革与发展规划纲要（2010—2020 年）》和 14 个学科课程标准（实验）等有关文件。在我校师资条件、学科教学特点和学生认知规律的基础上，根据学校的办学理念、办学特色和培养目标，规划学校近、中、远期课程目标，制定课程实施步骤及保障措施。

六、课题研究的创新点

本研究的创新之处主要体现在以下两个方面：

（1）本研究探讨“自主探究、多元互动”课堂教学模式操作体系、教学的评价体系、“多元课堂”操作体系及其学法指导等，为教育理论提供实践操作指导，使一线教师在教学中有明确目标，表现有尺可量，考评有据可依。

（2）从学校的宏观层面到 14 个学科的微观方面的纵向研究，全面推进高中“自主探究、多元互动”课堂教学模式的研究与实践也属于本课题的创新点。

七、课题研究成果

（一）课堂教学研究方面取得的成果

1. 构建“自主探究、多元互动”的课堂教学模式

通过研读大量的相关文献并根据我校的生源特点，我们构建了本课题课堂教学模式（图 1：本课题课堂教学模式）。

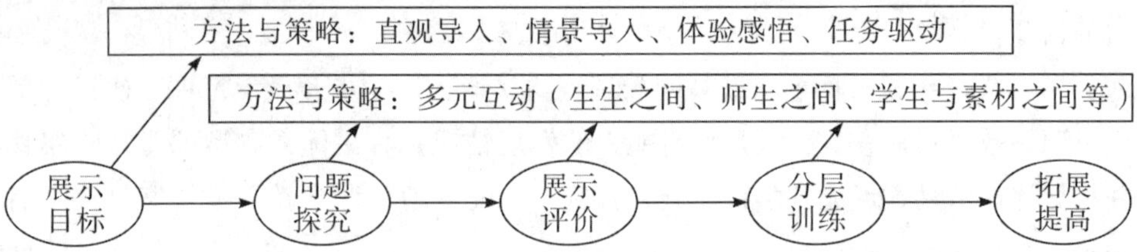

图 1

（1）展示目标。

即教师将本堂课的学习目标通过比较新颖、直观、概括性的形式展示给学生，使学生不仅能从总体上把握这堂课所要掌握的基本知识和所要形成的能力，还能较好地引发学生对本堂课基本知识和技能渴求掌握的欲望。

（2）自主学习。

即要求教师围绕学习目标设计一定形式的自学任务，要求学生按照老师设计的自学任务，认真阅读教材、圈点教材，并自主地掌握教材中的一些基本知识和重点知识；此外，学生在自主学习过程中，还要不断地思考问题、提出问题和质疑问题，并且能够自主地归纳知识和整理知识。

（3）问题探究。

问题探究是要求学生通过自主思考和合作探究，对自主学习过程中所发现的一些有意义的问题，或存在的一些疑难问题，或教师预先设计的一些思考性、探究性问题等进行思考和探究。

（4）多元互动。

在此环节中，教师引领进行师生互动、生生互动，在较为充分了解学生自主学习和问题探究情况后，再结合学生普遍存在的一些疑难问题，或他们感兴趣的问题，或教师在备课过程中所关注的一些重点、难点、疑点、热点等问题，进行重点点播、释疑和进一步探究。

（5）分层训练。

在这个阶段，教师应针对教学中的基本知识点以及重点、难点和疑点等设计一些必做题、选做题和思考题。

2. 研制“自主探究、多元互动”的课堂评价标准

全校教师在学校的课题培训中学习相关理论知识后以科组为单位进行头脑风暴讨论，共同制定具有科组的特色的“自主探究、多元互动”的优质课标准。其后各科组根据所定的标准重新调整以前的课堂评价体系，从宏观到微观研制各学科课堂观察评价工具。

在宏观方面，根据课程性质“目标、内容、策略、效果（含评价、创新、资源、课堂气氛）”四个方面来探究如何体现“自主探究、多元互动”；探究“自主探究、多元互动”的课堂教学模式如何构建。

在微观方面，分别从学生纬度与教师纬度来开展。在观察学生纬度方面，观察学生在“准备、倾听、互动、自主、探究”五个方面的情感态度、表现行为与学习的达成度。在观察教师纬度方面，观察教师“自主探究、多元互动”的课堂“设计、呈现、话语、指导、评价以及机智”六个方面的效果。

3. 构建多元课堂（同课异构与分层教学）的操作体系

（1）规定“自主探究、多元互动”的分层教学原则。

①水平相近原则：在分层时应将学习状况相近的学生归为“同一层”。

②动态管理原则：学生的层次是动态的、可变的，有进步的可以“升级”，退步的应“转级”；从而促进各层次学生学习的积极性，使所有学生随时都处于最佳的学习状态（具体做法可见图2：语文课课堂评价表的设计）。

③调节控制原则：由于各层次学生要求不一，因此在课堂上以学、议为主，教师要善于激趣、指导、精讲、引思，调节并控制止好各层次学生的学习，做好分类指导。

广州四中语文科课堂评价表

课题____

班级_____________________　　　　　　　　层次__________（锐志班、重点班、平行班）

执教老师________________________　　　　授课时间：_____年____月____日 第____节

评价项目	评价指标	评分权重			赋分	
		优秀	达标	待达标		
教学目标（15分）	正确体现新课标精神，注重对学生情感态度、学习方法和价值观等的培养	5	4～3	2～1		
	教学结构科学、教学重点合理、教学难点准确，应用多元互动模式	5	4～3	2～1		
	教学目标明确、具体，具有可操作性，面向全体学生，与学生的心理特征和认知水平相适应，关注学生的差异	5	4～3	2～1		
教学策略（25分）	教学内容的选择和处理科学、准确，创新使用教材，灵活地对教材内容进行取舍及拓展	5	4～3	2～1		
	教学内容的呈现思路清晰、逻辑性强，简明高效，设疑启思、拓展自然，便于实施	5	4～3	2～1		
	重点内容突出，能采取有效的手段和方法突破难点	5	4～3	2～1		
	根据教学内容和学生情况，综合运用各种教育和学科方法，突出学法指导	5	4～3	2～1		
	关注学生学习过程和学生的个体差异，尊重学生的学习结果和独特的情感体验	5	4～3	2～1		
教学过程（40分）	教学时间分配合理，教学流程清晰，教学环节紧凑，注意知识的拓展	10～9	8～6	5～1		
	教学方法选择恰当，符合学生认知规律，确立学生主体地位，体现自主、合作、探究	10～9	8～6	5～1		
	能围绕重点、难点设计课堂教学，创设情境，激发兴趣，重视启发，思维活跃	5	4～3	2～1		
	学生活动目标明确、方式多样、时间充分，不断鼓励学生参与积极的、有意义的语言实践活动	5	4～3	2～1		
	能恰当地运用多媒体辅助教学，能提高教学效率。课件美观，内容丰富，播放熟练，运用合理	5	4～3	2～1		
	教师普通话准确流畅，范读效果好，教学语言规范、生动，抑扬顿挫；板书设计新颖、简明、重点突出，书写认真，字体美观	5	4～3	2～1		
教学效果（20分）	教学目标达成度高，多数学生能完成学习任务，每个学生都有不同程度的收获	10～9	8～6	5～1		
	课堂学习有效，学生的语文素养得到提高	5	4～3	2～1		
	学习环境欢愉，教师情绪饱满、热情；学生体验到学习和成功的愉悦；学生有进一步学习的愿望	5	4～3	2～1		

图 2

（2）制定了分层教学具体操作指引。

①学生层次化。在教学中，根据学生的该学科基础、学习能力、学习态度、

学习成绩的差异和提高学习效率的要求，结合教材和学生的学习可能性水平，再结合高中升阶段学生的生理、心理特点及性格特征，按课程标准所要达到的基本目标、中层目标、发展目标这三个层次的教学要求，可将学生依上、中、下按3：5：2的比例分为A、B、C三个层次。A层是拔尖的优等生，能掌握课文内容，独立完成习题，可主动帮助和解答B层、C层同学的难点问题；B层是成绩中等的学生，能在教师的启发下完成习题，并积极向A层同学请教；C层是学习有困难的学生，能完成练习及部分简单习题。我们在教学过程中大胆尝试一些新做法：采用4—2分配的原则，即每周4节课用于双基训练（按学生平时座位表上课），2节课用于能力提高。能力提高课可采用走班制的形式进行教学——课堂重编座位，把各层次相近的学生编在一起，教师巡堂时对学生的练习情况可做到一目了然。

②教学目标层次化。我们按照不同层次学生的实际情况，因材施教，确定具体可行的教学目标，确定教学的共同目标与层次目标。对A层的学生要设计一些灵活性和难度较大的问题，要求学生能深刻理解基础知识，灵活运用知识，培养学生的创造力和创新精神，发展学生的个性特长；对B层的学生设计的问题应有点难度，要求学生能熟练掌握基本知识，灵活运用基本方法，发展理解能力和思维能力；对C层的学生应多给予指导，设计的问题可简单些，梯度缓一点，能掌握主要的知识，学习基本的方法，培养基本的能力。

③教学过程分层。如教育家弗赖登塔尔所说：教师的作用就是如何使每一个学生达到尽可能高的水平。我们在课堂教学中采用了低起点、缓坡度、多层次、立体化的弹性教学。为了鼓励全体学生都参与课堂活动，使课堂充满生机，教师应将有思维难度的问题让A层的学生回答，简单的问题优待C层的学生，适中的问题让给B层学生，对B、C层的学生要深入了解他们存在的问题和困难，帮助他们解答疑难问题，激发他们主动学习的精神，让他们始终保持强烈的求知欲。对于A层的学生在教学中注意启发他们去思考探索，领悟基础知识、基本方法，并归纳出一般的规律与结论，再引导学生变更问题帮助他们进行变式探求。对A层学生以"放"为主，"放"中有"扶"。突出教师的导，贵在指导，重在转化，妙在开窍。培养学生的独立思考和自学能力，进而向创新精神和创造能力发展。

④课堂练习分层。我们要求教师要在备课时针对学生实际和教材内容精心设计编排课堂练习，或重组教科书中的练习，或重新选编不同层次的练习，在选编三个不同层次的练习时，必须遵守基本要求一致、鼓励个体发展的原则。通俗而言就是"下要保底，上不封顶"。在保证基本要求一致的前提下，习题综合与技巧分三个层次。

4. 形成多元课堂分层学习方法的指导意见

基于上述理论与课堂观察评价标准，我们于2011年下半年在科组层面进行校本教研，共同讨论形成了多元课堂分层学习方法和习惯的指导意见（如图3：英语科高一年级多元课堂分层学习方法和习惯的指导意见）。

多元课堂分层学习方法和习惯

广州四中　英语科

英语是一门有趣而实用的语言学科。生活在21世纪的我们掌握一门外语尤其重要。不仅可以掌握了一门终身受用的语言工具，还可以了解多国文化，甚者可以训练我们多种思维！总而言之，学好英语，环游世界、大饱眼福、启迪心灵、终身受用！

高一级：

基本要求（叶翠玲老师负责）

1. 课前大声朗读（单词、课文等）
2. 每周坚持做有声作业与书写练习
3. 认真听课，动手动脑，记好笔记
4. 学会限时做题、学会自主校对答案与反思
5. 多阅读、关注社会，注意积累常识

锐志班（叶翠玲老师负责）

1. 多开口，多交流，形成学术研究氛围
2. 多阅读，多思考，拓展思维与视野
3. 勤动笔，乐探究，培养英语学习兴趣
4. 敢质疑，常反思，学会自我反思与评价

重点班（陈佩珊老师负责）

1. 认真听课，动手动脑，记好笔记
2. 坚持每天多听、多说与多读
3. 养成知识天天清、不懂就去问的好习惯

平行班（文琳老师负责）

1. 跟随老师的方法、点拨进行知识建构
2. 夯实“词、句、篇”的知识基础
3. 多阅读、勤写作、常归纳

图3

（注：因版面有限，上图仅罗列了英语科对高一年级的分层学习方法和习惯的指导意见）

学校每个学科必须先总体介绍自己学科的学习特征并强调学习习惯养成的重要性。然后本学科对全体学生提出基本要求。最后，我们根据高一、高二、高三三个年级不同层次班级的认识水平，量身制定差异性学习习惯与方法的要求，并附上负责老师进行监督与执行的要求。这种做法可以更显性地、清晰地使师生心中明确各自的任务要求，懂得在自己应有的水平上如何养成有效的学习习惯。

5. 构建"自主探究、多元互动"的教学资源库

我们围绕课题，推动各个科组开展资源库建设，重点开发好科组内的教学资源库，为本科组教师提供丰富的教学资源。各科组、备课组发动全组教师注重教学资源的积累、优化与整合，进一步丰富完善校园网资源库，逐步建成更具有学科和专业特点的资源中心，为实现资源共享提供可靠保证。学期末教学处将对各科组的储备数量、质量进行检查，并以此作为评选优秀科组、备课组的标准之一。

我们在课题的每一个实施阶段均要求各备课组向校园网上传的试卷、教案、课件等数量不少于本学期授课量的10%。我们收集每一次校本教研、公开课、常态课、探讨课等活动的材料，并借用学科开发的校园网信息平台（见图4：广州市第四中学校园网信息平台），不断把上述素材上传至平台，实现资料归档、资源共享、共同进步。

图4

6. 提高教学质量

上述成果体现了我们的"自主探究、多元互动"课堂操作模式已变得具体化、清晰化，使教师们在实际课堂上使用此教学策略时有据可依、有标准来量度。我们的课堂以生为本，注重让学生自主探究、多元互动地学习，因此课堂充满生命活力，大大提高了课堂教学容量，有效减轻了学生负担，提高了教学效率。以下是近几年区教研室调研听课的课堂反馈情况与学生对教师的课堂评价情况（见图5：区调研听课优良率；图6：学生认可度均分）：

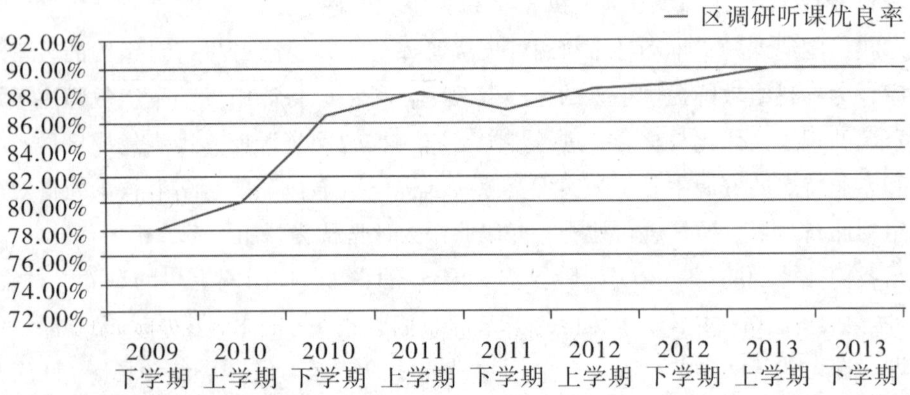

图 5

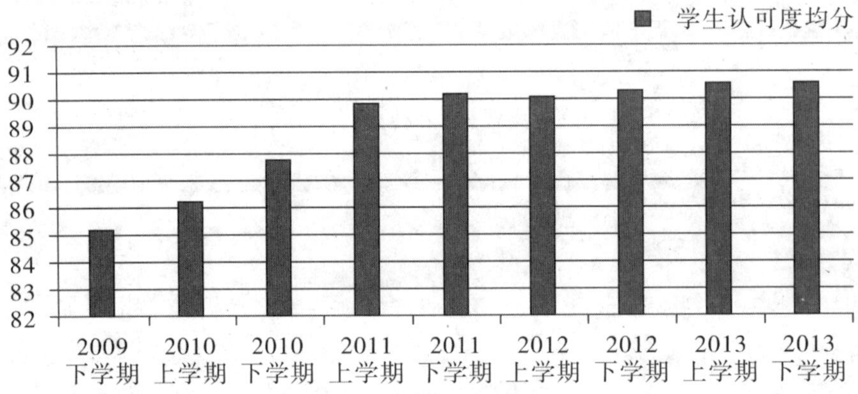

图 6

上述数据告诉我们近年来我校课堂优良率不断提高，学生对此课堂模式的认可度也相应地提高。此外，下文中的本课题的成效之一——近年来广东省高考成绩不断提高也证明本课题的实施促进了我校课堂教学的逐步提高。

（二）校本研究方面取得的成果

从课题立项开始至今成功申报为荔湾区中小学教师继续教育校本培训学习项目，在全校开展了基于“自主探究、多元互动”课题的不同角度的校本研究。

我们从课题初期（探讨该课题的教学模式的构建、教学评价标准的研制）到中期“多元课堂的构建”（同课异构、学与教的心理学认知），到成熟期（提高课堂教学的质量和效益研究），一直不断地从课题不同角度与对应时期的相关任务相结合，聚焦课堂，围绕“自主探究、多元互动”的主题，通过讲座、研讨、教学开放及观摩等开展校本教研活动，加强教师教育教学能力的培养，进一步提高我校教师的专业化水平和我校教育教学工作的质量（见表 1：2009—2013 年我校校本研究暨荔湾区教师继续教育项目）。

表 1

时间	主题
2010 年 6 月—2010 年 9 月	“自主探究、多元互动”教学模式的构建
2010 年 9 月—2011 年 1 月	“自主探究、多元互动”教学评价标准的研制
2011 年 2 月—2011 年 7 月	“同课异构”教学策略的研究
2011 年 9 月—2011 年 12 月	学与教的心理学认知
2012 年 3 月—2012 年 7 月	网络环境下以校本培训引领教师专业化发展实践研究
2012 年 9 月—2013 年 1 月	“自主探究、多元互动”教学理念下高效课堂教学模式的构建
2013 年 3 月—2013 年 9 月	提升常态课课堂教学质量和效益的研究

另外，自课题立项来我们邀请了专家、名师来引领我们开展课题研究的各项工作。我校每个学期都邀请广东省、广州市科研专家来校对全体教师进行课题指导，并作为校本教研的系列主题活动之一。

（三）教师专业发展方面取得的成果

1. 确立学科子课题

每个科组都相应地确立了本学科的子课题。建立课题组长负责制（课题组长可以是科组长或是科组中的某一骨干教师）。课题组长每学期初要召集课题组成员制订详细的研究计划，平时要召集和组织本课题组成员学习有关课题研究理论、相互听课、组织研讨等，期末则写出研究总结报告（见表 2：各学科子课题及实施计划）。

表 2

学科	课题名称	时间	课题总负责人
语文	以读带学，多元互动，提升语文课堂实效	2010 年 9 月—2013 年 6 月	王丽琴、杨洋
数学	自主探究、多元互动之数学课堂感悟教学	2010 年 9 月—2013 年 7 月	苏雪霞
英语	有效英语课堂教学研究——“自主合作—探究建构”	2010 年 10 月—2013 年 10 月	叶翠玲、陈泉
物理	探究性实验在物理实验课的有效开展研究	2010 年 9 月—2011 年 7 月	曾碧玉

（续上表）

学科	课题名称	时间	课题总负责人
化学	互动探究有效教学	2010年9月—2012年7月	徐凯怡
生物	新课标理念下高中生物课堂教学中有效复习的实践研究	2010年9月—2012年6月	孙惠珍
历史	历史教学中的有效教学研究	2010年9月—2012年6月	罗德强
地理	新课标理念下高中地理课堂教学中有效学案教学的实践研究	2010年9月—2012年6月	胡伟英
政治	自主、互动、高效——学案式教学在思想政治课教学中的运用	2010年9月—2012年6月	刘小平
体育	新课程体系下中学体育教学中实施有效教学的分析	2010年9月—2012年6月	车明健
信息	高中生信息素养教育专题协作学习模式研究	2010年9月—2012年6月	黄静
图音	自主探究、多元互动——音乐教学模式的研究与实践	2010年9月—2012年1月	何莎
通技	自主探究能力在通技课中的体现	2010年9月—2012年1月	黄文忠

2. 编写了论文集（含案例集）

在本次课题研究中，我校各个学科的教师立足课堂，根据自己不同的研究角度来开展“自主探究、多元活动”的课题研究，并把自己实践操作的内容撰写为论文与教学案例。我们收集了60篇与课题相关的研究论文与教学案例，并汇编成一部35万字的论文集：《教育的探索与感悟》（华南理工大学出版社2012年11月出版，ISBN 978－7－5623－3823－9）。这些作品是本次课题研究的成果结晶，涵盖了学校各个层面，从行政管理、德育工作层面开展“自主探究、多元互动”的课题研究，从教师角度探讨“自主探究、多元互动”的教学策略与教学方法，从学生的角度探讨各种自主探究、互动学习的方法和策略，以及从课程与教学评价的角度探讨本课题的开展。

3. 提高了教师的专业水平

通过历年的教师问卷调查可知，我校教师逐步认可本课题（2009年41.5%，2010年64.3%，2011年68.9 %，2012年89.3%，2013年89.9 %），由被教育、被推进课堂改革逐步变化为"接受—敢于—主动—乐于"的学习与改革课堂教学。我校教师的教学专业与科研能力不断提升除了在第3部分有所体现外，我们的案例研究（教师成长个案分析）也再次证实了这一点。以我校的英语科为例（见表3：我校英语科教师成长个案）：

表3

教师	2009年	2010年	2011年	2012年	2013年
叶老师（工作满15年，高级教师）	广州市优秀教师、广州市优秀外语教师	广州市基础教育系统名教师	全国优秀外语教师、广州市基础教育继续教育辅导老师	广州市首批名教师工作室主持人、广州市中英科理事	广州市首批"百千万名师"培养的实践导师
陈老师（工作满5年，中级教师）	荔湾区科研骨干	广州市第四届特约教研员	广州市英语科中心组成员	广州市优秀班主任	广州市第三批名班主任培养对象
黄老师（工作未满3年）	—	—	—	区调研听课取得优秀	被推荐承担广州市英语科公开课展示，效果优秀。

在本课题的发挥作用下，我们的老师积极参与研究、不断反思自己的教学，不断进取成为市与区的名教师、骨干教师等。

（四）评价与考试方面取得的成果

1. 构建教学的多元评价体系

"自主探究、多元互动"课题改变了我校教师育人的理念，即改变以往把学生视为"被动接受者"的观念，变为学生是学习的"主动的探索者""积极的反思者""活动的参与者"等。因此，我们的教学评价与质量监控标准有所调整，自课题立项就开展了构建多维的教学多元评价体系。评价原则如下：

（1）发展性：改变过去对学生学习评价中过分强调在甄别和选拔的功能，使评价的过程成为促进学生发展和提高的过程。

（2）多维性：改变过去单一考试成绩评价学生学习的传统模式，从知识与技能、过程与方法、情感态度与价值观等多维度对学生的学习进行评价。

（3）多样性：改变过去在评价形式上单纯笔试的方法，建立学生学习成长记录袋、项目研究、表现性评价等，将定量评价与质性评价有机结合起来。

（4）多元性：改变过去评价主体上单一的只有教师评价学生的倾向，鼓励学生个人和小组进行自我评价和合作评价，同时辅之以合适的家长评价等。

过程性评价是一种质性评价方式，我校实施过程性评价主要采用表现性评价、项目性评价等方法。在实践中，我们主要按照以下思路操作：

（1）评价内容的开放（多元化）——实现全人评价。我们把评价的视野从学生的知识掌握程度、学习能力扩展到参与状态、交往状态、情感状态、思维品质等领域，做到知、情、意、行综合评价，实现“全人”评价。其成果之一是我们构建的学生成长手册，从“知、情、意、行”等多元化来跟踪学生的发展趋势。

（2）评价主体的开放（多元化）——实现全员评价。新课程提倡评价的多主体参与。学生、同伴、教师、家长都是参与者。我们强调评价过程中主体间的双向沟通、选择和协商，使自我评价、同伴评价、教师评价、家长评价有机结合。在各学科的子课题开展中，我们形成了具有学科特色的过程性评价体系，充分体现了评价主体的开放性。

（3）评价形式的开放（多样化）——实现全面评价。我们采用谈话观察、描述性评语、项目评议、个人成长记录、考试、日常观察相结合的方法，根据各个学科内容的不同特点和教学目标，通过不同的评价手段，将评价过程与教学过程紧密联系起来。

经过近年的课题研究，我们不少学科实施了具有学科特色的过程性评价做法，如历史科的学生小组戏剧表演的过程性评价（图7），化学科的学生自我反思性的过程性评价（图8），语文科的利用信息技术品赏古典诗词研究性课堂的过程性评价（图9），等等。

附表3　小组合作学习评价表

班别：高二（1）班　　组长：蓝嘉华　　填表时间：2006年12月21日

<table>
<tr><th rowspan="2">评价项目</th><th rowspan="2">评价细则</th><th colspan="4">学生互评</th><th colspan="4">教师评价</th></tr>
<tr><th>1</th><th>2</th><th>3</th><th>4</th><th>1</th><th>2</th><th>3</th><th>4</th></tr>
<tr><td>主动性</td><td>积极地参与讨论
主动提出解决问题的设想</td><td>A</td><td>B</td><td>A</td><td>B</td><td rowspan="4">A</td><td rowspan="4">B</td><td rowspan="4">B</td><td rowspan="4">B</td></tr>
<tr><td>合作性</td><td>与同学合作愉快
能认真倾听同学的建议和意见</td><td>A</td><td>A</td><td>A</td><td>A</td></tr>
<tr><td>创新性</td><td>能提出独到的见解
能对师生的错误提出质疑</td><td>A</td><td>B</td><td>C</td><td>C</td></tr>
<tr><td>个人综合评价</td><td></td><td>A</td><td>B</td><td>B</td><td>B</td></tr>
</table>

图7

表4　酸的化学性质复习课反思笔记

反思内容	学生完成程度		教师完成程度	改进意见
	课前	课后		
学案	C	B		多检查评改，特别要抓学困生
归纳酸的化学性质	B	A	A	
盐酸、硫酸的主要性质用途	B	B	A	盐酸掌握比较好，硫酸要加强
常见几种酸的有关性质	C	A	A	
书写有关的化学反应方程式	C	B	B	平时要加强，要不断复习方程式的书写
学生疑问	课本以外的酸			收集学生作业上出现的错误，进行讲评

图8

表4　学生多媒体演示文稿评价表

项目（100）	评分依据	评分标准			
内容（40分）	研究课题明确，能够根据课题准确地搜集资料，并注明资料出处。	10	7	4	1
	所有的信息都从自己对中国书法艺术的认识角度进行认真地研究、写作和组织。	10	7	4	1
	文稿内容符合科学依据，表述正确。	10	7	4	1
	有自己的见解，思路清晰。	5	4	2	0
	表达内容深入、透彻。	5	4	2	0
技术（30分）	至少包含六张幻灯片，幻灯片之间有链接，逻辑性强。	5	4	2	0
	幻灯片对观众有吸引力，有相应的视频、音频信息。	10	7	4	1
	界面美观，每一张幻灯片在视觉上有整洁和统一的版面设计。	10	7	4	1
	整套文稿的设计有创新性。	5	4	2	0
演示（25分）	在演示过程中要边演讲边演示，而不是简单地让观者去读屏幕，注意与观众交流。	10	7	4	1
	语言清楚明白，语速适中。	5	4	2	0
	对交流过程中同学提出的问题有明确的答复。	5	4	2	0
	能够掌握好时间。	5	4	2	0
合作（5分）	积极与同学合作，小组讨论中积极发言。	5	4	2	0
得分					

图9

（注：上述学科的评价体系收录在论文集《教育的探索与感悟》中）

2. 形成多元教学质量监控

根据“自主探究、多元互动”的教学理念，我们的教学质量监测也应强调教学为学生的需求与发展而进行。其突出的特征是教学质量监控是以学生综合素质为评价重点，坚持评价主体多元，目标、内容、方式等多元，坚持监控在学生与教师的成长中进行。首先对学生个体而言，学校对学生进行课程学业过程性评价与终结性评价。

终结性评价是指在教学结束时（如一个模块或某门功课结束等）所进行的评价，目的在于根据教学目标的达成度，给学生的学习划分等级，确定学分，并为下一步的学习进行诊断、摸底。学期中段的模块考试是实施备课组背靠背交叉命题，而期末模块考试是参与6区或7区联考。这些考试都是确保考试的公平性与反馈的有效性。此外，学校利用高新科技把全校学生的成绩进行深度统计分析，使每一位在校教师与学生都可以快速、便捷、科学、准确而多维度地查询学生的成长轨迹，从而了解课题在教学方面的成效（见图10：学生成绩深度统计分析系统）。

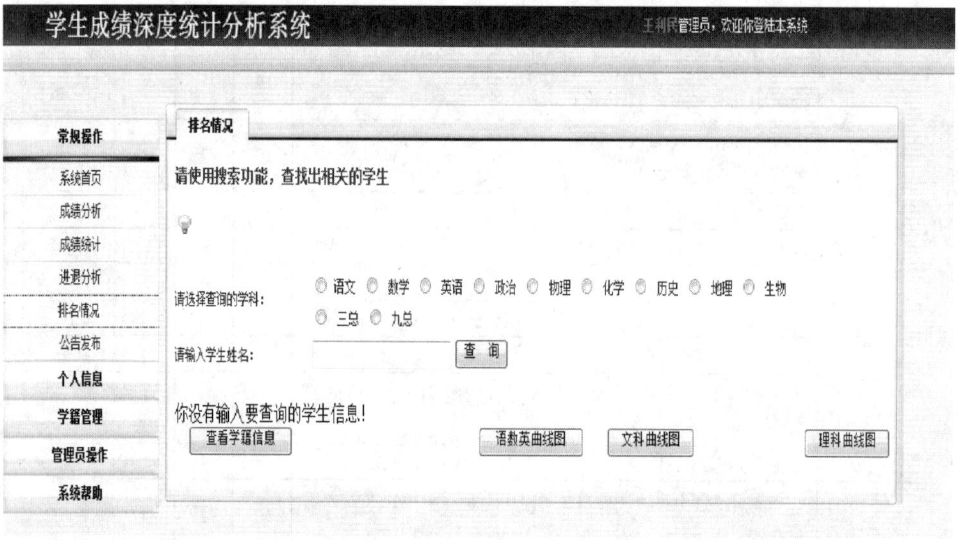

图10

其次，对老师层面上的监控，我们采用问卷调查法与座谈法：每学期进行两次教学工作问卷调查、学生座谈会与学校师生恳谈会活动（见图11：座谈会的问卷部分）。

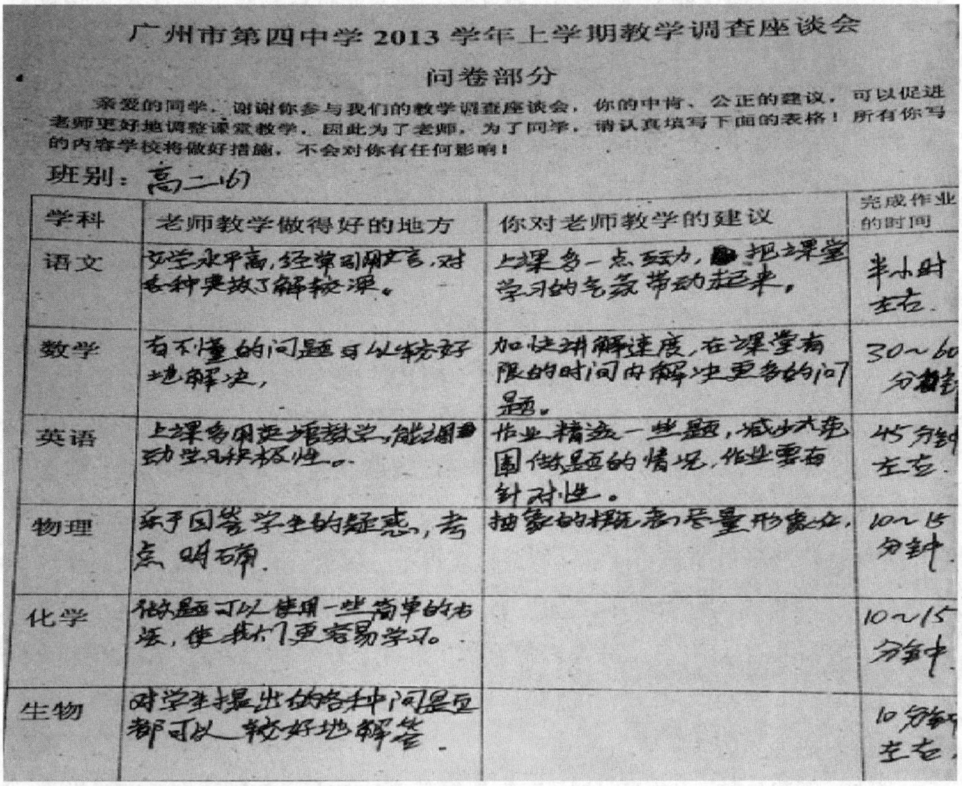

广州市第四中学2013学年上学期教学调查座谈会

问卷部分

亲爱的同学，谢谢你参与我们的教学调查座谈会，你的中肯、公正的建议，可以促进老师更好地调整课堂教学，因此为了老师，为了同学，请认真填写下面的表格！所有你写的内容学校将做好措施，不会对你有任何影响！

班别：高二(6)

学科	老师教学做得好的地方	你对老师教学的建议	完成作业的时间
语文	文学水平高，经常引用文言，对各种典故了解较深。	上课多一点互动，把课堂学习的气氛带动起来。	半小时左右
数学	有不懂的问题可以比较好地解决，	加快讲解速度，在课堂有限的时间内解决更多的问题。	30~60分钟
英语	上课多用英语教学，能调动学习积极性。	作业精选一些题，减少大范围做题的情况，作业要有针对性。	45分钟左右
物理	乐于回答学生的疑惑，考点明确。	抽象的概念可尽量形象化。	10~15分钟
化学	做题可以使用一些简单的方法，使我们更容易学习。		10~15分钟
生物	对学生提出的各种问题都可以较好地解答。		10分钟左右

图11

我们的问卷调查采用分值法与评语法两种，从质性与量性的角度，从教师的师德、课堂教学教学策略、课堂教学管理、布置作业量等多方面让学生对教师进行匿名的中肯的评价。

这一系列活动旨在全面了解我校教师在开展课题研究中的教学成果与学生的满意情况。

八、课题成效

1. 发挥课题作用，促进论文发表与获奖

我们的课题引领教师开展不同层面的科研研究，并促进他们不断地撰写相关论文。科组队伍建设和教师专业发展取得了显著的成效：自2010年开始本课题后共有128篇教育教学论文发表、获奖与宣读。其中论文获奖情况为：3篇国家级一等奖，6篇国家级二等奖；5篇省级一等奖，17篇省级二等奖，5篇省级三等奖；1篇市级特等奖，9篇市级一等奖，24篇市级二等奖，21篇市级三等奖；4

篇区级一等奖，7 篇区级二等奖，16 篇区级三等。而近三年来公开发表了 44 篇教育与教学方面的论文，并具有 CN、ISSN、ISBN 等正式刊号。比课题实施前的数量增加 2 倍，其中 7 篇是在全国核心刊物上发表，实现了新突破！在创新科技领域，我们更是硕果累累：学校先后被评为广州市发明创造特色学校、广州市科普基地、中国少年科学院科普基地，广东省科学教育特色学校、广东省中小学知识产权教育示范校，先后培养出 6 位中国少年科学院小院士，9 位中国少年科学院预备小院士，拥有 35 项实用专利号。

2. 发挥课题作用，突破立项，促进成长

"自主探究、多元互动"的课题发挥了孵化器的作用，促进我校的科研迅猛发展。我校老师经过近几年参与本课题研究，不断地提升了自己的学科能力以及科研能力。2011—2013 年我们共有 3 项国家级课题并顺利结题，各学科分别有 14 项省级课题与 14 项市级课题（在研与结题）。其中共有 6 人取得广州市第十四、第十五届特约教研员课题立项，并有 2 人获得市一等奖、3 人获市二等奖、1 人三等奖。33 人取得荔湾区教师小课题立项，25 人顺利结题，8 人新获得区小课题研究立项，我校共有 43 位教师分别被聘为广州市各学科教研会会长、副会长、常务理事、理事，市区特约教研员、理事和学科中心组成员，打造了一支被教育局领导称为科研能力强的教师队伍。

上述一系列佳绩见证了我校从上至下全面开展"自主探究、多元互动"的课题研究所产生的蝴蝶效应，标志着我校整体科研水平和科研实力实现了新突破，标志着四中人在课题的引领下一起携手奋进、健步踏上科研发展的新征程，不断努力创造佳绩。

九、课题研究反思

本课题研究通过从学校的宏观层面到微观的学科层面来构建"自主探究、多元互动"的课堂教学模式，形成一些操作性强、系统完整的教学与管理的评价标准，研制了"优秀课堂"的标准、形成了"多元课堂"的操作体系及其课堂学习方法指导意见，实现了既定目标，促进我校教师专业化发展，进一步践行新课标理念，深化课堂改革，共同促进学校、师生成长！但是，我们还清晰地看到本研究仍存在一些问题：我校教师在实施新课程的过程中，对心理学、社会学等相关知识的应用意识还不够，尚欠缺研究和应用这些知识的意识。在教学工作和研究过程中，不少老师更多地采用一种经验总结的方式，一定程度上还缺乏相关技术、理论和科学方法。我校学校文化建设方面还缺乏多样化的途径和方法，管理层还需进一步加强这方面工作的主动意识。对今后的后续研究，我们有以下的设想与展望：

（1）申报学校文化建设方面的科研课题，以促进该方面工作的系统性，加强其科学性。

（2）通过申报相关课题，引导教师们在心理研究领域中有所突破。同时，聘请高校的相关学科专家担任课题顾问，参与课题的整个研究过程。

（3）带领教师们学习采用更为严谨、科学的方法来从事教育科研课题研究。

（4）在本课题研究的基础上，发动教师们继续关注课堂教学有效性的提高，引领新课程实施进入更为深入的发展阶段。

参考文献

[1] 陈俊林等. 运用多媒体网络技术建构自主探究型教学模式的尝试. 中国电化教育，2002（7）.

[2] 杨永欣. 自主探究性学习——培养学习能力的最佳模式. 教育探索，2002（3）.

[3] 王影. “多元互动”探究式地理课堂教学模式评介. 大连教育学院学报，2003（3）.

[4] 李德波. 语文课堂多元互动教学研究. 安徽师范大学硕士学位论文，2003.

[5] 刘国庆. 运用现代教育技术建构“自主、互动、创新”教学模式的探讨. 中国电化教育，2004（2）.

[6] 计强. 论“多元互动”自主学习模式. 当代教育科学，2005（12）.

[7] 胡俊. 网络环境下学生自主探究学习及其教学模式研究. 电化教育研究，2005（1）.

[8] 施斌. 互动的深化——多元互动课程教学模式. 湖北广播电视大学学报，2005（7）.

[9] 苏向丽. 跨文化交际中多元互动的语言文化教学. 云南师范大学学报（对外汉语教学与研究版），2005（4）.

[10] 苏金乐. 思想政治理论课多元互动教学模式探究. 浙江科技学院学报，2007（3）.

[11] 何荔. 数字技术环境下多元互动式大学英语教学模式. 山东外语教学，2009（4）.

[12] 龚巧莉. “多元互动”教学模式在会计研究生培养中的应用. 会计之友

(中旬刊), 2010 (8).

[13] 黄群峰. 浅议"多元互动"探究式物理课堂教学模式. 中国校外教育(基教版) 学报, 2010 (9).

[14] 谢雾, 冯晓阳. 湖南师范大学美术学 (教师教育) 专业的教改探索及方案设想. 文艺生活 (艺术中国), 2010 (12).

[15] 于爱琴. 大学英语多元互动式教学模式探究与实践. 中国校外教育, 2010 (S2).

[16] 张善军. 信息技术环境下大学英语多元互动教学模式研究. 上海外国语大学博士学位论文, 2010.

[17] 洪梅. 多媒体网络环境下高职英语"多元互动"教学模式探究. 教育研究, 2011 (2).

[18] 刘召元. 多元互动策略在初中语文教学中的运用. 学周刊, 2011 (31).

[19] 朱彩华. 新课程理念下的地理教学新模式研究. 考试周刊, 2011 (10).

[20] 张海霞. 自主探究模式下课堂教学实践探索. 河北师范大学硕士学位论文, 2011.

[21] 王莹燕. 多元互动 自主学习 提高英语教学质量. 中国校外教育, 2012 (35).

[22] 施斌. 互动的深化——"多元互动"课程教学模式. 湖北广播电视大学学报, 2005 (7).

[23] 张妍. 构建特色教学模式彰显学校品牌魅力. 天津教育报, 2012 (5).

[24] 王志海. 高中数学自主探究式学习模式的研究. 黑龙江省绥化市首届学术年会论文, 2009.

[25] 李桂峰等. 基于网络环境食品营养学课程多元互动教学模式构建及应用效果. 现代农业科技, 2013 (15).

[26] 汪缤. 基于多媒体网络的综合英语多元互动教学模式研究. 宁波工程学院学报, 2013 (2).

[27] 袁燕华. 多元互动英语教师校本教育模式理论与实践. 才智, 2013 (36).

学术研讨篇

XUESHU YANTAO PIAN

互动、迁移、创新、发展

——“合作—探究式”时政热点专题复习模式初探

陈秋兰

【摘要】在高考备考第二阶段中，以提高学生理论联系实际的能力为目标的时政热点专题复习是政治备考的一个重点。传统的热点专题复习教学模式，使教师教得费劲，学生学得吃力，教学很大程度停留在“高耗低效”的水平上。“合作—探究式”时政热点专题复习模式主张学生在教师的指导下，通过互助合作的方式，主动地运用所学的学科知识对时政热点进行理论探索。与传统热点专题教学模式相比，该模式的课堂教学形式发生了三大转变：一是最大限度地减少了教师的讲授；二是最大限度地满足了学生自主发展的需要；三是使学生在活动中学习，在主动中发展，在合作中增知，在探究中创新。

【关键词】合作　探究　时政热点　复习模式

积极反映当前国内外形势发展和社会生活中的热点、重点问题，体现时代发展潮流，是思想政治课的特定要求和特有形式，也一直是我国高考政治试卷命题的重要原则。近年来的高考政治试题包含的时事政治内容的题目，不仅数量多，分值大，而且涉及内容广，与实际联系紧密。因此，在高考备考第二阶段中，以提高学生理论联系实际的能力为目标的时政热点专题复习应当成为也必须成为政治备考的一个重点。

传统的热点专题教学的基本程序是：教师出示热点专题背景材料，学生思考，教师多角度梳理分析，学生做练习巩固。这对学生来说，属于接受性学习方式。这样的教学，学生的主体性没有得到充分发挥，教师教得费劲，学生学得吃力，教学在很大程度上停留在“高耗低效”的水平上。对提高高考成绩具实质性意义的时政热点专题教学，如何变“高耗低效”为“低耗高效”，真正实现高考备考的最优化，是目前高三政治教师必须研究的一个重要课题。笔者在多年的高考时政备考中，运用“合作—探究式”热点专题复习模式进行教学，学生在教师的指导下，通过自主、合作、探究式的学习，充分展现自己的个性，在知识与技能、过程与方法、情感态度与价值观等方面得以全面发展，有效提高了热点专题备考效率。

一、“合作—探究式”热点专题复习模式的界说

“合作—探究式”热点专题复习模式是指学生在教师的指导下，通过互助合作的方式，主动地运用所学的学科知识对时政热点进行理论探索，如发现问题、收集与处理信息、表达与交流、评价与反馈等，从而获得知识、技能、情感与态度的发展，特别是探索精神和创新思维能力发展的一种学习方式和学习过程。该模式充分体现学生学习的自主性，主张规律让学生自主发现，方法让学生自主寻找，思路让学生自主探究，问题让学生自主解决。与传统热点专题教学模式相比，该模式的课堂教学形式发生了三大转变：一是最大限度地减少了教师的讲授；二是最大限度地满足了学生自主发展的需要；三是使学生在活动中学习，在主动中发展，在合作中增知，在探究中创新。

二、“合作—探究式”热点专题复习模式的理论依据

建构主义学习理论是“合作—探究式”热点专题复习模式的重要理论基础。建构主义学习理论认为，学习过程不是学习者被动地接受知识，而是积极地建构知识的过程；学习不单是由外向内的转移和传递，更是学习者主动地建构自己的知识经验的过程，即通过新经验与原有知识的相互作用，来充实、丰富和改造自己的知识经验。基于这种对学习的理解，建构主义学习理论强调教学应该通过设计一项重大任务或问题以支撑学习者积极的学习活动，帮助学习者成为学习活动的主体；设计真实的、具有挑战性的、开放的学习环境与问题环境，诱发、驱动并支撑学习者的探索。建构主义学习理论也强调在探索的过程中，主体与周围环境的交互作用对学习内容的理解，即对知识意义的建构起着关键作用。

“合作—探究式”热点专题复习模式就是让学生通过完成教师布置的任务，建构真正属于自己的知识与技能。其中的任务既蕴含了学生应该掌握的高考考核

的基础知识，也蕴含了学生应该获得的能力训练。学生完成任务的过程，是一个不断提出问题、解决问题的过程；是以学生的活动为主线，充分发挥学生的主体性，使学生在参与教学过程中形成自我发展能力的过程；是引导他们学会学习，形成举一反三、知识迁移等可持续发展能力的过程。

三、“合作—探究式”热点专题复习模式的事实依据

国家新一轮基础教育课程改革的重要目标之一就是改变目前我国中小学课堂教学过于强调接受学习、死记硬背、机械训练的现状，促进学生学习方式的转变，倡导自主、合作、探究的学习方式。与“师讲生听”单一被动的接受学习模式相比，“合作—探究式”热点专题复习模式具有更强的问题性、实践性、参与性和开放性，符合新课程“一切为了学生的发展”的最高宗旨和核心理念。在充分尊重学生个体差异的前提下，通过小组的合作探究学习，充分展现自己的个性，使学生在知识与技能、过程与方法、情感态度与价值观等方面得以全面发展，有效提高热点专题备考效率。

四、“合作—探究式”热点专题复习模式的基本操作程序

（一）准备阶段——创设情景，引发求知，合作互研，探索创新

1. 组建合作小组

教师在充分了解学生各方面情况的基础上，按照“组内异质，组间同质”的原则将学生分成合作组，每组4~6人，组员在个性、能力、成绩等主要方面合理搭配，组内异质为互助合作奠定了基础，组间同质又为各小组间展开公平竞争创造了条件。

2. 确定合作探究专题

教师根据当年高考时事考核时间范围内发生的国际、国内大事，在“以我为主，以经济类热点为主、以具有长效性的热点为主、以符合社会发展趋势的热点为主”的原则下，确定与小组数相符的热点专题内容，再以抽签的形式明确各合作组负责的专题。

3. 组内探究协作学习

教师要安排组织能力、表达能力、互助精神较强的学生担当小组长。在组长的组织下，合作小组分工合作，完成包括热点专题背景、理论分析、专题训练三部分内容的热点专题资料的编制。编制过程中，强调在独立探究的基础上进行小

组合作。这种有分有合的做法既可以解决个体在热点专题学习过程中不理解的问题，也可以发现并提出新问题。学生在讨论、交流的过程中人人参与，个个投入，共同探讨，合作解决，其积极性、自觉性、主动性得到充分体现。

在这一阶段需要注意的是，由于受到以课堂、教材、教师为中心的传统模式的影响，学生一开始往往不能很快接受并适应这一全新的学习方式，他们不明白采用这种学习方式的目的和意义，也不知如何来计划、安排这种形式的学习。所以，教师的指导就显得尤为重要。这种指导既包括创设情景，调动学生参与的积极性、主动性，激发学生学习的内驱力；又包括教给学生学习方法、技巧和策略，以提高学生学习的针对性、有效性。

（二）课堂实施阶段——交流互动、释疑解惑、迁移知识、提升能力

“希望在每一个学生，成功在每一节课”是广州市高考成绩稳步提高的经验，高考备考成功的根本出路在于优化课堂教学，提高复习效率。“合作—探究式”热点专题复习模式的关键环节也在课堂。通过课堂研讨，达成生生交流互动、释疑解惑、迁移知识、提升能力的目的。课堂实施阶段具体可分为四个环节：

1. 专题推介

由负责该专题的合作小组成员作主讲人，在规定的5～10分钟内将时事热点的背景材料，热点问题的重点、难点，简单明了地介绍给其他同学，要求突出热点专题与教材相关知识的结合点。设置该环节的目的是使全班学生获得对这一热点问题的感性认识，并对热点所涉及的学科知识体系有总体的把握。

2. 课堂提问

为了检测学生的预习和课堂听讲的效果，在专题推介的过程中，负责小组会通过抽签的形式提问5～10人，检查同学对该专题的预习和课堂上学习的掌握情况。问题形式多样，可以是填空题、选择题或判断题，但主要以客观题为主。同时，学生答题情况将会作为评价其所在合作小组整体表现的依据之一。

3. 答疑解惑

由于学生的专题推介不可能做到面面俱到，也难免没有遗漏，因此专题推介和课堂提问环节结束后，对该专题有疑问的同学可举手提问，由负责该专题的组员担当教师角色进行答疑解惑。这一环节能有效培养学生发现问题、提出问题，进行积极思维的能力，变被动接受式学习为主动探求式学习，从而消除学生学习上的依赖心理。专题负责小组的同学也在分析问题、解决问题的过程中对知识有了更进一步的理解与把握。

4. 专题训练

就高考试题而言，热点有限，而命题切入点无限。因此，在热点专题复习过

程中，解决某一具体问题并不是最终的目的。有效的专题复习应使学生触类旁通，举一反三地理解、迁移和运用知识，促使学生将活动结构内化、形成能力结构，这也正是专题训练环节的最终目的。继专题推介、课堂提问、答疑解惑环节之后，由负责小组在所编制的试题中找出部分典型试题，组织全体同学进行专题训练，通过典例训练促使学生对在活动中所获取的知识进行矫正、理解、消化、吸收和反馈。

在课堂实施这一阶段中，教师的主导作用体现在控制活动的节奏、调控活动的过程，使活动朝着预设的目标发展。由于学生水平的限制，在知识的讲解、分析过程中难免会有疏漏和错误，因此，每一次专题探究活动结束后，教师应进行归纳、评析，澄清错误观念，还可提出一些需要进一步思考的问题，让学生自己去学习和研究。

（三）评价反馈阶段——评价反馈、展示成绩、分享进步、激励前进

作为促进学生学习、提高备考效率的一种手段，评价贯穿了该教学模式的准备、实施的各个环节。在“不求人人成功，但求人人进步”的评价理念的指导下，可以采取个人计算成绩、小组合计总分的方式对学生进行全面、全程的评价。小组每个成员都必须依靠自己的努力独立完成自己承担的任务，而各人的成绩又总合成为小组总分进行组与组之间的比较，因此，每个人都要既努力又互相帮助、共同进步，只有这样才可能在小组比较中领先。通过这种评价，不仅有效促进小组成员间的交流、合作，促进小组成员的共同进步，提高合作组的凝聚力，而且能够使学生的思维、语言表达能力、自学能力、分析问题与解决问题的能力、团结协作的意识和能力等得到相互启发和训练，从而使“人人都有贡献，人人都有进步”成为现实。

热点专题合作小组表现评价表

<table>
<tr><td rowspan="2">小组</td><td rowspan="2">组员姓名</td><td colspan="5">准备阶段</td><td colspan="2">课堂实施阶段</td><td colspan="2">总分</td></tr>
<tr><td>自主合作能力（10分）</td><td>概括分析能力（10分）</td><td>信息收集加工能力（10分）</td><td>理论联系实际能力（10分）</td><td>实践能力和创新精神（10分）</td><td>专题一</td><td>专题二</td><td>个人</td><td>小组</td></tr>
<tr><td rowspan="4">1</td><td></td><td></td><td></td><td></td><td></td><td></td><td></td><td></td><td></td><td rowspan="4"></td></tr>
<tr><td></td><td></td><td></td><td></td><td></td><td></td><td></td><td></td><td></td></tr>
<tr><td></td><td></td><td></td><td></td><td></td><td></td><td></td><td></td><td></td></tr>
<tr><td></td><td></td><td></td><td></td><td></td><td></td><td></td><td></td><td></td></tr>
</table>

（续上表）

小组	组员姓名	准备阶段					课堂实施阶段		总分	
		自主合作能力（10分）	概括分析能力（10分）	信息收集加工能力（10分）	理论联系实际能力（10分）	实践能力和创新精神（10分）	专题一	专题二	个人	小组
2										

在这一阶段，教师必须明确的是，评价过程是一种民主参与、协商和交往的过程，评价的有效性应建立在鼓励评价对象积极参与，并最大限度接受评价结果的基础上。所以，在评价之前，教师应尽可能地发动学生参与制定评价的标准。只有学生认同的评价，才能真正发挥评价的“促学”功能。学习和评价过程中，教师应深入而细致地观察学生学习的全过程，分析学生对知识的掌握程度和应用知识解决问题的能力，充分利用评价的阶段性结果促使学生反思并改善自己的学习行为，促进知识和能力的不断发展。

五、“合作—探究式”热点专题复习模式的操作原则

1．主体性原则

学生在复习过程中存在种种问题，最为突出的是学习方法单一、呆板，致使学习活动低效，付出的努力与得到的成绩不成正比。该模式在操作时，必须以学生主体发展为出发点和归宿，尽可能调动学生积极参与，把机会留给学生，把空间让给学生，把愉悦还给学生，让学生在合作、参与的过程中，思维的广度、深度得到发展，良好的学习方法、策略得以形成。

2．基础性原则

对基础知识的考查是高考永恒的主题。因此，“合作—探究式”热点专题复习模式复习的重点主要放在课堂上，放在对时政热点主题与教材主干知识结合点的分析上。

3．反馈性原则

学生对知识的掌握是个动态过程，教师与学生必须加强信息联系和信息反

馈，对每一个环节中学生的活动情况要及时了解，做到及时反馈、及时纠正，使复习更具针对性。

4. 灵活性原则

在教学中，要注意三个阶段八个环节的灵活运用，并不是每节课都采用这一模式，也不要求一定要严格按这八个环节操作。根据教学实际可增减、可调换、可交叉，也可以与其他教学方法并用，关键是让学生自主探索去解决问题。

在建构主义教学理论的指导下，笔者在热点专题备考复习教学中，充分开展“合作—探究式”教学，通过激发学生学习动机，倡导生生合作探究互动，如此不仅能弥补教师一个人不能面向每个学生进行教学的不足，而且能培养学生逐渐自主地解决日益增多的实际问题的能力，使其情感、态度、价值观得到锻炼，大大提高其复习效率，真正实现“成功在每一个学生”，使每个学生都达到发展的目标。

当然，此教学模式并非能包打天下。热点专题复习内容的复杂性，学生素质的不平衡性和教师自身的特点，都要求教师掌握多种模式，在教学中取舍、融合，争取最佳的教学效果。

参考文献

[1] 庞国斌，王冬凌. 合作学习的理论与实践. 北京：开明出版社，2003.

[2] 黄宪. 积极开展课型研究，优化思想政治课教学过程. 南宁：广西教育出版社，2006.

[3] Ellen Webber. 有效的学生评价. 国家基础教育课程改革“促进教师发展与学生成长的评价研究”项目组译. 北京：中国轻工业出版社，2003.

（注：该文曾获广州市高中毕业班教学与考试专项研究论文征文一等奖）

以“以写促读”活动型写作培养学生的自主探究能力

黄小燕

【摘要】“以写促读”活动型写作，是把写作放入一个更广阔的空间，让学生用更开阔的视野去关注身边的生活，关注社会民生，充分调动学生的积极性。其核心就是确定以写为教学的重点，通过一系列语文阅读活动，让学生真正做到自主探究，让学生学会思考并展示个性的思想。教师需要思考的不仅是在课堂中培养学生的自主探究习惯与能力，更需要通过一系列有效的语文综合实践活动，构建写作的新型模式：“以写促读”活动型写作，让学生阅读身边的生活，阅读名家的思想，阅读丰富的人生。要在作文教学的各个环节引入活动型写作，“以写促读”，培养学生自主探究能力，从而真正做到作文教学质量的有效提升。

【关键词】活动型写作　以写促读　自主探究能力　写作教学

一、作文教学的现状与论题提出

《普通高中语文课程标准》非常明确地提出：“高中语文课程应进一步提高学生的语文素养，使学生具有较强的语文应用能力和一定的语文审美能力、探究能力，形成良好的思想道德素质和科学文化素质，为终身学习和有个性的发展奠定基础。”对于语文教学，应该说最能够促进学生探究能力的发展，引导学生关注社会人生的教学内容，便是作文教学。“我手写我口”，自清代黄遵宪先生讲出了这样一句脍炙人口的话后，我们便清晰地明白：写作是要用笔把自己心中那些对社会、对人生的感悟表达出来。言为心声，只有带有真情实感的文章，才能真正打动人心。

然而，为什么现在的学生对作文总是有一种畏惧感？为什么他们愿意沉迷于网络的庞大文字库中，却不愿意静下心来去表达自己的思想？现在作文教学存在的问题是：学生思想幼稚化，学生对生活的关注少，作文教学模式化，作文结构公式化，作文内容大众化。这些现象都大大降低了语文作文教学的有效性。语文教师不断慨叹：学生思想没有深度，学生缺乏阅读积累、缺少观察与感悟，自主探究能力欠缺，大有“巧妇难为无米之炊”之感。

反观作文教学，传统的作文教学没有根据新课程的理念而改变，学生的自主探究能力无法得到很好的发挥。在课堂指导和课外指导上，教师缺乏调动学生积极性的手段。作文教学成了教师的“一言堂”，作文成为“一家体”，学生的创造性与个性都无法得到很好的提升与发展。

活动型写作随着2010年秋季粤教版高中《语文》（必修）进入了语文教师的视野，于是引发了一种新的思考：必须根据社会的需要，去培养符合社会发展需要的具有创造性思维的人才，这个是时代的要求；必须根据学生作为一个人的需要，培养学生的自主探究能力，这个是学生成长的需求。“以写促读”活动型写作，是把写作放入一个更广阔的空间，让学生用更开阔的视野去关注身边的生活，关注社会民生，充分调动学生的积极性。笔者认为活动型写作的核心，就是确定“写”为教学的重点，通过一系列语文阅读活动，让学生真正做到自主探究，让学生学会思考，并且让学生展示个性。写作应该是一种来自学生个体需要的自主活动，让写作成为学生成长的需要，从而进一步落实中学语文教学中学生自主探究能力的培养。为了达到这一目的，教师需要思考的不仅是在课堂中培养学生的自主探究习惯与能力，更需要通过一系列有效的语文综合实践活动，构建写作的新型模式：“以写促读”活动型写作，最根本在于让学生阅读身边的生活，阅读名家的思想，阅读丰富的人生。

根据以上的思考，本文主要论述的观点是：要在作文教学的各个环节，引入活动型写作，“以写促读”，培养学生自主探究能力，从而真正做到作文教学质量的有效提升。

二、“以写促读”，培养学生阅读社会、人生的自主探究能力

“以写促读”就是在确定写作目标后，指导学生进行广泛阅读，阅读名家、阅读社会、阅读人生，学生只有在阅读和学习的过程中积累了写作的基础，才能更好地表达自己的思想。这一过程要通过从高一开始的一系列活动，让学生养成

习惯，培养其自主探究的实际能力。

潘新和教授曾经说过："以写作为本位，老师们也许一下子难以接受。因为在现实中读、写常常是分开进行的，似乎是两件不相干的事，读归读，写归写。而且，有时阅读是'漫无目的'的——这也是目的，有时阅读就是纯粹的消遣、放松，像鲁迅先生说的是一种'嗜好'。但语文教育中的阅读不同于生活中的阅读，在语文课堂里，阅读本身不是目的，而是提高言语表现素养、写作素养的手段与过程。"

作文教学要以阅读教学为基础，只有在阅读积累的基础上，才能更好地完成写作目标。在现今信息化的时代，学生在课内和课外所能获取的信息量是巨大的，如何让他们养成良好的阅读习惯、良好的思考习惯、良好的表达习惯，是我们每个语文老师都需要思考的。塞万提斯曾经说过："笔是心灵之舌。"从个人成长的需要来看，写作是最能体现个人感悟与探究的形式。只有让学生愿意去读，愿意去写，作文教学才会有一个稳固的根基。

用写作来规范、引导学生的阅读，提高学生的语文素养。写作能力是语文能力的最高表现，以写作为目的的阅读应该如何指导才能达到高效？教师采用"以写促读"的方式，开展活动型写作，进行有效的作文指导，指导学生去进行相关的阅读。阅读不只包括课本，而且包括社会、人生，只有这样，才能让学生将视野放到广阔的空间。

在写作上，最好的素材来源于生活，因此要让学生有积累、有话可讲，就要引导学生关注社会，把视线引向丰富多彩、包罗万象的社会，让他们对社会有所认识。教师通过活动设计引导学生关注自己，关注身边的人和事，关注情感，关注社会和生活。通过形式多样的活动，让学生关注素材的真实性，表达真实的情感，让写作成为一种以关注个体需要为目的的表达与交流的方式，让写作成为学生的一种需要。

学生愿意进行自我探究与思考，可以培养他们自主探究和提炼的能力，在交流中得到思想的碰撞，在情感、态度、价值观等方面得到进一步的提升。

教师要指导学生阅读社会人生，进行自主探究，有目的地从教师的指导过渡到学生的自主探究，教学操作有以下过程：

（1）活动型写作目标的设定：教师设定写作目标，以写作作为活动的主要核心，选择有可活动性目标的写作任务，指导学生阅读社会、人生。

（2）活动型写作任务的指导：起始阶段由教师指导活动，尤其是对活动方式实施方法的指导，但是这一过程应该在学生掌握并养成习惯后逐渐淡化。

（3）活动型写作活动的开展：让学生通过系列的活动阅读社会，阅读人生，阅读名家，阅读自己，阅读他人，通过实践去探讨。

(4) 活动型写作成果的反馈：搭建成果展示的平台，让学生充分展示自己的思想，以作品展示、作品分享与交流的形式落实。

(5) 自主探究能力的培养：让学生养成积累阅读的习惯，让学生自发阅读，让阅读成为他们自身的需要，进行自主探究，关注社会人生，养成一颗善于感悟的心，只有这样才能写出有生命力的文章。

三、“以写促读”，培养提升写作思维的自主探究能力

陈佳民教授曾经非常鲜明地指出：“现在语文教学的弊端，在于注重形式多于内容，这是不正常的。”作为语文教师，我们在学生的作文中更希望见到的是学生的思想，而不是形式很好、语言很美、思想却很苍白的“新八股”式的文章。

在写作中，提升学生的写作思维，一直是我们教师致力去做的事情。美国学者克莱默认为：“促使学生书面语言充分发展的主要因素是语言的创作，即创设一种情景，使学生感到自己是真正的创作者。”从中我们可以看到，设计活动，创设情景，进行“以写促读”的活动型写作是可行的。让学生的思维在写作中不断提升，从而达到培养其自主探究能力的目的。在活动中，思想是生成性的，更直观、更有挑战性，这是很能吸引学生去进一步探究的。

学生要养成的写作思维能力是一种自我形成的思维能力，而不是某个人教给他的，用一种探究的、科学的、客观的思考来取代以往的传统思想，让学生在“以写促读”的系列活动中，不断有属于自己的新的思考，从而培养自主探究能力。

南加利福尼亚大学的斯迪芬·德·克拉森教授经过实验研究，得出了以下结论：①学生课外阅读有助于作文能力的提高，增加课外阅读比增加经常性写作训练对提高学生作文能力更有效；②在高中阶段，让学生多做一些说理性的、评价性的、鉴赏性的写作训练，有助于学生作文能力的迅速提高与发展；③学生作文技能中的表达方式和结构方式等因素是能够教会的，但其他因素是不能够教会的。

从上可以看到阅读对写作的作用，而我们要引导以写作为中心的阅读，是可以引导学生从以往的无目的阅读，到现在有目的阅读的提升，从而达到从别人的思想、从传统的思想中反观自己思想的目的，这对于心智还不成熟的学生来说是非常重要的。

我们也关注到他所讲的高中阶段的学生可以进行的评价性、鉴赏性的写作训练对学生思想的促进，评价性、鉴赏性的写作训练对于高年级，尤其是在高二选修模块和高三备考中的学生而言，可以充分利用。根据高中生成长的梯度，可不断提升写作任务的难度和要求，从而不断地扩展学生阅读的视野，从自己、身边引申到更广阔的历史、社会，更好地提高学生的自主探究能力。

这里所提到的其他教不会的因素，其中便有学生在阅读和体会中得到的经验、思考和思维能力的提升，这些是无法由别人教会的。让学生敢于表达自己的思想，学会从阅读的思想与人生中获取新的思考，形成自己的思想，这是非常重要的。

四、"以写促读"活动型写作在作文教学中的实践

笔者在2011年高三作文备考中引入活动型写作的设计，让学生将枯燥的高三作文备考提升到反映个人思考、训练思维的高度。

高三作文教学活动型写作的设计

一、设计的构想：设计相关的方向，希望学生阅读生活、阅读社会，从而达到自主思考、提升思维品质的目的。

二、设计的角度：本设计的写作角度，没有从惯有的写作角度出发，而是更多从学生的角度考虑，从学生本身的成长需要出发，训练思维，提升自主探究能力，只有这样，学生才有可能去做和喜欢去做。

三、设计的步骤：教师设定写作任务的角度（开放性）—引起学生丰富的个性化思考（多元性）—大量的活动与阅读（生活性）—落实在分享和探究活动（探究性）—引发学生思维的碰撞和提升（目的性）。

活动一：自主阅读探究（学生按照相关的要求，在假期及以后的学习过程中进行阅读积累）。

教师活动	学生活动		
写作任务的角度 （每个月1个）	阅读内容1 （文学作品）	阅读内容2 （时政新闻）	阅读内容3 （社会人生）
科学精神			
人文修养			
生活批判			

（续上表）

教师活动	学生活动		
写作任务的角度（每个月1个）	阅读内容1（文学作品）	阅读内容2（时政新闻）	阅读内容3（社会人生）
辩证思考			
成长历程			
其他			

活动二：合作分享探究（学生按照自己阅读的内容进行分享。阅读要求：平均每周1.5个小时；分享要求：平均每周0.5个小时）。

过程：小组分享—小组探究—班内分享—班内探究。

说明：每个学生都要发表自己就写作任务进行的阅读心得，然后通过思想的碰撞，让更多学生的思维得到进一步的训练与提升。培养学生愿意进行交流的习惯，在交流中加深领悟，提高认识。由于整个过程让学生充分自主选择与自主探究，他们很喜欢这样的活动。

活动三：引导学生进行个体的思考，并写出自己的文章（注意对学生个性化解读的指引，鼓励学生表现自我思想，提升学生的思维品质，达到培养自主探究能力的目的）。

说明：指导学生进行写作训练。在每次有针对性的活动后，指导学生进行写作，将自己在活动过程中收获到的思想和认识写出来，让学生有东西可写，也愿意去写，将活动型写作的精髓表现出来。

在高三教学中，教师可能会以命题或材料作文的形式作为作文系列的设计主体，然而有阅读活动的以内容为主体的作文设计模式其实更能发挥作文的优势。

在整个活动中，教师需要注意的环节有：

（1）引导学生关注自我，培养凸显写作个性的自主探究能力；

（2）注重尊重学生的个性化阅读，鼓励学生将自己获得的独特感受和体验表达出来；

（3）将探究性阅读、创造性阅读和写作中的想象力、思辨力和批判力结合在一起；

（4）鼓励学生通过阅读和思考，领悟丰富内涵，探讨人生价值，逐步形成自己的思想、准则；

（5）努力让学生养成独立思考、质疑探究的习惯，锻炼思维。

“以写促读”的活动型写作，是语文作文教学的一种新的尝试。我们相信，通过不断改进，不断探索，可以走出作文教学的新路子。我们也相信，通过活动型写作，我们的学生可以更好地锻炼思维，培养自主探究能力，这对于他们的终身发展都是非常有用的。让语文教学在我们语文老师的共同努力下，焕发出新的活力。

参考文献

[1] 潘新和. 语文：回望与沉思——走近大师. 福州：福建人民出版社，2012.

[2] 李本华. 中美作文教学凸显五大差异. 语文教学研究，2007 (3).

[3] 谭健文. 对高中写作学习的有效性问题的思考. 广州中学语文教研网，http：//chinese. guangztr. edu. cn/a/jxyj/xzjx/2011/0919/360. html.

以生为本、多元互动、多维设计的有效课堂实证研究

叶翠玲

【摘要】本文是笔者参加全国“十一五”课题——“以生本教育推进素质教育研究”的实验研究成果。在实验探究中笔者发现，“以生为本、多元互动、多维设计”的课堂教学模式真正践行了新课标的理念，能推进素质教育，实施有效教学。

【关键词】以生为本　多元互动　多维设计　有效课堂

一、前言

新课标在广东实施多年。它以过程性、体验性为目标，强调引导学生主动参与、亲身实践、独立思考、合作探究。新出台的《国家中长期教育改革和发展规划纲要（2010—2020年）》强调我国今后教育要推进素质教育，塑造创新型、实用型、复合型的综合人才。但在有限的40分钟课堂上，在考试制度不可取消的现实中，如何让肩负着繁重的学科压力的高中生开展有效的合作学习，让其自主探究？这就是我们一线教师最困惑的地方。简而言之，新课标的理念应如何实效地实践？素质教育应如何实施并促进学科成绩的探讨？

笔者2009年参加了由华南师范大学教科所郭思乐教授主持进行的“十一五”国家课题——“以生本教育推进素质教育研究”，并结合现有的高中学情分析，以及我校高中学生的实际特色，进行了“以生为本、多元互动、多维设计”的实证研究。研究中发现，素质教育与学业成绩并不是两个对立的元素。新课标的理

念也不是空中楼阁，相反它能激起学生学习的激情，提高他们的综合能力，从而达到高效的教学。

二、文献综述

（一）生本教育

“生本教育”课题倡导“以生为本、充分相信学生、开展各种有效活动，激扬学生的学习生命，让学生自主合作建构知识”。生本教育强调让学生自主学习，让学生的潜能得到充分的发挥与拓展。

（二）多元互动

“多元互动”中的“元”是指跟学习有关而又能相互作用的各种教学因素，包括教师、学生（人员要素）、教材（信息要素）、教学条件与环境（物质要素）等。而“互动”则指以和谐教育思想为指导，充分利用各种跟学习有关而又能相互作用的教学因素，促使学生主动地学习与发展，进而获得高质高效的教学效果（王庆宪，2003）。

多元互动课堂教学是在课堂教学过程中变传统的以教师为主的单向传授式教学为现代的以学生为主的多元探究式教学。即教师指导学生与教材进行探究性互动，与同学和教师进行交流研讨性互动，与问题情景进行尝试体验性互动。用系列多元互动进行自主学习，以达到知识的内化、智能的建构。

（三）多维设计与有效教学

根据新课标，英语教学的综合性目标包括语言知识、语言技能、文化意识、情感态度与学习策略。因此，笔者认为为这五种目标设计以听说读写四能结合的形式呈现就是多维设计的表现。

美国著名的教育家、心理学家布鲁姆提到过：“有效的教学是让有准备的教学达到一定的目标。”因此，我们的日常教学活动均体现多维度结合，并以此为出发点和终点，从而使教学达到有效的目标。

三、研究过程

（一）研究方法：定量研究、定性研究

定量研究：略。

实验假设：课堂实验对学生学业成绩不存在显著差异。

定性研究：采取样本采集分析，从学生学科性、创新性的角度来评价。

（二）实验步骤

1. 前测

笔者以学校提供的两个平行班为实验组（48 人）与控制组（46 人）。两个平行班在 2009 年中考成绩的均差为 0. 12，不存在显著差异（Sig. 0. 086）。此外，在 2009 年 9 月份开学第一周，笔者还以 2010 年广东高考题为前期测试内容，再次验证了两组的平均分不存在显著差异（Sig. 0. 085）。

2. 实验保证

为了确保实验有效执行，笔者细分小组，落实责任到位。本实验班为 48 人，6 人为 1 个小组，共分 8 个小组。根据学生特点开展有效的小组管理，笔者称之为粗细结合。

粗：体现在笔者并没有利用分数来评价学生。根据现今高中生的特点——有主见、有独立的思维但心理承受能力低、缺乏自信、意志薄弱（谭渊，2008），若长期利用分数来评价他们在课堂上活动的表现，久而久之会让学生缺乏动力去学习。因此，笔者侧重充分发挥自身的学科魅力，善用情感工具常与学生交流。在课题成立—实验初期—实验中期等阶段进行阶段性总结与反馈课题结果，并充分利用课余时间做好学生心理辅导，以保证课题能正常、顺利地进行。

细：体现于细化课题每个环节，尤其是学生的合作活动。因高中生的学习压力大，若把所有的活动都设计为前置任务，的确不实际。所以笔者坚持立足课堂 40 分钟开展现场小组合作探究活动，要求活动期间学生分工明确、人人有事干。笔者按照任务的难易程度来限制活动时间，反复强调活动的开展要紧凑。甚至，笔者还需要花时间进行学生的交际礼仪培养，告诉他们聆听的重要性。

表演小组成员负责的工作有记录、口头表演、问听众、纠正错误、带读文段以及知识点讲解。当小组表演时，六位成员必须全部参与。表演、总结、旁白或讲解等责任到位，并轮流交换角色。而听众所做的任务有记录要点、准备回答问题、质疑对方、纠正错误、跟读文段、学习知识。

（三）实验基本原则

以生为本、多元互动：一堂 40 分钟的课堂，85% 以上的时间是学生活动时间。活动设计尽量体现以自主与多元互动为主。

多维设计：要求教师灵活变通、大量整合教材。力求一个活动尽量体现“听说读写四能结合”，尽量腾出时间让学生观察、思考、动脑、动手、动口去发展他们的创新思维。

（四）实验过程

笔者把以往传统的课文阅读理解、课文知识点讲解变为有生命的学生现场作品：戏剧、小品、简笔画、广告设计等；把以往教师传授重点与难点的语言知识权利归还给学生，让他们充分合作归纳与分析并以自命题的形式呈现；把一些经典话题的内容（英美国家介绍、英美文学鉴赏等）变为小组研究性课题内容，甚至把日常的同步作文变为形式多样的充满学生生命力的手抄报、简笔画、说明书等，从而改变以往单一的记忆—接受—模仿的被动学习方式。部分实验操作或课例如下：

（1）以课文为蓝本，学生现场创新改编或演绎课文，小组合作自编自演。

例 1：

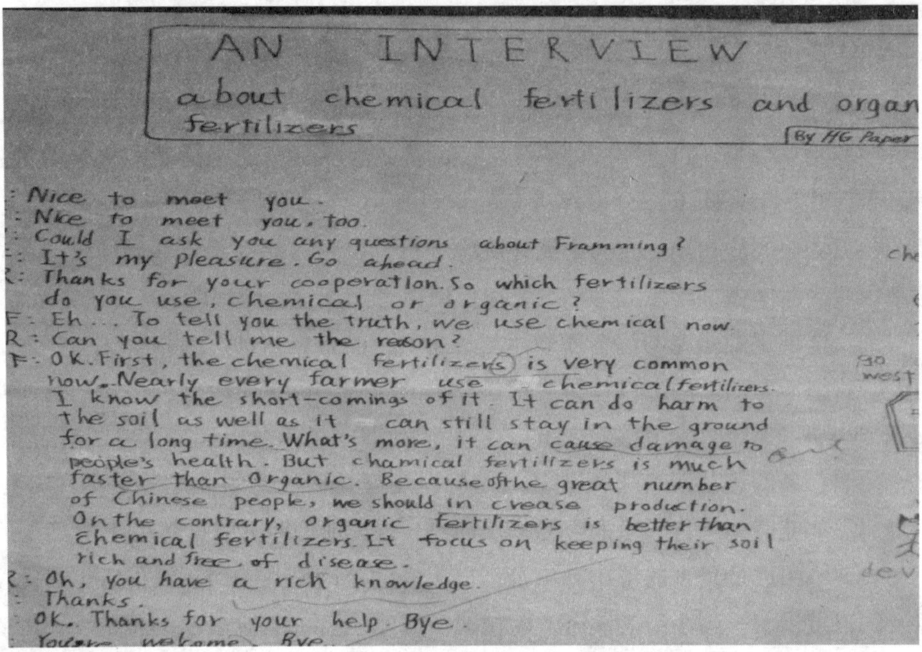

图 1

例 2：

在 Canada（Module 3 Unit 5）一节中，要求学生挖掘课文中描述地点、人口等相关信息点，介绍自己心仪的地点。

上述两个例子都以学生小组合作表演的形式呈现，充分体现了多维度的设计。学生必须在阅读理解课文内容后才能分工合作来演绎课文。表演者与聆听者均有机会训练听与说的能力。同时，小组成员均以写的形式把课文的重要词组或短语整合并呈现在剧本里，再次加强他们对课文的理解能力以及训练他们的写作能力。

（2）以课文为蓝本，学生自画简笔画、思维图、形象直观的图示等梳理课文内容并以此作为学生互命题的素材。

例 3：

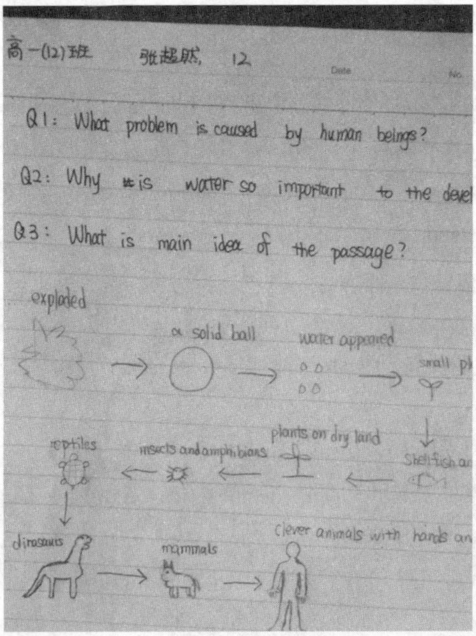

图 2

例 4：

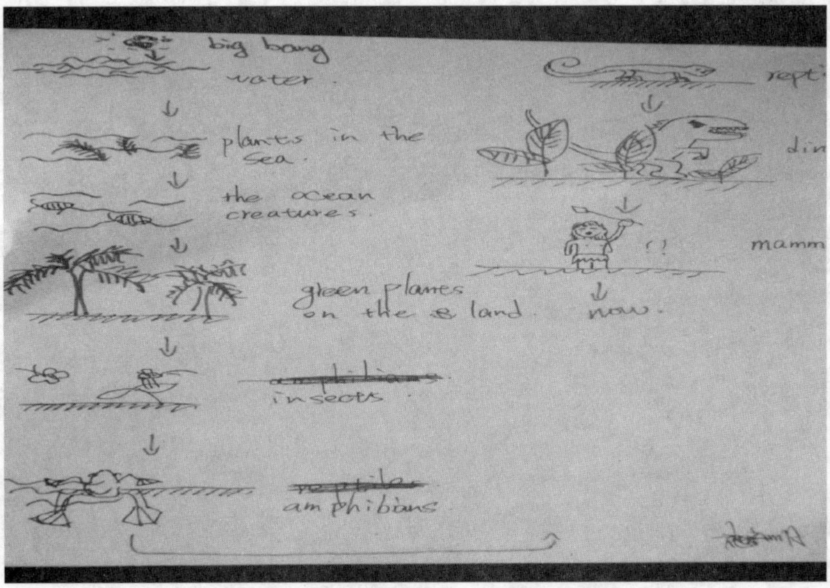

图 3

上述练习的设计是以读和写为主，这种做法的用途多样：不仅可以整理与归纳文章的脉络，而且可以作为学生互命题与解题活动的素材，甚至可以借用学生作品来设置说明文或应用文写作。

(3) 学生合作以自命题的形式来反思考点，探索自己的复习方法。

例5：

学生把重点词语的不同词性编写在同一句子里，如实验班曾同学的作品：

1. We are content with the contents of the books.

2. Honestly speaking, he was unable to make fortune to travel throughout the world.

3. She was depressed about the depressing news.

…

例6：

学生以绕口令（Tongue Twisters）或Jokes的形式来训练巩固重点词汇，如试验班廖同学的作品：

1. I was puzzled by the puzzling puzzle.

2. Husband: " You should cook the meal in your turn tonight!"
   Wife: " Sorry, I don't know how to cook a meal in a turn ."

3. Columbus's globe travelling made a global influence and spread the religion to other places.

例7：

学生合作画图自命题训练高考必考点：非谓语。

图4

1. According to the picture, we can know the man gets ______ (interest) in drinking.

2. The cat bust into tears, ______ (frighten) by his host.

3. The ______ (drink) man has eaten a delicious meal.

4. The ______ (eat) fish only left bones on the table.

5. The host should get the chair ______ (repair).

(4) 学生合作进行跨文化探究。

例 8:

在 The million pound note (Module 3 Unit 3) 一节中，小组分任务从语篇层面、语用角度来探究本文深层意思与学习西方文化。

Group 1: People and their characters

Dig out people's words and analyze their characters.

Sample: "..." —this sentence infers/ implies he is ______.

Group 2: Pronunciation and psychology

Require: Read aloud words or sentences, and dig out their deep meanings.

Group 3: The differences between British English and American English

(vocabularies, cultures or others)

Tip: I have found... is different from... (differs from...)

上述纬度设计分解:

①训练语篇深层语义；②发挥学生创新思维；③提供句型反复复习；④挖掘英式英语与美式英语的差异。

部分学生答案:

1) 课文原句。

Well, to be honest, I have none.

It's amazing how much pleasure you get out of the simple things in life, especially if you can't have them for a while.

We can learn that he is honest and frank.

2) 课文原句。

"Again? Everything ?" —The waiter is wondering whether Henry can pay off the bill.

"Oh, it's for us to thank you, sir and I do, sir from the bottom of my heart." —He is an apple polisher.

3) The differences between British English and American English are as follows.

Vocabularies：

British English：Pound Bank Note—Henry was wandering on the pavement.

Go on please：

American English：dollars Bill—Henry was wandering on the sidewalk.

Go right ahead：

Traditions and Cultures：

British：The strict class system，conservative.

American：long for freedom；open…

此外，笔者还整合 Pygmalion（Module 8 Unit 4）的材料，提前给学生欣赏，并分组提出研究任务：

"Dig out the similarities and differences between two plays of 'The Million Pound' and 'My fair Lady' from different angles. Such as The similarities of the hero and heroine and so on."

笔者只提出大框架，腾出更多的空间让学生去思考发挥，在课堂上互动探究。但有学生更进一步探究到两部作品的许多相似性，如两位主人公相似的命运，两部作品开始、结尾的雷同，以及两个故事背后所呈现的英国森严的等级观念等。作为一名高一学生，在现有的40分钟课堂上完成这么高质量的作品，笔者也赞叹不已。

（5）把日常的作文变为形形色色的手抄本。

笔者精选教材中的一些热门话题，把日常的作文变为手抄本，并提供舞台让不同能力的学生均有机会施展。同学们不仅能通过自己的语言加工能力来传达信息，还可以发挥自己的艺术能力在自己的"Poster"中增添色彩。

四、实验数据分析

表1

Group	N	高一上学期期末考试平均分	Std. D	Sig.	在本区排位	高一下学期期末考试平均分	Std. D	Sig.	在本区排位
控制组	46	95.32	1.19	0.001	8	99.7	1.94	0.004	9
实验组	48	105.47	0.598	**	4	112.1	1.22	**	2

Notice：* Sig. <0.05 ** Sig. <0.01 N = number Std. D = Standard Diversion

（注：六区分别为荔湾、白云、天河、海珠、番禺、花都）

上述两次考试都是我校2009年度参加六区联考的统考统改。六区教师都是流水改卷，并严格按照高考评分标准来评分。因此，所得数据具有一定的公平性与有效性。表中的数据清晰地表明了两组平均分在期中、期末两次考试中都存在显著差异，证实了实验组的学业成绩在两次考试中都比控制组明显提高，从而推翻了假设的说法。

此外，在2009年度实验组的同学不仅增强了自信心，还积极参加了各项级别的比赛，获得许多荣誉，参见下表：

表2

姓名	获奖内容	级别
董家韵	2010年央视高中英语风采大赛	广东省决赛一等奖、获得全国希望杯
刘佳鑫	2010年央视高中英语风采大赛	广东决赛二等奖
何茵琪	2010年“21世纪”杯高中生口语大赛	广东决赛三等奖
曾妍	2010年“21世纪”杯高中生口语大赛	广东决赛三等奖
何家媛	2010年中学生才艺大赛复赛	优胜奖

综上所述，实验组的学业成绩、表现出的语言综合能力以及他们许许多多的令老师们赞叹不已的灵动作品，都证明了本课题的研究成果是有效的，真正能促进学业成绩与素质教育共同前进。

五、总结

如夸美纽斯所讲：“找出一种教育方法，使教师因此可以少教，但是学生可以多学；使学校因此可以少些喧嚣、厌恶和无益的劳苦，独具闲暇、快乐及坚实的进步。”只要我们的课堂教学能做到以生为本，只要我们的教学设计能大量整合知识，多维度地设计教学活动，那么我们的教学就可以促进学生自主探究，可以实现新课标的理念，更可以促进学生综合素质的提高。因此，简而言之，充分相信学生、坚持多元互动是教学的前提；提供平台、细化管理、多维设计是教学有效性的保证。只有这样才能使学生爱学、乐学、好学，而教师爱教、乐教、好教。

参考文献

[1] Skehan, P.. A Framework for the Implementation of Task - based Instruction. *Applied Linguistic*. Vol. 17, No. 1, 1996.

[2] Willis, D. & Willis, J.. *Task - based Language Learning*. London: Cambridge University Press, 1996.

[3] 郭思乐. 教育走向生本. 北京: 人民教育出版社, 2001.

[4] 何广铿. 英语教学研究. 广州: 广东高等教育出版社, 2002.

[5] 王庆宪. "多元互动": 新课改的核心理念. 中小学教育, 2003 (7).

[6] 中华人民共和国教育部. 全日制义务教育英语课程标准 (实验稿). 北京: 北京师范大学出版社, 2001.

创造我们自己的音乐剧

——校园音乐剧开展模式研究

何 莎

【摘要】国家新一轮基础教育课程改革，特别重视对学生实践能力的培养，并将其列为新课程的重要理念。在学校开展校园音乐剧创编活动，能够充分发挥学生的创造力、表演力以及与他人合作的能力，并使学生在表演中获得成功的体验。本文对从引导学生探索音乐剧之奥妙，到学生音乐剧小品创编的具体实施操作，进行了有效的探索，以期将其作为以后开展课外艺术活动的模式之一，进行传承与发展。

【关键词】音乐剧　模式研究

伴随着全国高中音乐新课程的实施和开展，对于新课程标准中的选修模块内容，多数学校由于师资限制，学生并没有完全实现自主选课，这与《普通高中音乐课程标准》要求的“课程内容应具有时代性、基础性与选择性的总要求，……满足学生对音乐的不同兴趣爱好和特长需求，……供学生自主选择学习”不适应。鉴于音乐剧的综合性特点，笔者大胆进行尝试，把音乐剧这项具有多元性、现代性特点的综合性艺术运用在高中课外艺术活动课上，开展音乐剧创编活动，给学生一个展示风采的舞台，使学生在愉快且具有挑战性的艺术实践活动中，充分发挥他们的创造力、表演力以及与他人合作的能力，在一定程度上增强了学生音乐兴趣与热情。

一、基本内涵

“创造我们自己的音乐剧”是学生在教师的指导下，欣赏、了解音乐剧，结合一系列排、演、练、制作等实践活动去掌握音乐剧的特点；然后，学生成立剧组，选择在学习生活中发生的戏剧性事件，写成戏剧脚本，运用学到的知识，结合音乐剧现代性、多元性、综合性的特点，进行音乐剧的创编活动。在剧组里充分发挥学生的各种特长，如唱歌、跳舞、配音、舞美制作、电脑音乐剪辑等。在整个过程中充分发挥他们的创造力、表演能力、组织能力以及和他人的合作能力，使学生的艺术能力和人文素养获得整体提升，为终身发展奠定基础。该模式与传统课堂教学模式相比，在形式上发生了三大转变：一是通过排、演、练、制作等实践活动方式与指导教师进行互动；二是充分发挥每一位学生的特长，调动学生参与创作活动的积极性；三是使学生在活动中学习，在主动中发展，在合作中增知，在探究中创新。

二、理论与实践依据

《普通高中音乐课程标准》强调“重视音乐实践，增强创造意识”的基本理念，并指出：“对于中学生而言，在一定程度上，音乐艺术主要还不是一门知识，而是一种内心体验，一种音乐审美愉悦的体验，而没有亲身参与到音乐活动之中的人，是不可能获得这样一种体验的。只有当学生参与到音乐活动中，与音乐融为一体，自己亲自主动地去探寻、领悟、体验时，对音乐知识技能的真正理解和掌握、欣赏与创造，才有可能实现。”“创造我们自己的音乐剧”这一活动开展模式，重视音乐实践活动，将其作为学生获得音乐审美体验和学习音乐知识和技能的基本途径。通过音乐实践活动，增强学生艺术表现的自信心，培养良好的团队意识与合作精神。

“创造我们自己的音乐剧”就是学生通过完成教师布置的音乐剧创编任务，建构真正属于自己的知识与技能。其中的任务既蕴含了学生应该掌握的音乐剧的特点，也蕴含了学生应该获得的各项能力训练。学生完成创编活动的过程，是一个不断提出问题、解决问题的过程；是以学生的活动为主线，充分发挥学生的主体性，让学生在主动参与过程中形成自我发展能力的过程；是引导他们学会表演，感受舞台综合艺术魅力的过程；更是加强学生对音乐与生活关系的理解，使学生在切身体验中融艺术于生活之中，赋予生活以艺术性的过程。该模式迎合了现代高中生具有时代气息，聪明、好学，有很强的表现欲，敢于尝试新鲜事物，勇于挑战自我，希望能有一个舞台施展才华的特点，因此受到了学生的热烈欢迎。

三、基本操作程序

（一）学习阶段——欣赏音乐剧、了解音乐剧的特点

1. 从兴趣入手，引导学生探索音乐剧之奥妙

高中生有很强的好奇心和表现欲，为了让学生对音乐剧产生兴趣，教师可以指导学生欣赏著名音乐剧《猫》《歌剧魅影》《音乐之声》等的经典片段，拉近学生与音乐剧文化的距离，激发学生参与学习和创作的积极性。

2. 走进音乐剧，让学生感受艺术之美

本环节的设计过程：组织学生观看音乐剧，从感性上了解构成音乐剧的三大要素；提出有关音乐剧的问题，让学生课后查找资料进行探究性学习，从理性的角度进一步了解音乐剧的起源与发展及艺术特征。

3. 设计课堂实践活动，体验音乐剧的三大要素特点

围绕音乐剧的三大要素：音乐剧中的戏剧、音乐剧中的音乐、音乐剧中的舞蹈，教师设计一系列感知与体验的实践活动，例如：模仿表演《猫》中的《回忆》一曲；选择音乐剧《猫》中的片段，将音乐关掉，只留图像，请一位同学为图像配音，以说话的方式将歌词读出来，将音乐剧原剧效果与无音乐效果进行比较；随着音乐歌唱，但不做任何动作，模仿群猫的舞姿，边唱边舞进行比较。

本环节的设计目的在于，使学生通过排、演、唱、比较等切身实践活动，掌握音乐剧的三大要素之间的关系——戏剧是基础，音乐是灵魂，舞蹈是重要的表现形式，并且掌握它们的特点。

（二）音乐剧创编阶段

1. 准备阶段——创设情景、引发求知、合作互研、探索创新

（1）组建音乐剧剧组。组建两个音乐剧剧组（为便于运作，剧组以 2 ~ 3 个为宜），教师向学生介绍音乐剧剧组的构成、详细的工作岗位以及具体的运作，学生以推荐或自荐的方式选出两位导演，两位导演通过 3 分钟的演讲，展示自己的能力，招揽剧组成员，剧组成员根据自身的特长选择工作岗位。

音乐剧组的岗位设置：监制、导演、艺术总监、音乐指导、音响负责人、音乐创编人、舞美指导、演员（主角、配角、群众演员）、摄制组、舞台背景制作组。

（2）定剧情。剧本来源方式：可以是原创剧本，选择学习生活中发生的戏剧

性事件，写成戏剧脚本，主题的选择可以是亲情或友情；也可排演现成的作品，但须浓缩精华或表演经典片段。

明确剧本的要求：为脚本中的对话配上旋律，创编舞蹈动作，使之成为一场有歌、有舞、有表演的音乐剧。表演长度为15分钟。剧组同学以导演为中心，共同商定剧本，导演、艺术总监以及舞美指导根据教师要求的进度，制订排练计划以及准备各部门需要的素材。

在这一阶段需要注意的是，这种开放式的活动型课堂，突出了学生的主体性，学生非常兴奋，往往在创编过程中，会疏忽了音乐剧的特点，只强调剧情，或只强调音乐表演，无法与剧情结合。因此，教师要体现主导作用，与剧组的同学共同商讨他们的剧本是否符合音乐剧的要求，是否具可操作性，各种音乐的表演方式是否围绕剧情来设计，剧中的音乐表演是否发挥剧组演员的特长等问题。在教师的指导下，剧组的同学开展音乐剧创编活动会比较顺利，而且有信心做好。

2. 创编制作阶段——交流互动、释疑解惑、提升能力

普通高中音乐课的教学过程就是音乐的艺术实践过程，“创造我们自己的音乐剧”这个模式的关键环节也在于实践活动。通过音乐艺术的实践活动，增强学生音乐表现的自信心，培养良好的团队意识与合作精神，达成生生交流互动、释疑解惑、提升能力的目的。

音乐剧创编制作阶段具体可分为四个环节：

（1）制定剧本框架。制定剧本框架是剧组创编音乐剧是否成功的关键。剧本框架的内容包括剧名，剧情介绍，剧本的主题思想，主题音乐，剧本的结构（由哪几部分构成），每部分表现的内容，相对应的表演形式，相对应的演员，相对应的舞台设计、灯光、服装，相对应的时间以及相对应的工作人员。

（2）该剧的闪光点、高潮如何体现。这项任务是在剧组商定剧情后，由导演、艺术总监、舞美指导共同完成，向剧组同学公布，这样有利于剧组的同学了解本剧组的音乐剧，各岗位负责人提前准备素材，按照教师要求的进度，顺利开展音乐剧创编的活动。更关键的是剧本框架在开展排练、制作前完成，教师可以通过剧本框架，了解该剧组的构思是否合理，音乐素材、道具选用是否恰当，并给出合理的建议。

（3）音乐剧创编活动的实施。教师为剧组的同学提供音乐室进行排练，美术室进行道具、服装、舞台背景以及宣传画的制作，为学生提供电脑进行音乐剪辑，提供录像机进行拍摄，记录音乐剧创编的过程，制作宣传片。各岗位的同学按照导演的计划，认真进行排练、制作。剧本每一段落的合成，都是他们成功的体验。

(4) 释疑解惑。在音乐剧的创编排练中，教师要适时指出存在的问题，比如：

①不同场景之间的切换，不能通过拉幕方式解决，应如何用其他手段辅助，让音乐剧有完整感？

②同学在舞台上表现的不是剧中人，而是自己，怎么办？

③剧中的音乐如何与剧情相匹配？

在导演的带领下，各剧组的同学出谋献策，把以上问题解决得非常漂亮。

问题①：《花木兰》剧组，第一幕是花木兰在兵营的生活，表现壮观的训练场景；第二幕表现花木兰替父从军的场景，两幕之间的衔接，学生很巧妙地利用雨声作背景音乐。花木兰在练剑时，想起了父亲，并看到年迈的父亲练剑的情景，把第二幕衔接上，解决了幕与幕之间的情绪落差。

问题②：学生在老师的提示下，互相观摩，意识到舞台艺术源于生活高于生活，应大胆地去展现剧中角色的形象。

问题③：《黑夜彩虹》剧组，学生设计了一段精彩的舞蹈。修改前，不知在剧中如何表演这段舞蹈；修改后，舞蹈演员手里拿着各种画画的道具，随着音乐起舞，为主角布置画室，为主角树立信心而舞。

剧组发挥了集体的智慧，使难题迎刃而解，音乐剧得到进一步的完善。

（三）成果展示阶段

在成果展示阶段，教师为学生提供舞台、灯光、音响，音乐剧参加汇报演出。汇报演出前，在学校宣传栏张贴宣传海报，以引起全校师生的关注，他们的表演更得到了领导以及师生们的好评。

在音乐剧创编制作阶段中，教师的主导作用体现在对活动节奏的控制，调控活动的过程，使活动朝着预设的目标发展。

（四）评价反馈阶段

学生在实践活动中获得戏剧表演的体验，展现和锻炼自己的表演能力。通过自我评价和相互评价，学生获得了经验，提高了审美能力和鉴赏能力。在成果展示阶段，全级师生和领导为他们评出最优秀的音乐剧、最佳男女主角、最佳舞美指导、最佳音乐剪辑、最佳宣传画、最佳男女配角、最佳舞台效果、最佳舞蹈指导、最佳导演等系列奖项，如优秀音乐剧《梁祝》《花木兰》《黑夜彩虹》《展翅飞翔》等，让学生体验成功的喜悦。

（五）活动反思

把具有综合性、多元性、现代性特点的音乐剧运用到高中课外艺术活动课中，在课题的选择上，结合高中生的特点，在音乐剧创编过程中，坚持面向全体学生，充分发挥了每位学生的特长，每位学生都是剧组中不可缺少的一员，调动全班同学参与活动的积极性，实现了课堂的最优化。在成果展示阶段，这也是最让学生兴奋的时刻，笔者为学生提供舞台、灯光、音响等设备，向全校师生展示优秀的音乐剧作品，让学生体验到了成功的滋味。很多有特长的学生通过参与本次的活动课程，定下了今后专业发展的目标，如播音主持、影视编导、舞美指导、服装设计、声乐专业、舞蹈专业、作曲专业等。

“创造我们自己的音乐剧”这一活动开展模式，符合新课程“面向全体学生，注重个性发展，重视艺术实践，增强创造意识”的核心理念。这不仅有利于“音乐与戏剧表演”模块的实施，而且，音乐剧很好地综合了除音乐鉴赏之外的其他几个模块的内容，这是在当前背景下，实施高中音乐教育新课改的一个有效探索。

参考文献

[1] 人民教育出版社. 普通高中音乐课程标准（实验）. 北京：人民教育出版社，2003.

[2] 王安国，吴斌. 音乐课程标准解读（实验稿）. 北京：北京师范大学出版社，2002.

物理课堂教学贵在“体验”

朱燕明

【摘要】《普通高中物理课程标准》提出了体验性目标，不仅强调“观察”“实验”“探究”“调查”“实践”“模拟制作”及“设计”等活动，而且强调学生的直接经验，鼓励学生对教科书进行自我解读、自我理解，尊重学生的个人感受和独特见解。本文就“规律形成过程体验”“实验体验”“理论探究体验”三个方面，例谈了物理课堂中的“体验教学”。

【关键词】教学做合一　体验教学　体验性实验　理论探究

《普通高中物理课程标准》要求重视科学探究的教学，让学生在科学探究中经历类似科学家的探索过程，学习科学的方法，接受科学精神、科学态度的熏陶与教育，形成良好的情感、态度与价值观。它不仅强调“观察”“实验”“探究”“调查”“实践”“模拟制作”及“设计”等活动，而且强调学生的直接经验，鼓励学生对教科书进行自我解读、自我理解，尊重学生的个人感受和独特见解。

关于体验，古人就将“体验”解释为“以身体之，以心验之”。教育学界多数人认为，体验是以亲身经历、实践活动为基础，通过对经历、实践的感受、反思而实现的人格升华。在体验过程中，主体以自己的全部“自我”（已有的经历和心理结构）去感受、理解事物，因发现事物与自我的关联而生成情感反应。因此，从心理学上来讲，体验是对事物的真切感受和在深刻理解的基础上对事物产生情感并生成意义的活动。

陶行知也提倡“教学做合一”，视“教学做”为一体。他提到：从学习的原则上看，事情怎样做，就须怎样学，怎样学就怎样教。譬如游泳要在水里游。若不下水，只是在岸上读游泳的书籍，做游泳的动作，纵然学了一世，到了下水的时候，还是要沉下去的。教育的目的，是培养学生的学习能力、与人交往的能力、适应社会的能力；是培养合格健康的社会人，而不仅仅是读书考试的工具。这就要求教师从学生的实际出发，激发学生的学习动机，引起学生主动学习的兴趣，在实践中掌握知识，提高能力。只有这样的教学，才能达到教师“费力少而成功多”的效果，学生也就乐学了。

可见，体验教学不仅是理解知识的需要，更是激发学生生命活力、促进学生成长的需要。因此，体验教学作为一种很好的教学方法应得到重视。下面，笔者就自己的一些教学实践，谈谈高中物理课堂教学中的“体验”教学。

一、在规律教学中，注重学生“体验过程”，注重过程与方法的教学

学生的学习如果只是由教师讲授，缺少“体验”的过程，将会造成学生对知识的来龙去脉不甚了解，不仅过程与方法、情感、态度、价值观的教学目标落了空，也影响学生对知识的理解，知识与技能的教学也会落空。所以，物理课堂教学中，需要创造性地使用教材，注重学生学习的体验，巧妙引导学生到达知识的彼岸，培养学生形成各种能力。

例如，高中物理“探究安培力”的教学，新课标对“左手定则”的要求是：会判断安培力的方向。若将教学的重点放在教学生如何应用“左手定则”去解题，而忽视对规律形成过程的教学的话，学生得到的将只是一些死板的知识，根本谈不上过程与能力的提高，教学的三维目标也将无法体现。对于这一规律的教学，可以就如下几个方面加强学生的体验。

1. 通过建立模型，让学生形象记录三个方向间的关系

首先，可以让学生回忆通电导体在磁场中受力的方向与哪些因素有关。根据学生的回答情况，必要时增加如图1所示的实验。在回答的基础上，引导学生提出这三个方向之间是否有固定关系（规律）。如果有，是什么样的关系呢？

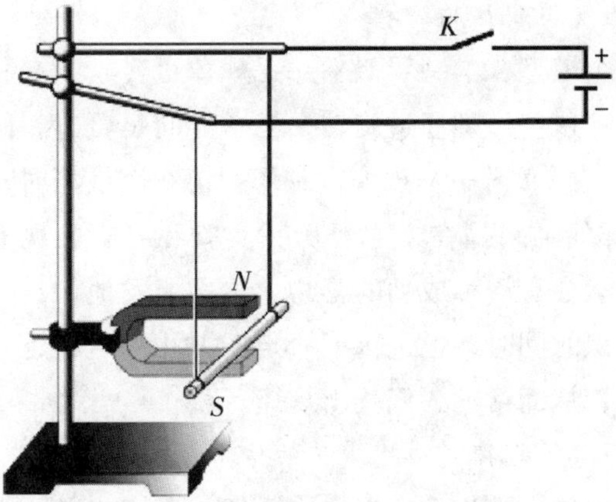

图1

然后引导学生用实验进行探究（实验器材如图1所示），并根据实验制作“方向关系”模型。事先要准备好若干泡沫塑料块和三种不同颜色的箭头，并在不同颜色的箭头上分别标上其所表示的方向（电流方向、磁场方向、受力方向，如图2）。让学生根据实验情况，用“模型”记录实验现象，使抽象的东西变成一个具体的模型（图3）。通过改变电流方向、磁场方向，制作两个或以上的模型，使学生加深体验。

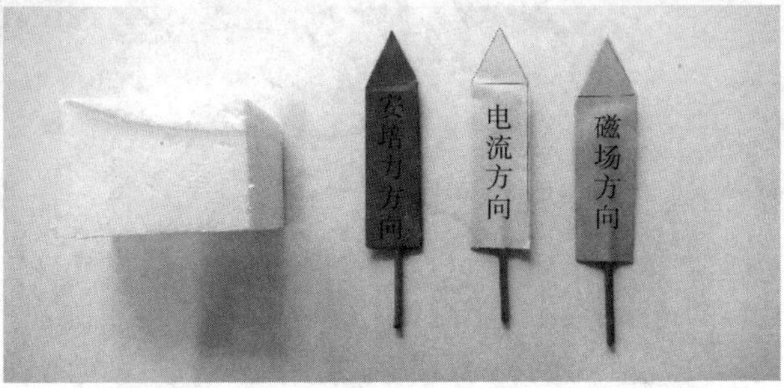

图2

图3

2. 让学生体验发现规律的过程

以上制作的几个模型，乍一看似乎并无规律可言，但在制作过程中会有部分同学在拨弄时发现：这些模型通过旋转，三个方向是可以相同的，三个方向之间是有固定关系的（实际教学中发现，在制作到第三个模型时，大部分学生都能发现这一规律）。这样的结果是在学生经历了实验和对实验现象的观察、比较后获得的，这时他们必然会有一种成功的喜悦，从而激发他们进一步探索的兴趣。这样，在学生获得知识的同时，也进行了一定的方法渗透：建立模型的方法可以使抽象的事物具体化，从而帮助人们找出规律。

3. 让学生经历总结规律、应用规律的体验

在此基础上，引导学生注意安培力、磁场、电流三者的方向是一个三维立体关系，是有规律的。那么如何描述和记忆这种规律呢？视乎学生程度，可适当引导：前面我们碰到过类似的问题吗？是怎么描述和记忆电流的磁场的？能不能尝试用肢体表示它们之间的关系？从而得到“左手定则”或其他类似方式表达（如图4）。

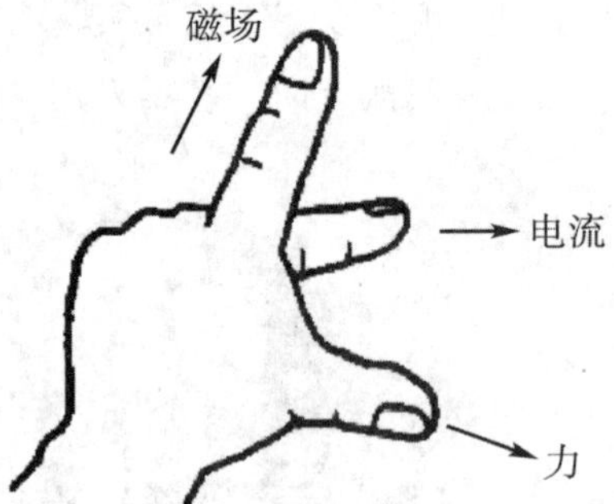

图4

在学生总结规律的基础上，我们还可以安排一个验证实验：改变图1中的磁场或电流方向，让学生根据“左手定则”判断导体的受力方向，看看与实验结果是否相符。这样做，是向学生渗透一种科学方法、科学态度：人类发现的任何规律，都必须经得起实践的检验，才能应用于实践。

二、用“体验性实验”增强学生学习的兴趣，突破教学难点

可以说，学生从活动中得到的难忘体验，是单凭书本教学无法获得的。学生只有经历了探究体验，才会有深刻的感受，才会在心灵上引起强烈的震撼，形成

刻骨铭心的记忆。课堂上是如此，日常生活中也是如此。“一朝被蛇咬，十年怕井绳”这句古语，充分说明了体验对一个人认知的重要影响。

在讲授“自感现象及其应用”一节的教学过程中，课程标准的要求是：通过实验，了解自感现象。在引入新课时，笔者设计了一个“体验性”实验，给学生留下了一个难以忘怀的体验——“万人震——勇敢者的游戏”。

如图 5 所示，E 为 6V 蓄电池，L 为 40W 日光灯的整流器，闭合开关 S，让二十几位同学手牵手组成串联电路，首尾两位同学分别接触 A、B 两个接线柱。在开关 S 断开的瞬间，二十几位同学均会有较强的电击感。

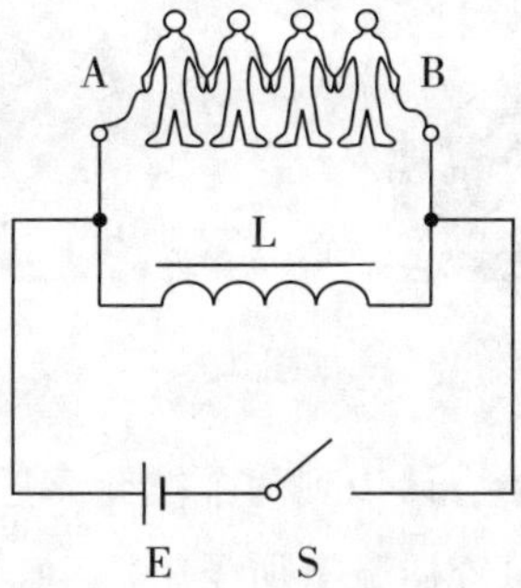

图 5

实验后，学生兴趣大增：游戏中，蓄电池的电压（6V）远低于人体安全电压，而且一开始人的两手接触电源的两端时并没有被电击的感觉，为什么反而在开关断开的时候会有那么强的电击感觉呢？学生带着一个大大的问号进行了学习。

在师生共同演示、分析了如图 6 所示的断电自感现象后，不用教师引导，学生已能自行分析“万人震”游戏的原理（二十几位同学是充当了图 6 中灯泡 A 的角色）。

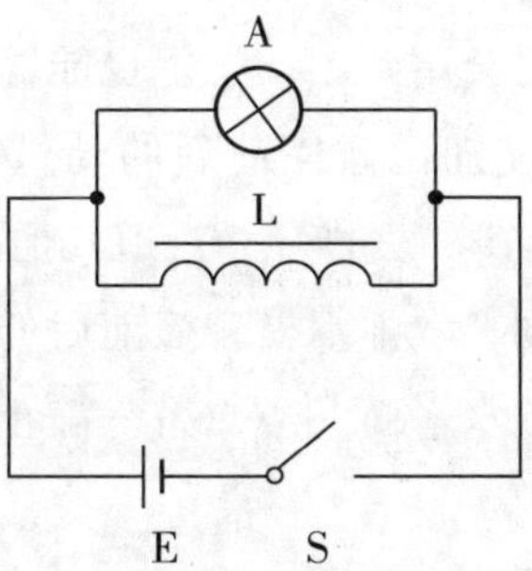

图 6

又如，在“了解电容器”的教学中，可以通过“电人盆”实验引入教学：两个大铝盆，中间垫一塑料纸；用一根半米长左右的塑料管（PVC 水管）与毛皮摩擦后不断与铝盆接触（如图 7 所示）；然后请一位同学用手指摸一下盆的中央……

现象：学生会有较强的电击感。

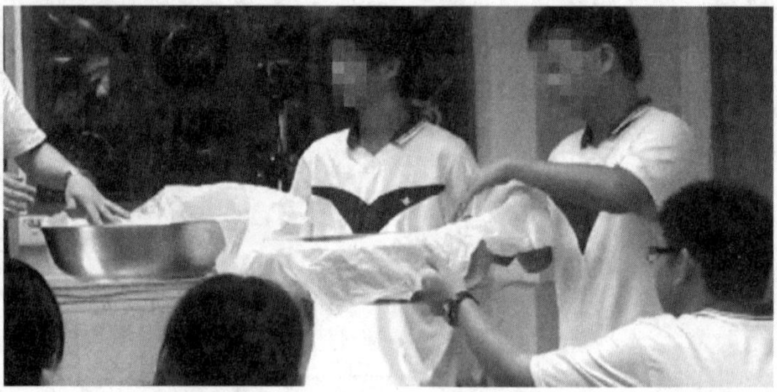

图 7

让学生通过“触电”体验，认识到两个彼此靠近、相互绝缘的导体具有储存电荷的本领，从而开始对“电容器”有所了解。

粤教版《物理》教材中有大量此类实验，如必修 1 中力的等效替代、力的合成和分解、超重和失重等内容，均可用于设计一些“体验性”实验，在教学中加强学生体验，以突破教学难点。

三、理论探究也需要体验

前一阵子观摩了“聚焦课堂”的几节课，内容都是动量守恒定律，在引导学生得出动量守恒定律的内容时，其中一位教师的做法是根据“动量定理”“牛顿第三定律”，用幻灯片课件一步一步引导学生去分析，严密论证。这种做法相信是很多教师在讲授物理规律时会用到的，学生也能够接受。但解决问题的过程让学生很迷茫，为什么一开始就知道碰撞前后的动量会有关系？为什么会想到用“动量定理”和“牛顿第三定律”去推导，难道其他方法不行吗？……

另一位教师的做法却不同，教师不提碰撞前后的动量关系问题，只举了一个简单的例子：一小球在光滑的水平面上碰撞另一静止小球，研究碰撞后两小球的速度（如图 8 所示）。

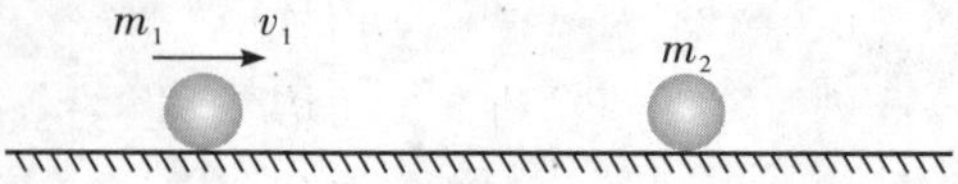

图 8

问题抛出后，在幻灯片上用列表格的形式打出了学生熟悉的两种解决问题的思路：

Ⅰ. 牛顿运动定律、运动学规律

Ⅱ. 动能定理、机械能守恒定律

通过前面的学习，学生已经对研究的问题和上述两种解题思路非常熟悉，于是马上讨论分析。

很快，多数学生列了这样一个方程：$m_1\frac{v_1'-v_1}{t}=m_2\frac{v_2'-0}{t}$ （1）

教师马上肯定了这种做法，并指出有个别同学出现（2）式所示的错误：

如果考虑功能关系，则 $m_1\frac{v_1'^2-v_1^2}{2s_1}=m_2\frac{v_2'^2-0}{2s_2}$ （2）

从而说明（1）式中因为相互作用力且有同时性，故式中时间相同，可以约去，简化求解过程。而（2）式中两球位移关系较为复杂，不易求解。

教师又进一步指出，两球碰撞过程的相互作用力是恒力吗？若不是该怎么办？学生自然想到了平均作用力。

此时教师又进一步引导学生“灵光一闪”：动量定理也适用于变力，在屏幕上出现了第三条解题思路：

Ⅲ. 动量定理

于是，学生又分组由动量定理进行推导，很快得出了碰撞前后的动量关系（守恒）。

从上面可以看出，该教师非常了解学生的认知水平，不但教给了学生新的知识，也让学生体验了学习新知识的过程，提高了学生的学习能力，还在此基础上给学生指出解决力学问题的“三条金光大道”，可谓匠心独运！

陶行知很关注学生学习能力的培养，他认为：先生不能一生一世跟着学生。热心的先生，固想将他所有的都传给学生，然而世界上新理无穷，先生安能尽把天地间的奥妙为学生一齐发明？既然不能为学生一齐发明，那他所能给学生的，也是有限的，其余还是要学生自己去找出来的。况且事事要先生传授，既有先生，何必又要学生呢？所以专拿现成的材料来教学生，总归还是不妥当的。笔者据此认为，正确的做法是把正确的学习方法教给学生。最好的先生不是教书，不是教学生，乃是教学生学。学生具备了学习能力，才能摆脱被动的地位，做到自得、自动，提高分析问题、解决问题的能力。

总之，体验教学通过让学生在一个开放的环境中体验乐趣、体验生活、体验自主、体验过程、体验创新、体验成功，从而培养学生的学习情感，培养学生的创新精神和实践能力。通过体验教学使学生充分感受到蕴藏于这种教学活动中的欢乐与愉悦，从而达到促进学生自主发展的目的。这样的教学，尊重和发挥学生作为教学活动的主体和课堂的主人所拥有的观察权、思考权和表达权，符合“以人为本”的教学思想，应成为物理课堂教学的主流。

参考文献

[1] 广州市教育委员会教学研究室. 课堂教学的原理与方法.

[2] 阎金铎. 初中物理新课程教学法. 北京：开明出版社，2003.

化学实验探究课的教学策略

陆伟斌

【摘要】探究式教学是新课程理念下化学的重要教学方式。开展有效的实验探究课，是落实新课程三维目标、培养学生科学素养的重要阵地。本文结合实例，讨论和总结了新课程理念下开展实验探究课的策略。

【关键词】化学实验探究课　素质教育　新课程　有效教学

新课程标准强调培养创新能力，体验科学历程。培养创新精神需要有针对性地改变学生接受性的学习习惯，有效地开展科学探讨式的学习方式。化学学科中的探究性实验更是体现探究性学习精髓的一种常用途径。然而，实验中表观上热闹但本质上并没有实现预期教学效果的无效甚至负效教学已屡见不鲜。为防止这一问题的出现，利用有效教学的理论指导教学设计与课堂教学显得十分必要。若能把握若干基本的策略，就能开展一堂堂有效且高效的化学实验探究课。

一、根据课程标准，结合实际情况，合理选取探究点

探究式教学是通过类似或模拟科学家的探究过程来理解科学概念和科学探究的本质，培养学生科学探究的能力和创新意识的教学方法。但是，在普通高中的课堂教学中，原原本本地模拟知识形成的原始过程，让学生去体验，这既不可能也没必要，而且也不是任何化学知识的学习都适用探究式的教学方法。因此，现行的三套普通高中课程标准实验教科书都尽量提炼适合探究的化学教学内容，引领学生在一定程度上体验化学研究过程。

必须注意的是，不是每一节课都要进行探究，而应在重点知识中选取核心内容作为探究点；在进行每一个实验探究前，需让学生明确探究的目的。例如，比较碳酸钠和碳酸氢钠的性质实验（宜用一个课时探究），老师不只应教会学生这两种物质的性质，还应教会其对比物质性质的一般方法：首先对比物理性质，可从哪方面考虑（颜色、状态、水溶性等），再进行实验，观察实验现象：从固体状态的变化、溶液颜色的变化、热量（温度）的变化等方面进行描述；化学性质的比较：可从热稳定性、物质所属类别的性质入手（它们都属于一种盐，那么盐类物质能与哪类物质发生反应呢？它们与这些物质反应时又有什么不同）。

二、充分发挥学生的主导地位，以探究过程中的知识发展顺序，合理调整教学内容

新的化学课程标准明确指出："化学课程要着眼于学生的发展，使学生获得终生学习的兴趣、习惯及一定的学习能力。强调以化学知识和技能为载体，让学生经历科学探究的过程，学习科学探究的方法，培养科学探究的精神，进而使学生获得对化学理解的同时，在思维能力、情感态度与价值观等多方面得到进步和发展。"化学新课程理念的"有效"更强调高中化学的学习是一个主动建构知识、发展能力、体会科学的过程与方法，形成正确的情感态度与价值观的过程。

进行探究实验的意义在于让学生在掌握知识的同时，还能掌握适合本学科的学习方法和规律，了解本学科的一些思维方法，从而运用到实际生活和生产中去。一旦合理选取了探究点开展探究活动，一切就应以实验产生的现象，分析获得的结论，对生产、生活的启示来组织教学内容，解除教材的束缚。

在"氯水的组成与性质"这一探究点中，笔者在第一课时先把学生分组，引导学生分析氯气和水可能发生的物理、化学变化。由于在化学反应中，元素的种类和原子的数目不变，所以 Cl_2 和 H_2O 之间的反应只可能有以下两种情况：

$$\text{Cl—Cl} + \text{H—O—H} \longrightarrow \text{Cl—H} + \text{Cl—O—H} \quad (1)$$

$$2\text{Cl—Cl} + 2\text{H—O—H} \longrightarrow 4\text{Cl—H} + \text{O—O} \quad (2)$$

然后，要求学生根据假设，确定实验目的和原理，讨论实验方案，上交实验用品清单，设计记录与分析的表格。第二课时，笔者提供清单上材料，让学生进行实验和交流。在整个探究过程中，学生迸发出思维的火花。交流时，学生能分析出一系列结论：能从颜色这一物理性质知道氯水中含有单质氯。氯水仍然有特殊气味，说明氯容易挥发，要妥善保存，最好现配现用。通过离子的检验，证明氯水中含 Cl^- 和 H^+，并发现氯水具有漂白作用。通过进一步探究发现，干燥氯气

不具漂白性，证明氯水中仍含有其他粒子，若按（2）式进行，则不可能产生漂白性物质。在这个过程中，学生对所涉及的化学知识的了解程度和运用能力都会有所提高，三维教育目标就能分别落实。

由于科学是一个整体，只是人类认识能力有限、课时所限，才把科学分为学科，把学科分为若干课时。故而一旦开展探究，总会遇到学科的整体性问题。在探究过程中，有学生提到，在氯水中的有色纸条是被次氯酸漂白的，当次氯酸完全分解，次氯酸消失后，有色纸条的颜色很可能会恢复，组员马上要求学生进行实验，并获得永久漂白的结论。传统的教学设计会把这个知识点在 SO_2 的漂白性中以对比的形式呈现。通过探究，这个知识就成了 SO_2 漂白性的先行组织者，知识的整体性得以连贯。

在探究过程中，教师是学生学习的促进者、合作者、参与者，甚至是助手。一方面，改变传统教学中学生消极、被动、机械地接受知识的状态，把教学视为学生通过教师指导，学生自主活动，主动建构学习的过程；另一方面，“以学论教”，教师在有效教学的过程中，以研究者的眼光审视和分析教学理论与教学实践中的各种问题，对自身的行为进行反思，对出现的问题进行探究，对积极的经验进行总结。同时，教师还应帮助学生增强对学习任务和学习过程的理解，引导他们针对自己的学习情况制订切实可行的学习计划。要允许学生根据不同的学习内容，选择不同的学习方式，使学习变得富有个性。

三、培养良好的记录和分析习惯，落实基础知识

实验是化学的基础和生命，没有实验就没有化学，实验考查一直是高考化学试题的重要组成部分。近年实验题的赋分值更是明显有增大的倾向，而实验题的得分率一直偏低，提高实验题的得分率，便可胜人一筹。将验证实验改为探究实验，让学生加深对实验现象的记忆，在动手设计、安装、实验过程中认识仪器装置的原理，弄懂实验设计的原理和方法，能够设计和评价实验方案。

在探究过程中表现突出的学生，能在表现性评价中获得满足感。然而在探究的过程中，尤其是在自主探究的过程中，由于发散性强、时间耗费较多，学生常常在课堂上进行了探究实验后，印象不深刻，未能实现知识的再现和重组，不能将所学知识运用到解题能力上，考不到好成绩，逐渐觉得课堂的活动没有效果，最终失去学习的兴趣。这也使教师感到自己的付出与在现行考试评价制度中所要取得的实绩不成正比。

要较好解决这一问题，首先，在进行教学设计时，探究过程的设计条理要非

常清楚，要想清楚每一步的探究目的是什么、现象是什么、能得到什么结论，养成通过列表把操作、现象、结论一一对应的好习惯。在探究过程中，一定要设计学生动笔的活动，而不能只停留在看、说上，所以探究实验课最好根据自己的教学设计印发学案给每一位同学，或者让学生自行阅读和设计实验记录表格，这样既有利于学生养成动笔的学习习惯，加深学生对学习过程的印象，又便于他们课后的复习巩固，从而达到落实基础的学习目的，而不至于下课后学生觉得好像只做了几个实验，脑袋里仍然空空如也。

在教学中，探究问题的设置，学生对实验的观察、对实验现象的记录和对结论描述以及化学用语的训练等都要求老师在课前要做好充足的准备，在课堂上落实好以上几个环节。对一堂探究实验课来说，只要有一个环节放松了，就达不到预期的效果。此外，探究实验课要配合一定的课堂练习，以便及时反馈信息，训练学生运用知识的能力。

在浓硫酸性质一课中，笔者设计了以下课堂练习：

[练习1] 下列现象表现了硫酸的哪些性质？

①浓硫酸滴在纸上，纸变黑。__________

②敞口放置浓硫酸时，质量增加。__________

③锌粒投入稀硫酸中，有气泡产生。__________

④木炭放入热浓硫酸里有气体放出。__________

⑤铁、铝与冷浓硫酸不发生反应。__________

[练习2] 下列哪几种气体中不可用浓硫酸干燥的是（　　）？

A. CO_2　　B. H_2　　C. NH_3　　D. O_2　　E. Cl_2

[练习3] 在两支试管中分别盛有等体积的浓硫酸和稀硫酸，请设计简单方法来区分它们。

新时代的教师，应根据课程标准细心把握开展实验探究课的原则（合理选取探究点、充分发挥学生的主导地位、合理调整教学内容、培养良好的记录和分析习惯、落实基础知识），保障三维目标的落实，从根本上培养学生的科学素养。

参考文献

[1] 戴红盛. 高中化学必修课教学设计应注意的几个问题. 新思考网，2008.

[2] 王春. 化学课堂教学中“体验式学习”的教学形式与策略研究. 化学教学，2007（5）.

[3] 郑毓康. 实施探究式教学实践新课程目标. 新思考网，2008.

[4] 杨唐靖. 高中化学必修新教材的实验研究. 化学教学，2006（3）.

[5] 吕宏宇. 中学化学实验教学中培养学生科学品质的理论研究与实践. 学位论文选登，2006（4）.

[6] 陈心忠. 主题探究实验的实践与研究. 化学教学，2006（4）.

如何在初中历史课堂中有效地运用角色扮演

陈 婧

【摘要】以“演绎历史、体验人生、认识社会”为主旨的角色扮演教学模式，经由美国传入中国后，被我国许多教育工作者接纳并使用。在初中阶段，针对身心发育尚未成熟的学生，又该如何在历史课堂教学中灵活运用这种教学模式，从而激活历史课堂、提高教学的有效性呢？笔者根据自己在初中历史课堂中的实践进行分析总结，提供了一些自行创作的可行例子，希望能为各位同行起到抛砖引玉的作用。

【关键词】角色扮演 初中历史课堂 有效

20世纪60年代中期，在美国的历史课与社会课上出现了名为“模拟游戏与角色扮演”的教学类型，后来这一模式在美国各地被普遍采用。20世纪90年代，在我国的历史课与社会课上也出现了类似的教学类型。

角色扮演模式是透过历史史实和问题情景的设计，在教师的指导和组织下，依据教学目标和课程内容，结合学生身心特点，由学生扮演某一历史或社会角色，或模拟以往社会中的历史人物，或模拟现实社会中的人物，通过学生亲身的情感体验来加深对社会的了解、对历史的认识，观察社会现象，思考历史问题。

模拟游戏与角色扮演的教学活动，其教育价值是多方面的：首先，它可以激励学生主动、积极地进行学习，自主地探究历史；其次，可以锻炼学生的批判性思维能力，帮助学生树立科学的历史观与社会观；再次，可以培养学生的团队协作精神和合作能力；更重要的是，学生可以借此形式来“演绎历史、体验人生、认识社会”。

历史课的成败得失，在很大程度上取决于学生的体验与感悟。角色扮演基于自身独特视角的体验与感悟，可以让学生近距离地感知和触摸鲜活的历史，从而赋予历史以生机与活力。但如果教师指导不力的话，这种新型的教学方式很可能就成为一种噱头，除了能引发学生浅薄的哄笑之外，更深层次的教育目标很难实现。而从现今初中历史教学的实际情况出发，应试教育仍然是中学学习中的重要部分，在中考的指挥棒下，历史学科的地位和重要性受到了较大的挑战。如果仅仅局限于几百个文字和数幅插图的教材，满足于几十道选择题和两三道材料题，这就与历史学科的人文功能和对价值观、人生观的塑造等意义相背离。引导学生学会观察社会现象、分析历史事件和评价历史人物，提高初中历史课堂的教学有效性，才是初中历史教学工作的重心。

如何让角色扮演真正成为激活历史课堂、提高教学有效性的“灵丹妙药”呢？在运用角色扮演模式进行长时间、多种形式的历史课堂教学实践之后，笔者得到了以下几方面的认识。

一、认清角色扮演本质，熟悉角色扮演的流程

有不少人会将角色扮演和课堂模拟混为一谈。其实，这两种课堂教学模式虽然在表面上都有再现历史的功能，但两者有着本质区别。课堂模拟仅仅是按照客观资料将历史真实再现，可通过文字、声音、图片、实物、多媒体等感性材料加以替代。而角色扮演模式的重点则在于表演，在于扮演者和观众的互动融入了扮演者对历史的主观体验和深刻认识。在有限的课堂教学时间内，使用角色扮演更能引发学生对学习的兴趣和主动探求的欲望，能更好地提高教学的有效性。

要有效地运用角色扮演模式，必须严格依照活动流程，切实做好每一步的准备工作。对于角色扮演模式具体结构内容，美国学者 Marsha Weil，Bruce Joyce & Emily Calhoun 在 *Models of Teaching*（《教学模式》）一书中，给出了一个详细的结构图（见表1：角色扮演的结构）：

表1

第一阶段：小组准备活动	第二阶段：挑选扮演者
确定问题并进入情景，明确问题， 讲解问题探究事件，解释角色扮演	分析角色， 选择角色扮演者

（续上表）

第三阶段：布置场景	第四阶段：组织观众
确定表演程序，重述角色 进入问题情景	布置观察任务
第五阶段：表演	第六阶段：讨论和评价表演
开始表演，继续表演，表演结束	评论角色扮演（事件、地点、真实性），讨论要点，决定新的表演
第七阶段：重新表演	第八阶段：讨论和评价表演
表演修改过的角色，提出关于下一步或改换角色的建议	如第六阶段
第九阶段：总结	
把问题情景与现实和当前问题联系起来，探究行为的一般原则	

具体到初中历史课堂而言，角色扮演从准备到实际操作的过程中，教师与学生的分工和负责内容有所差别，主要包含以下的几个方面：

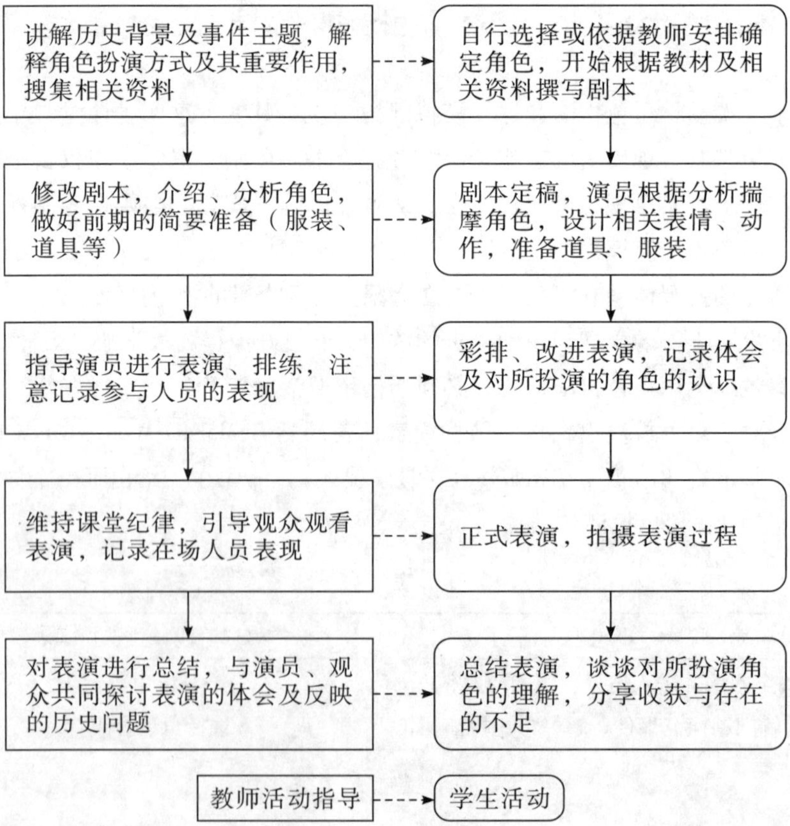

图1

二、结合教学大纲及课堂实际，合理编制角色扮演的主题及形式

1．根据学生和所学知识的特点确定角色扮演的主题

在中学阶段，尤其是初中阶段，运用角色扮演这一类的教学类型，必然会带有一些游戏的成分，其目的是激发学生的学习兴趣，迎合他们身心发展的需要，引导其尽快投入课堂中。年级越低，游戏成分可能越多。但是，中学历史课的真谛在于尽可能地求真、求实，还原历史的本来面貌，使学生能了解与认识历史的真相。因此，追求历史的真实、还历史的本来面貌是中学历史教育的基础，也是历史教育工作者努力奋斗的目标之一。

正确选择角色扮演的主题，有助于引发学生在趣味活动与游戏中进行思考。而运用这一模式的历史主题具有以下特点：历史事件发生得紧凑而完整，主要矛盾集中在某一历史事件引起的总爆发上；历史事件发生在权力斗争非常激烈、时局错综复杂，并且斗争的结果将会导致时局发生历史性转变的时期，或者说是社会的主要矛盾通过某一历史事件而发生变化的时刻；这一历史事件决定历史发展方向发生变化的时刻等。例如，中国史中的西安事变、重庆谈判以及关于中国是否出兵朝鲜的讨论，世界史中的美国南北战争时期关于奴隶制存废问题的争论等。

2．根据教材内容和课堂教学实际确定角色扮演的形式

在实际的操作中，要在课堂上采用角色扮演的教学模式，可以根据所学历史知识的特点，采用各种形式的角色扮演。笔者根据多年的教学实践，自行总结出一些角色扮演的形式（表2），供各位同行参考：

表2

形式	具体实例	目的	适用课文
时空穿梭，引导学生发散思维，感同身受当时的历史	如果你是生活在唐朝的普通百姓，设想你一天的生活	掌握唐朝政治、经济、社会生活、文化等状况	《中国历史》七年级下册第3课“开元盛世”
	根据所学知识，发挥想象，描述北京人一天的生活	掌握我国远古居民的生活与使用工具的情况	《中国历史》七年级上册第1课“祖国境内的远古居民”
	历史情景剧：《天价的咖啡糖》和《毕业后》	体会印花税的征收对人民的影响，理解爆发独立战争的背景	《世界历史》九年级上册第12课“美国的诞生”

（续上表）

形式	具体实例	目的	适用课文
演绎历史名人，展现伟人风采	模仿孙中山向人民发表演讲，号召人民起来革命	掌握以孙中山为代表的资产阶级革命派的思想与主张，体会其爱国的热情	《中国历史》八年级上册第8课“辛亥革命”
	模仿毛泽东在开国大典时宣布新中国诞生的情景	理解体会新中国成立的艰辛，掌握党和人民为新中国的建立所付出的巨大代价与努力	《中国历史》八年级下册第1课“中国人民站起来了”
	演绎重庆谈判中毛泽东和蒋介石会面的情景	掌握两党关于中国命运与前途的不同设想，体会两位政治家不同风格的政治手段	《中国历史》八年级上册第17课“内战烽火”
	如果你是郑和，你怎么在海外与外邦人友好交往	掌握明朝时期对外交往的相关情况，理解古代中国对外友好往来的心愿	《中国历史》七年级下册第16课“中外的交往与冲突”
以代入角色的辩论激发思维碰撞的火花	奴隶与奴隶主关于奴隶制度优劣的辩论	掌握奴隶制度的进步性与局限性，培养学生对历史事物的辩证分析能力	《中国历史》七年级上册第5课“灿烂的青铜文明”
	孔子与韩非子关于各自思想主张的辩论	掌握儒家、法家的政治主张，体会“百家争鸣”	《中国历史》七年级上册第9课“中华文化的勃兴（二）”
	南北战争中南方种植园园主与北方新兴资产阶级关于奴隶制存废问题的辩论	掌握奴隶制对资本主义发展的阻碍，理解美国废除奴隶制的必要性	《世界历史》九年级上册第18课“美国南北战争”
	新中国领导人关于是否援助朝鲜的辩论	理解新中国的外交原则和新中国国防面临的挑战	《中国历史》八年级下册第2课“最可爱的人”

（续上表）

形式	具体实例	目的	适用课文
以采访创造时空对话	采访明成祖、郑和，了解当年明朝中外交往的具体情况	掌握明朝对外积极交往的原因与条件，领略郑和的个人魅力与外交才能	《中国历史》七年级下册第16课“中外的交往与冲突”
	采访志愿军战士，了解志愿军战士感人的事迹	体会志愿军战士具有的高度英雄主义和爱国主义精神	《中国历史》八年级下册第2课“最可爱的人”
判断历史人物的真伪	谁是真正的阿伯拉罕·林肯	掌握林肯的政治主张，体会其个人独特的政治风范与魅力	《世界历史》九年级上册第18课“美国南北战争”
	谁是孔子的真正弟子	掌握儒家思想与孔子的教育思想	《中国历史》七年级上册第9课“中华文化的勃兴（二）”
从第三者的角度看历史	《藤井的故事》（日本中学生对中日问题的思考）	掌握日本侵华时期所犯下的滔天罪行，理解日本政府隐瞒侵华事实背后的阴谋，激发学生对军国主义的痛恨	《中国历史》八年级上册第15课“宁为战死鬼，不作亡国奴”
	《小D的故事》（夏、商、周时期一名奴隶的遭遇）	了解掌握夏、商、周时期奴隶的悲惨状况，体会奴隶制度的黑暗与残酷	《中国历史》七年级上册第5课“灿烂的青铜文明”

三、关注角色扮演中的重要细节，充分发挥其教育功能

1．充分发挥教师的指导者、组织者、参与者的功能

角色扮演强调学生的主体参与性和提倡教师的有限介入，但这并不意味着教师的课堂指导地位被弱化。角色扮演有各种各样的做法，然而成功的角色扮演必须包含四种基本要素：背景知识、视角与观点、情景与境遇、组织和指导。组织和指导工作是最为关键的要素，这对教师来说是较难把握的，也是较难阐述清楚的。

角色扮演实际操作中的点拨、演绎时对课堂的控制导向、实践后要有意识地引导扮演者与观众进行互动和记录体会，这些关键的部分都需要教师的积极引导和灵活操控。

角色扮演活动的一个主要目的就是让学生充分发挥主观能动性，通过相互交流、分享来学习历史。相应地，在这里，教师的角色是指导学生围绕主题进行交流。学生有时可能超出预先设计的提纲、脱离教科书展开讨论，甚至于预先设计的角色扮演已超越了课程标准的范畴。然而，这些超出预定教学计划、课程标准的课堂学习活动，对于学生来说，却是十分有趣的，对于他们的认识提高也是十分有价值的。对此，教师应该对课堂教学内容做好充分的准备，熟悉相关的流程及历史背景知识，预设可能出现的问题。此外，在课堂的角色扮演中，教师要安定扮演者和观众的情绪，促使角色扮演顺利地进行；针对可能出现的一些意外场面，如表演者忘词、观众起哄等扰乱课堂教学秩序的突发状况，教师的积极干预与有效操控可以将负面影响减至最低。而在表演成功结束之后，在组织学生对角色扮演所引发的思考与讨论中，教师的点拨能使角色扮演课堂模式发挥出最大的功效，对促进学生对知识的掌握、方法的习得和价值观的形成有着重要作用。

2. 注重引导学生对角色在情感价值观方面的思考与揣摩

学生在刚刚接到角色的时候，会对其产生浓厚的兴趣，有着强烈的表演欲望。但是由于本身对人物的了解不足，或者由于认知水平的局限，学生的表演往往带有模仿影视片段的明显痕迹。这样并不能促使表演者在实际的表演活动中有更多的思考与体会。因此在准备阶段，教师就必须引导学生进行充分的准备。

首先，要求扮演者通过查阅材料，了解事件发生时的时代背景、全面了解角色所受的文化熏陶和成长经历、研究所扮演角色的情感与价值观，并且要求扮演者记录自己的价值观与所扮演角色的价值观相冲突的地方。

其次，引导扮演者进入角色，并在表演中释放自己的情感，体验角色真实而复杂的情感，达到角色扮演情景中的“神入”。神入是历史学科教学中的一种特有现象。所谓神入，是指在历史教学中把自己置于历史人物生活的那个时间和地点，设身处地地从历史人物的角度出发来考虑问题、看待问题、发表意见，从历史人物的角度上去思考当时的历史情景。也就是说，神入在历史教学中强调历史时空条件，强调历史情景，强调师生站在历史人物的立场上去体验历史、感受历史。

3. 关注角色扮演的后期总结工作，让学生从笑声中回归思考

在角色扮演之后，要注意引导学生回归到实际的学习当中，并且通过表格、问卷、心得体会等方式，及时记录下自己的感想和思考的问题。其中，对于角色

扮演中的两大群体——演员和观众，要根据其不同的特点和角度设计有助于其思考总结的问题，让他们以书面的形式进行总结［见表3：角色扮演课堂实践反馈（演员类别）和表4：角色扮演课堂实践反馈（观众类别）］，并连同表演的剧本、剧照、表演录像等资料进行收集整理，充实学生的个人成长记录袋，从而实现历史学科在初中阶段的人文教育功能。

表3

姓名：	扮演角色：
最初接触角色的途径	
如何评价你扮演的角色	
你最喜欢的一句对白	
整个准备和表演过程中，最大的收获是什么	
给自己的表演评定等级	
简要叙述这一历史事件并作分析、评价	
你认为这一活动形式对本课的学习效果如何	

表4

姓名：	评选最佳演员：
你认为最佳演员的表演成功之处	
你最喜欢的一句对白	
评价表演中的主要角色	
结合所学知识及整场表演，谈谈你对这一历史事件的认识	
给整场表演提供你的宝贵意见	
你认为这一活动形式对本课的学习效果如何	

以上是笔者在初中历史教学实践中得到的一些经验和体会。美国教育家杜威指出：“学习是基于真实世界（真实情景）中的体验。”角色扮演作为创设情景的一种重要手段，会随着新课程改革的深化和广大历史教育工作者的努力而焕发出新的生机，让学生更好地体验历史、理解历史、感悟历史。

参考文献

[1] 赵亚夫. 历史课堂的有效教学. 北京：北京师范大学出版社，2007.

[2] 王德民. 论历史课堂教学的神入现象. 教学与管理（中学版），2006（8）.

[3] 李振宏. 历史学的理论与方法（第2版）. 开封：河南大学出版社，1999.

[4] 张一平. 初中历史新课程教学法. 北京：首都师范大学出版社，2004.

[5]［美］Bruce Joyce 等. 教学模式. 荆建华等译. 北京：中国轻工业出版社，2002.

[6] 关文信，于晓波，苗青. 新课程理念与初中历史课堂教学实施. 北京：首都师范大学出版社，2003.

[7] 何成刚，夏辉辉，张汉林，彭禹. 历史教学设计. 上海：华东师范大学出版社，2009.

浅析新课标下历史学习方式及其策略

罗德强

【摘要】《全日制义务教育历史课程标准（实验稿）》中特别强调："以转变学生的学习方式为核心，注重学生学习历史知识的过程和方法，使学生学会学习。鼓励学生通过独立思考和交流合作学习历史，培养发现历史问题和解决历史问题的能力，养成探究式学习的习惯。"如何改变填鸭式、接收性的历史教学与学习方式，将新课标的理念贯彻于历史教学中，在新课改中实施历史素质教育？本文试从历史新课标下学习方式及其策略方面作一些粗浅探讨。

【关键词】 新课标　学习方式　策略

"学习方式"（learning style），又称"学习风格"，是美国学者哈伯特·塞伦于1954年首次提出的，如今成为新课改中使用频率最高的重要概念之一。一般认为，学习方式是指学习者在完成学习任务过程时表现出来的学习策略和倾向的总和。其中，学习策略指学习者为完成学习任务或实现学习目标而采取的一系列步骤。比如，有些学习者喜欢形象记忆与思考，有的则偏爱理性分析、判断与思考；学习倾向则包括学习者的情绪、态度、动机以及对学习环境与学习内容等方面的偏爱。比如，有的倾向于来自压力的学习，有的则习惯出于个人兴趣学习，有的适应在竞争中学习，有的则喜爱与他人合作学习等。

历史新课程标准下的学习方式主要有以下几种：

1. 自主学习（self-regulated learning）

简而言之，自主学习即指学习者自己主宰自己的学习，是与机械学习或他主学习相对立的一种学习方式。一般来说，包括学习前制订学习目标与计划，学习中对自身学习行为进行调控与修正，学习后对自己的学习效果进行反思、评价与总结。

自主学习具有主动性、独立性、创新性等特征。其中主动性表现在学习者参与确定自己的学习目标，制订学习计划与进度，总结个人学习效果。独立性表现在学习者能够摆脱对教师与他人的完全依赖，独立地安排自己的整个学习活动。创新性表现在，学习者可以一改以往墨守成规、过分强调答案的权威性与单一性的学习模式，培养与发挥自身的创新能力。

大量的观察和研究充分证明，只有让学生积极地参与到学习过程中，学习的效果才能达到最佳。因此在历史教学中，我们必须最大可能地让学生参与到自主学习的情景与氛围中，引导学生在课堂上积极地参与到教学过程中，课堂外能根据自己的兴趣，主动地学习、探究。

要在历史教学中实现自主学习，必须从教师与学生的关系着手：在课堂上既要发挥教师的主导作用，启发、诱导学生主动学习、独立思考，又要巩固学生的主体地位，尊重学生的个性发展。教学过程可以采用：教师设疑—学生质疑—师生释疑。

比如在“英国资产阶级革命”一课中我们可以这样设计：当今英国的国王是谁？最著名的宫殿是哪一个？王宫里的卫兵有的戴铜帽，有的拿长矛，为什么21世纪的今天英国仍保留君主和传统的习俗呢？带着这样的疑问，学生会对课文产生极大的兴趣，在阅读课文时，他们不仅能够解决老师提出的问题，还会提出诸多新问题，有效地解决了“Why（为什么学）—What（学什么）—How（怎样学）”等问题，使课堂显得生机盎然。

2. 合作学习（cooperative learning）

目前，有关合作学习的界定，学术界尚未有统一的说法。美国明尼苏达大学合作学习中心（Cooperative Learning Centre）的约翰逊兄弟俩（Johnson，D. W. & Johnson，R. T.）认为：“合作学习就是在教学上运用小组，使学生共同活动以最大程度地促进他们自己以及他人的学习。”一般来说，合作学习首先要有合作课题，然后产生合作意识，当然在合作过程中还需要一定的合作方法。

合作学习具有开放性、自由性等特征。前者表现在合作解答具有开放性答案的问题上，后者表现在合作的方式上既可为师生合作，也可为生生合作。

在合作学习中，师生、生生通过共同探讨学习理论、观点和假说，进行辩论和对话，最终达成思想上的共识，它有利于扩大参与面，有效地促进学生间互帮互学，共同提高学习效率，增强学生的学习兴趣、责任感等。

要在历史教学中实现合作学习，教师作为课堂教学的组织者和引导者，必须要与学生建立起和谐的师生关系，营造一种民主、愉快的教学氛围。在教学过程中首先要精选一些具有开放性、探究性的问题或趣味性、生活性的问题作为小组合作学习的内容，然后步步引导学生分组讨论、交流反馈，最后进行评价总结。教学过程可以采用：问题情景—小组交流—集体互动—自主评价。

比如在“洋务运动”一课中我们可以这样设计：教师展示问题“如何评价洋务运动”，采取学生分组讨论形式，用10分钟时间让学生自学，后就问题展开小组讨论，各组筛选出最佳的意见和建议参与全班交流，教师适时给予点拨与评价。

3. 探究性学习（inquiry learning）

探究性学习的概念可以追溯到20世纪初，它是以模仿科学家研究自然的方式，用于教学的一种模式。20世纪中期，美国生物学家、教育家施瓦布提出了以探究学习为核心的教学方法，主张学生的学习过程与科学家的研究过程一样，遵循科学探索的一般规律，要让学生独立地发现问题，探索解决问题的方法，从而促进自己的发展。1996年，美国国家科学院发布《国家科学教育标准》，基本上延续了施瓦布的主张，指出：“探究是多层面的活动，包括观察；提出问题；通过浏览书籍和其他信息资源发现什么是已经知道的结论，制订调查研究计划；根据实验证据对已有的结论做出评价；用工具收集、分析、解释数据；提出解答，解释和预测；以及交流结果。探究要求确定假设，进行批判的和逻辑的思考，并且考虑其他可以替代的解释。”显然，探究性学习是指学生在教师指导下，运用类似于科学研究的方法，对客观事物进行独立自主的探究的一种学习方式。

探究性学习具有问题性、实践性、参与性和开放性等特征。在探究性学习中，学生自己发现问题，探索解决问题的方法，通过种种学习途径获得知识、能力、情感和态度的发展，尤其是探索精神和创新能力的发展。

苏霍姆基指出：“在人的心理深处，都有一种根深蒂固的需要，这就是希望自己是一个发现者、研究者、探索者。”在探究性学习中，学生能够发现问题，主动探求解决问题的方法与途径，有利于引导学生形成积极的学习态度和良好的学习习惯，同时也为学生今后走出课堂，开展探究性学习奠定了良好的基础。

在历史教学中要实施探究性学习方式，教师必须由知识的传授者、灌输者转变为学生主动建构学习的帮助者、促进者。在教学过程中，教师要引导学生自主发现问题、探究问题、获得结论。教学过程可以采用：问题分析—收集数据—提出假设—得出结论的流程。此外，探究性学习还可以采取专题研究等方式。比如，在广州乡土教学中，可以让学生就《西关历史》《十三行历史演变》等展开专题研究。

“历史教师是最重要的人力课程资源。教师的素质状况决定了课程资源开发与利用的范围和程度。”历史教师在学生学习过程中起着非常重要的作用。因此，要改变学习方式，教师观念的自我变革是其根本保证。教师一是要改变教学观念，由“为考而教”变为“为教而教”；二是要改变课堂教学角色，由课堂的授教者、施教者变为课堂的组织者；三是要改变课堂评价机制，由注重“分数”变为关注学习过程、关注个体差异、关注学习需求。

总之，新课标旨在培养学生的主体性、自主性，并借此来调动学生学习的积极性、主动性和创造性。教师在历史教学中也要从“授之以鱼”变为“供之以池，授之以渔”，培养学生学会学习的能力和可持续发展的能力。

参考文献

[1] 中华人民共和国教育部. 全日制义务教育历史课程标准（实验稿）. 北京：北京师范大学出版社，2001.

[2] [美] 大卫·W. 约翰逊. 合作性学习的原理与技巧 在教与学中组建有效的团队. 刘春红，孙海法编译. 北京：机械工业出版社，2001.

[3] 湖北省教育科学研究所. 迎接知识经济的教育创新. 武汉：华中理工大学出版社，1998.

[4] 陈龙安. 创造性思维与教学. 北京：中国轻工业出版社，1999.

[5] 刘鹏. 新课标下历史课学习的方式及策略浅析. 文教资料，2006（2）.

自主探究 多元互动

——谈新课标初中生物探究性教学的开展

江 涛

【摘要】实施自主探究学习是生物课程标准的要求，它通过激发学生的内驱力，把学习变成学生的内在需求，从根本上促进学生的认知、能力、个性的发展。本文旨在结合自己的教学案例，揭示初中生物实施“自主探究”教学的必要性，同时详细介绍了自主探究学习的多种方式，并对自主探究学习的实施提出几点思考。

【关键词】教学 生物 自主探究

《全日制义务教育生物课程标准》（实验稿）在教学建议中明确指出，教师要“引导并组织学生进行探究性学习”。那么，如何进行引导和组织呢？下面将结合近几年对自主探究的教学实践，并以笔者执教的人教版《生物学》七年级（上）“水分进入植物体的途径”一课为例，谈谈自己的思考。

一、初中生物实施自主探究的必要性

生物科学是一门自然科学，它的发展历史本身就是一部科学探究的历史。科学是一个探究的过程，这是生物科学的本质和特征之一。基于这样的认识，探究的特点也应体现在生物课程的教与学中。传统的初中生物教学注重生物学知识的系统性、完整性，但理论与生活、生产实际无法结合起来，再加上教学任务重，课时紧张，教师只能采取“满堂灌”的形式教学，知识的专业性强、趣味性差，学生对内容的理解不深刻，导致不少学生对生物知识的学习热情不高，动力不足，以至于教学效果不理想，尤其是学生的动手、动脑能力不足，对于开放式的试题更是无从下手，生物教学面临着巨大的挑战。

因此，在初中生物教学中，教师应根据新大纲、新教材，积极开展探究性教学，活跃课堂气氛，充分调动学生的积极性和主动性。这是培养学生学习生物学兴趣的有效途径，是培养学生将所学知识转化为能力的重要方法，是改革初中生物课堂教学的必由之路。

二、初中生物自主探究的主要方式

自实施新一轮基础教育课程改革以来，初中生物自主探究学习的模式很多，表述不一，但是其中蕴含的理念都是统一的。生物课堂教学的改革，让笔者真正体会到自主探究学习的优越性。

1. 导入，诱发自主探究兴趣

苏霍姆林斯基说得好："教学的起点，首先在于激发学生学习的兴趣和愿望。"我国古代著名的教育家孔子也曾说过："知之者不如好之者，好之者不如乐之者。"从心理学角度讲，兴趣是认识事物过程中产生的良好情绪。这种心理状况会促使学习者积极寻求认识和了解事物的途径和方法，并表现出一种强烈的责任感和旺盛的探究精神。因此，艺术地设计课堂导入，可以激发学生的探究兴趣。

【教学片断一】

上课铃声响，播放一段带潺潺流水声的音乐。

师：请同学们闭上自己的眼睛，仔细听……

音乐结束。

师：在这优美的音乐当中，你们听到了什么？

学生纷纷回答，"水声"，"水在流动"……

师：是的，水在我们居住的生物圈中不停地流动，请同学们想一想，水分是如何进入植物体的呢？

本节导入，笔者采用了大自然的声音导入，把学生带入大自然的美丽想象当中，激发了学生的学习热情。生物课自主探究学习导入的方法还有很多，如复习导入、常识导入、情景导入等，这需要教师根据教学实际情况灵活地加以选择并艺术运用，让每种导入都为自主探究学习做好铺垫。

2. 假设，激发自主探究动机

假设是自主探究的重要环节之一，有时没有有效的假设，一节课就显得很平淡，即使探究也没有主动的成分。因此，假设要有一定的难度和可接受性，即体现学生的“最近发展区”，要与学生所探究的问题有一定的相关性，教学时先通过对话、多媒体、实验、图片、资料分析等手段，把假设展示给学生，唤起学生的好奇心，激发学生的自主探究欲望。

【教学片断二】

师：水分是如何进入植物体的呢？

生：水分首先进入土壤，然后进入根，再从根的输导组织进入茎，最后从叶中散发出来。

师：你说得很好，就是这个水分，请看投影。

（通过一个水分依次进入植物体的 Flash 进行演示，让同学们整体感知本节课的学习内容。即水分进入植物体的途径：根→茎→叶）

师：为什么水分最先从根进入，而不是直接从茎或者叶片进入？

（提出两种假设：①水分最先从根进入；②水分从茎和叶片进入）

学生探究活动。

在本环节中，笔者创设了一种假设情景，在教材内容与学生未知心理之间制造一种“不协调”的问题，“为什么水分最先从根进入，而不是直接从茎或者叶片进入”，通过设置假设，造成一种悬念，使学生的注意、记忆、思维凝聚在一起，以达到智力活动的最佳状态。

另外，还可根据教材内容的需要设置不同的假设情景，如在模拟中假设、在故事中假设、在角色中假设等，激发学生的自主探究意识。

3. 引导，培养自主探究技能

这个环节是教学中最为关键的环节，在长时间的探究活动中，教师不是无所事事，而是作为组织者、指导者，要对各小组进行适时的指导。这不仅能帮助学生解决疑难问题，顺利进行实验或试验，还能开启学生的思维，开阔学生的眼界。同时老师的关注和指导，对学生本身也是一种督促和奖励，学生为了给老师好印象会更加认真积极。引导可以分为：

（1）探究前的引导。探究前的引导又称为铺垫。能不铺垫的尽量不铺垫，而让学生自己去提取相关的知识或经验。非铺垫不可的，也应侧重于向学生提供思维的“固着点”，即在提供思维的材料和方法上给予学生帮助。

【教学片断三】

生：因为水在地上流动，因为水不能飞到空中，因为根上有很多根毛等。

师：生物体所表现出来的某种功能和它的结构是相统一的，而水分之所以能先从根进入，是和根的结构特点有关的。那么根究竟有哪些结构特点适应了它吸收水分的特点？现在我们来回顾一下根尖的结构。

（投影展示根尖的纵剖面结构图）

【教学片断四】

师：水分已经进入根了，接下来，水分该去往哪里呢？

生：茎。

师追问：那么水分在植物的茎中是如何运输的呢？

学生思考，小声讨论。

（展示：一朵未经处理的白色的菊花，学生对此都很熟悉。接着，又向同学们展示了一朵经过红墨水处理的菊花）

师：同学们，这样的花你们见过吗？

（将两朵花放在一起，拿下讲坛，由学生进行对比观察）

师：现在我告诉同学们，这两朵买来的时候都是白色的（学生都瞪着眼睛，满是疑惑的眼神）。

在本环节中，引导并激发学生探究植物根、茎等器官结构的热情，为后续开展的探究活动做了铺垫。

（2）探究中的引导。探究中的引导指在学生遇到困难、无法进行探究的时候，教师向学生提供帮助和建议。教师不应把思路、方法、策略明示给学生，而应尽可能地调动学生的思维，让他们自己展开讨论。

【教学片断五】

教师展示根尖的纵剖面结构图，请了一位同学在黑板的结构图上标注不同部分的名称：根冠、分生区、伸长区、成熟区。

师：如何区分根尖的这四个区？尤其是如何区分成熟区呢？

生："有根毛。"（异口同声）

教师组织学生观察小麦幼苗根的特点，然后进行四人小组讨论：①你找到成熟区的位置了吗？②你能数出根毛的数量吗？③大量的根毛意义何在？

（教师巡视，引导学生探究、讨论）

【教学片断六】

师：同学们想知道我的这朵花是如何变红的吗？请参照课本第 111 页的“观察与思考”，想一想，红色菊花的红色来自哪里？红墨水顺着茎的什么部位进行运输的呢？我给同学们准备了一些红色的菊花的茎，同学们对照课本上的操作和以下几个问题进行观察和探究，了解一下，红墨水在茎中是如何运输的？

教师出示探究题及注意事项：

问题：①用剪刀剪一下红菊花，看红墨水在茎中是如何运输的？②水是通过什么途径到达叶片中的？③从横切面发现了什么？④从纵切面又发现了什么？

（注意安全，做好记录）

在本环节中，引导并调动了学生开展探究根结构的思维，既让学生有所知（如何去做），又让学生有所不知（结果会是怎样的呢）。

（3）探究后的引导。探究后的引导主要是引导学生反思探究过程，从中揭示探究的方法，积累探究学习的经验。

【教学片断七】

师：小麦的根部为什么有大量的根毛？这样的结构特点又有什么意义呢？要想了解这个问题，我们首先来了解一下水分是如何进入根的。

展示动画和图片：水分—根毛—根部的输导组织。

师：我们来看，水分要想进入根部，它首先必须通过哪个结构？

生：根毛。

师：那么要想进入根的水分多一些，根该怎么做？

生：拥有多一些的根毛。

师：对，根毛可以帮助吸收水分，大量的根毛有什么用呢？

生：可以吸收大量的水分。

师：所以根毛有什么意义呢？它可以大大增加根吸收水分的表面积。根据以上所了解的，根毛适于吸收水分的特点是因为什么呢？

生：是因为具有大量的根毛。

师：准确地说是因为根的成熟区具有大量的根毛，大大增加了根吸收水分的表面积。

小组展示探讨过程和结果。教师给予赞许。

……

在这一大环节中，教师引导、调控的方式要灵活多样，可以是有关学习背景的说明、学习方法或策略的指点，学习范例的展示，也可以通过设问、假设来激发学生及时反思，指导探究过程，教师还可以通过评价学生的活动来调控。

4. 交流，体验自主探究乐趣

“表达和交流”是自主探究学习中一个不可忽视的环节，它能够体现出学生个体的差异性，即使是对同一个探究内容的分析和表达，不同的学生也会有很大的差别。同时，学生通过表达与交流，可以学会与人相处，学会相互倾听，尊重和赞赏别人的观点，学会平等地看待每个小组的活动成果，学会相互接纳、分享、互助、赞赏等。而且，科学的、平等的、赞赏的、轻松的交流，有助于激发彼此的灵感，促进彼此建构出新的假设和更深层的理解，也可以使不同的探究者分享各自的经验并发挥各自的优势，还可使探究者完成各单个探究者难以完成的复杂任务。

【教学片断八】

师：请同学们认真阅读课本上的提示和要求再进行操作和观察，观察横切面和纵切面的时候，对比筛管和导管的异同点，并独立完成手中的表格。

学生操作。

师：填完后，就表格中填写的不同之处，说出你自己的想法，与同组成员对照评价，然后将自己的观点在小组中进行交流。

小组进行汇报，同学评议。

……

师：同学们，水无论是对于植物的生长，还是我们人类都有重要的作用，但现实生活中，我们身边总有一些浪费水的现象。下面请看一段视频，课后思考和交流一下，面对视频中的现象，我们该怎么做。

（播放一段学生在学校饭堂前洗碗时浪费水的视频）

在这一环节中，利用学生自主完成探究筛管、导管结构的结果，并在交流中相互指导，相互促进。在教学实践中，还有多种探究后进行交流的形式，如作品评比、小型报告会、生物墙报、作品展览等。

三、初中生物实施自主探究方式应注意的问题

为提高学生在学习生物学时自主探究方式的有效性，除了注意常规问题外，

尤其要在课堂上要做到以下几点：

1. 灵活选择自主探究的内容

就生物教学内容而言，并不是所有的知识点都要让学生去自主探究。教师要钻研并熟悉教材，根据教材各章节的具体内容与学生和学校的实际情况，对探究内容进行重新选择或重组。另外，除了生物教材中的探究实验让学生进行探究以外，非实验教学的内容也可以通过实施课外自主探究的方式，培养学生的自主探究能力。

2. 积极把握自主探究的时机

研究认为，积极的心智活动是有效学习的重要保证。在生物教学中，不但要创设和捕捉自主探究的时机，还要利用和转换自主探究的时机，让学生在有限的探究时间里有所体验和感悟，以获得最大的教学效益。

比如，在上述“水分进入植物体的途径”的教学中，当其他同学在观察红菊花切面的时候，突然有一个学生提出：自己观察到的横切面与其他同学不一样。是什么原因呢？这就是一个创设和捕捉自主探究的最好时机。教师可以单独提示或在本小组内提示：大家观察一下，区别在哪儿？为什么会不同？学生的自主探究热情就被激发出来了。教师还可以及时点拨：在探究中你还有新的发现和疑惑吗？请大家继续探究，并对比一下，看谁的发现更有价值。这样就给学生提出了新的挑战。

3. 有效提供自主探究的指导

实践证明，对于自主探究学习过程不加以指导或指导无方，学生便会无从操作或“无效探究”较多，然而如果指导或提示过多，又会束缚学生的思维，这对学生的自主探究学习极为不利。因此指导要适时、有弹性，且有坡度，以提高学生自主探究的效率和质量。如在上述“水分进入植物体的途径”的教学中，多次让学生自行独立探究和小组讨论，教师及时指导：如何阅读生物教材内容、如何观察如何操作等，从而保证学生在有限的时间内自主探究顺利进行，并得到探究的合理结论。

4. 即时评价自主探究的活动

即时评价是保证学生进行自主探究活动的有效手段，在教学中必不可少。学生操作的效果如何、探究的质量如何，在很大程度上与即时评价是否有效、适当等有密切关系。学生从即时评价信息中，能了解到自主活动过程是否科学，探究结果是否得到认可。除了教师的即时评价外，探究评价还包括活动过程中的自评、互评，以及探究活动结果的师评、生评等。

总之，在初中生物教学实践中，自主探究学习促进了学生思维能力的发展和技能的提高，提高了生物教学的质量，培养了学生的科学素养。随着探究性教育理论的进一步深化，要全面提高自主探究教学的有效性，在初中生物教学中开展自主探究学习，不仅需要不断探索和实践，不断发现新问题，总结新经验，更需要社会、家长、学校、师生的共同努力，才能达到。

参考文献

[1] 中华人民共和国教育部. 全日制义务教育生物课程标准（实验稿）. 北京：北京师范大学出版社，2001.

[2] 陈厚德. 有效教学. 北京：教育科学出版社，2000.

[3] 朱慕菊. 走进新课程. 北京：北京师范大学出版社，2002.

[4] 巫新凤. 初中生物探究式教学的研究与实践. 新课程研究·基础教育，2011（2）.

[5] 黄贞兰. 初中生物教学怎样组织学生开展讨论. 中学教学参考，2009（11）.

通用技术课堂教学中师生互动有效化的研究

黄文忠

【摘要】 师生互动是教学里的一个重要环节，它体现了课堂教学的合理性，具有调动学生积极性的作用。而在通用技术课堂教学中师生互动有效化的研究对于初接触通用技术的教师来说，对教学的影响较大。本文主要结合学校通用技术课堂教学中的实录，分析课堂师生互动有效化的前提条件、实施策略等方面的内容。

【关键词】 师生互动　有效性　互信机制

如果你问学生教学中最精彩的部分是什么，多数的回答都是描述师生间互动的情景，这些学生在课堂教学里印象最深的片段不仅仅让学生留下了美好的回忆，而且对学生知识掌握也起到了不可忽视的作用。无论是师生间一对一的问答，还是学生与老师在节目表演中的真情流露，都一一提醒着我们当初选择为人师表的初衷，让我们享受到当老师的成就感。

笔者喜欢在课堂里设计互动环节，学生们也喜欢。在通用技术课堂教学中，我们离不开互动环节。因为对于抽象的概念我们需要通过师生互动，把它剥离出课本，再利用实际应用将之具体化到学生的思想中；而工艺技巧，没有与学生现场的演示与交流，难以发现学生的认知情况，以及他们的奇思妙想。但得重申一点，必须是有效的师生互动才能起到激励课堂、加深知识印象的作用，所以研究课堂中的师生互动的有效化是提升教学质量的需求。在通用技术课堂教学的起步阶段，许多老师付出了很大的努力在尝试着摸索通用技术课堂教学的模式，但往往忽略了教学本身不仅仅是对知识的筛选，更多的是与学生情感交流、思想碰撞的过程这一事实。这导致在教学过程中，大量的教学活动往往因无法调动学生的积极性而失去了原有的价值。为此，笔者就如何使通用技术课堂的师生互动有效化这一方向展开了教学实践性的研究，主要从课堂师生互动有效化的前提条件、实施策略这两个方面进行。

一、课堂教学师生互动有效化的前提条件

作为教学设计的一个环节，课堂教学师生互动环节需要准备。这里所指的准备，包括了解学生的认知程度和喜好、对教学事例载体有充分的认识、认识师生互动方式的设定，这三方面是最基本的要求。但从师生互动作为师生沟通行为来说，它更需要心理方面的准备。在教学研究过程中，笔者发现师生互动的有效化是建立在师生互信的情感机制的基础上的。师生互信的情感机制是指学生能尊重教师、认可教师的言行，教师相信学生的能力和水平这两个方面。

（一）师生互信的情感机制为课堂师生互动营造良性的氛围

师生互信的情感机制能调整学生和教师之间的情感距离，让师生互动中的双方处于一种和谐、宽松的情绪下。心理学告诉我们，人在自由、宽松、和谐的环境中往往心情舒畅、思维活跃，容易突发奇想，有利于个性的发挥。对着学生微笑地提问总会比板着脸所获得的答案要好。

这学期在两个教学班中有两个极端的学生，A 学生上课时非常喜欢挑战笔者的权威。课堂上，每当笔者提到一个观点，他总会直接说出完全相反的观点来打断笔者的思路；B 学生却常常对笔者的观点表示肯定，且不停地举出许多拓展该观点的事例。成功的通用技术课堂要体现学生开动思维的过程。虽然这两位学生的个性为笔者的教学提供了一个很好的切入点，但这两位学生的频繁做法肯定表现着对教学内容的不满。后来通过与这两位学生的谈话，笔者发现造成这种情况的主要原因是两位学生对笔者的信任度不足，A 学生认为笔者的讲解无法说服他，B 学生认为自己可以解释得更好。为了解决这个问题，笔者在教学策略上进行了三方面的调整：第一，在说出笔者的观点前，先让学生提出他们的观点，并让学生之间进行对证；第二，在说出笔者的观点时，笔者会选用学生认识的事例来进行解说，尽可能通过演示的实验来说明观点；第三，鼓励学生就观点进行实践。而对于 A 学生的情况，则重点采取预知性谈话的方式来强化师生之间的互信度。

例如，在上“流程的优化”一节时，在教学之前我找到了 A 学生，微笑着问：“A，你家有笔记本或计算机吗？”A 说：“当然有啊，还是戴尔的笔记本呢。”

我说："那太好了，老师下节课讲的内容是跟电脑有关的，你是否愿意帮个小忙呢？"A思考了一会儿说道："说来听下，不影响我学习还是可以的。"于是，我就把从客户的角度调查笔记本电脑上门维修服务的过程的任务布置给他。他开始还是有些犹豫，但我接着跟他说："这个内容嘛，我也查了几家公司的资料了。"然后点开电脑资料展示给他看，"但是，这是从商家的角度看的，我想看看你身为消费者的看法。平常你主见多，我希望你能给我总结一下。课堂上与同学分享一下。你一定行的"。在不断的鼓励之下，最终A学生答应去执行这项任务，在上课前多次的询问和查看后，课堂上以该个案作为分析流程成本优化的例子，让A学生亲自把他整理过的资料展示给全班同学，与笔者找到的商家流程进行对比并讨论学习，牵动起了所有的同学发表他们的意见。不仅在成本方面，还有效率等，学生们都提及了，最后轻轻松松地把该课的教学内容归纳出来就解决了问题。并且在课堂上，我感受到A学生那种胜利的喜悦以及对峙时对笔者合理的分析的逐渐接受。

师生互信的机制能营造出教师和学生尽情展示自己才华的氛围，这是其他形式的教学都无法媲美的，我们进行课堂教学时一定要肯定学生，让他们相信自己的能力；另外，还得让学生正视教师提出的问题，要给予他们有说服力的回答。一旦这种互信关系建立起来，我们的互动就能有力地发挥它在课堂上的积极性，引导学生的思考。

（二）师生互信的情感机制让课堂师生互动成为一种习惯

在高考指标没有本质改变的情况下，高中的学生面对其他学科的压力挺大的，作为次科的通用技术如果向学生布置过多的课前准备任务，学生会出现厌倦的态度，这会带来恶性的循环。所以，我们在教学过程中要事前与学生制定一些他们愿意接受的原则，并坚决地贯彻履行这些与学生间的约定。这也是师生互信情感机制的一个重要部分。通过这些原则来规范学生的学习行为，使学生养成一种常态的通用技术的学习习惯。

给学生定原则应遵循以下几个要点：

1. 原则必须在教学初期就建立起来

与其他学科不同的地方在于，通用技术的教学目前不完全是按照课本的要求进行的，每所学校的培养方向有所不同，我们必须要让学生清楚，在这个课程里面他们学些什么、要怎样去学、为了拿这个学分要付出些什么、这些付出是原则性的东西。我们得明确地告诉他们，他们达不到就拿不了学分，并且在日后要多次强调，直到他们完成该学业。

2. 原则的制定必须依据学生的基本水平而定

我们不能期望过高，高一的学生正处于刚刚习惯高中的教学模式的过程中，我们应该以技术的入门要求来制定学生的学习目标等要求。对于通用技术的学习，我们应更侧重于参与技术学习的层面。对于能在学习过程中表现出创新思维的个例，可以以表扬的形式在学生群体中倡导。利用学生之间的竞争心理来促进教学要求的提升。

3. 原则的制定必须考虑在课堂的可操作性

通用技术的学习应以课堂教学为主、课余研究为辅的形式进行。我们所制定的与学生之间的教学原则必须在课堂教学中可以操作，才是有效的。笔者发现除了每章的实践活动外，不布置课后作业的做法，受到了学生的欢迎。也正是这样的做法赢得了学生的信任。

在某种层面上看，学生接受了堂上的师生互动代替课后作业来完成学习的反馈，并形成了一种良性的习惯。

二、课堂教学师生互动有效化的实施策略

“师生互动是上课时老师为增加课堂气氛常用的一种方式，通常是老师先发起，之后老师邀请同学与自己合作做出某种东西，做出哪一道题，或是帮老师完成某件事情，这样一来，所有的同学就会争先恐后地举手参加互动，使课堂气氛活跃起来，师生互动的目的在于让同学与教师合作完成某个事情，从而调动学生思维。”在这段对堂上师生互动的解释中，笔者认为实施过程中应有以下几个研究问题：

第一，师生互动通常是教师发起的，也可以是学生发起的。从通用技术的开放性来看，如果能够激励学生主动发起师生互动，将会是怎样的一种情况？

第二，师生互动是一个由点到面的过程，从一两个学生开始，然后引起全班学生的参与。由点到面，我们需要什么来连接这个过程？

第三，师生互动体现了师生间的教学合作，从教师来看，我们需要在互动过程中完成一些什么任务？

就这三个问题的研究，笔者得出了以下对课堂师生互动实施策略的一些总结：

（一）培养一个由师生组成的教学团体，突出通用技术课堂师生互动中学生的主导性

在思考第一、第二个问题的时候，笔者发觉通用技术的课堂不能只依靠教师来提供学习资源，那是一种高付出而低回报的教学方法。通用技术的教学需要形成一个由教师和学生组成的团体来组织课堂教学内容。通过学生来设计学习内

容，不仅能减轻教师的负担，更能突出学生在教学过程的主导地位。

1．组建教学团体

每个班里，总会找到一些在技术学习上有较为突出能力的学生。对于这部分学生来说，他们在学习允许的情况下，极希望有一个能够比别人学得多，能在同班同学面前展示他们本领的机会。所以能发动这部分学生参与到教学里，是一种双赢的做法。这些学生往往是这个教学团体的成员的来源。

2．师生在教学中所扮演角色的分配

当然，有了辅助的学生，并不是说教师备课时可以把任务转交给这些优秀的学生，而是应把备课的精力从大部分收集教学资源转移到安排教学方式以及协助学生整理资源的工作上。吸取了对 A 学生和 B 学生的处理办法后，笔者认为该方法是可行的，但问题在于课堂教学是讲究效率的，如果我们的“明星们”花费了大量时间不着边际地讲一些题外话，那么教学内容的主题就无法体现。所以在指导这个团队时必须让成员明白以下事情：

第一，学生成员是长期的信息提供者、操作的演示者或协助者、部分教学内容的讲解者。他们在每段教学内容中所充当的角色，必须在教学前一个星期知道。

第二，限时，学生每进行一个师生活动的参与都得有明确的时间限制。例如，在一节作品展示课里，每个小组的代表的发言时间必须是固定的，不许多也不许少。只有这样明确的要求才能让学生在参与活动时正视活动的重要性，这也是提高学生效率的有效措施。

第三，成员背后有一个坚强的后盾——老师。把主导地位给了学生，但必须让学生意识到，课堂里还有老师的存在。我们要为承担教学任务的学生负责。他们要展示的内容应在课前经过教师的参与、整理后才运用在课堂上。这种形式的教学不是淡化教师的角色，而是把教师的讲解放在压轴的位置上。

（二）强化互动中师生的平等地位，多点机会增强学生的自信心

课堂师生互动的有效化在实施过程中，实质上体现了教师对教学过程的处理能力。我们应该让学生在一种平等、积极的态度下进行互动。

在《技术与设计 1》中，我们选用制作人工鸟巢作为“工艺”部分的教学载体。虽然笔者的木工工艺操作不算好，但既然选择了这个题目，就得给学生一个样板以供参考。我们必须强调一点，在教学过程中，你希望学生做什么，你得先做一次。样板虽然受到了大部分学生的挑剔，但借助于这样板与学生之间的交流，为笔者日后的课程带来了许多方便。学生初步的印象会激励他们为自己的作品定一个高于这一水平的标准。我们在知识学习面前是平等的，教师应该用他的努力和汗水向学生展示学习所需。

在“控制与设计”一章当中，我们选用了机关传动设计作为设计题目。选择该题材是因为大多数学生都对机关控制装置有所接触，并且有浓厚的兴趣，希望达到让学生运用控制的思想，并且让传动装置富于创意的预期目标。在该课程中，首先播放一段《奇妙的机关》的视频来让学生理解什么是传动装置。精彩的视频效果为该教学提供了一个很好的开端，但是也为学生建立起怀疑的壁垒。在讲解传动机关的要求和设计方法后，很多学生感到疑惑，普遍认为过于困难，处于一种想跃跃欲试却又无从下手的状态。教师是学生遨游知识大学的导标，学生对教师具有依赖性。面对这样的局面，笔者认为必须得加强学生的自信心，以及增强其对教师的信赖度。

该教学设计是在2009级高一的学生中尝试使用的。当时笔者很担心学生能否完成作品，但最终收到了全级80%学生的作品。在学生的访谈中，谈到“完成该作品老师对你们最大的帮助”这一该话题时，大多数学生们提到“能让他们坚持选择并完成该作品是因为老师对他们的信心和鼓励”。而那些没有完成作品的学生多数的回答是：“老师没有给到建议。”确实在这个设计活动中，笔者提供的帮助是有限的，因为这个传动装置大多数是用学生的课余时间完成的，一来时间、材料不允许，二来没有足够的空间供学生搭建。在整个课程为期两周的设计里，笔者最大的努力就是鼓励和对视频中难以理解的环节进行讲解，在堂上把学生完成的作品展示出来，对这些学生的赞扬激起了其他学生不服输的意志。在学生遇到困难的时候，笔者会提供一些解决的方案，但学生很少会用，学生更希望老师对他们的想法给予肯定。在2010级，笔者再次布置了传动装置这一个内容。这次笔者吸取了上次视频会给学生带来压力的教训，采取了两重的办法：第一，笔者演示了自己创造的一个传动机关；第二，带领学生观看上一年级学生的优秀作品。通过这两个互动过程，笔者告诉学生：我们是平等的，你们做的教师也会做，与你们同样水平的都能做。基于这种做法，笔者今年收到了一些更高水平的作品，而且上交作品的数量也有了相应的提高。

在2011年科技文化节上，在通用技术所承担的“纸船载人”比赛中，师生互信机制的作用再次体现出来。这个活动是作为学生通用技术《流程与设计》《结构与设计》的一个综合性内容来学习的。虽然初期也遇到了学生因为难度过大而不愿意制作的尴尬，但后来有了级长和班主任的支持，并利用班主任和级长的威信，经常邀请班主任和级长来观看学生制作，在激发学生的自信后，该设计顺利进行。其中，四班的学生们在制作纸船的过程中，班主任的默默陪同以及偶尔的夸奖使该班全体同学都参与到了制作过程中去。在参与每一个班的纸船团队的设计过程中，笔者发现教师的平等参与对学生是有利的，只要教师能陪着学生，在某些节点处给予一些鼓励和指点，学生就会有毅力做下去。在制作过程中教师成了维系一个团队的纽带。

通过教学实践及学生访谈的方式，笔者归纳出课堂师生互动的有效化必须建立在师生互信的基础之上，我们必须想尽办法在通用技术教学中维持师生之间的信任，在教学过程中形成一个由师生组成的团队开展教学，从而有效地调动学生的学习积极性。当然，在课堂教学过程中我们必须清晰认识到，知识面前师生是平等的，并且要巧妙地运用机会鼓励学生，增强其自信心。目前的研究只针对学习过程中的分析，在日后的研究中，应更着重于对量化的信息处理，对有效化研究的评定也不能仅仅是学生参与课堂的情况和作品完成量，我们更多地要放在收集学生的学习记录上，下一步研究工作应集中在细化课堂师生互动的方法手段及评价上。

参考文献

[1] 佐斌. 师生互动论：课堂师生互动的心理学研究. 武汉：华中师范大学出版社，2002.

[2] 华东师范大学情报研究所，上海市教师进修院校图书资料协作会编. 新课程教学中的师生互动. 上海：百家出版社，2007.

[3] 刘昌民. 例谈历史课堂教学师生互动的有效性. 考试周刊，2011 (13).

[4] 谢文利. 如何提高课堂教学中师生互动的有效性. 新课程研究（教师教育），2008 (7).

在生活中寻找表演的乐趣

——音乐与戏剧表演模块教学之我见

李 祥

【摘要】高中音乐课程作为审美教育的重要途径，有着与一般学科不同的教学方法，它主要从感性入手，采用体验的方式，以情动人，以美感人，重视教育的潜效应。高中音乐与戏剧表演模块课程的开设，满足了学生的不同兴趣爱好和发展需求，丰富了多种形式的艺术体验，有利于培养学生的兴趣爱好，拓展其艺术视野，提高其审美能力，培养其音乐与戏剧表演相结合的综合艺术表现能力。

【关键词】戏剧表演 实践 生活

高中音乐课程作为审美教育的重要途径，有着与一般学科不同的教学方法，它主要从感性入手，采用体验的方式，以情动人，以美感人，重视教育的潜效应。高中音乐与戏剧表演模块课程的开设，满足了学生的不同兴趣爱好和发展需求，丰富了多种形式的艺术体验，有利于培养学生的兴趣爱好，拓展其艺术视野，提高其审美能力，培养其音乐与戏剧表演相结合的综合艺术表现能力。在教学中，应将音乐与戏剧表演相结合，重视表演及创编等实践活动，发展学生的表演才能及创造才能。

首次开设高中戏剧表演模块课程，对笔者及学生们都有着相当大的挑战。经过一年的磨合，笔者深感高中戏剧表演模块是一片尚待开发的沃土，同时也是学生感知生活、品味生活、创造生活的一个窗口。艺术尽管高于生活，但也来源于生活，深深根植于生活中的点点滴滴。由此，笔者认为引导学生在生活中寻找表演的动机及元素，观察生活中的方方面面并将之整理提炼，选配合适的音乐将之呈现于戏剧表演课堂就是学生最佳的戏剧体验，也是最为生动的音乐戏剧表演。

那么，如何落实好音乐与戏剧课教学，使学生在有限的时空内收获较好的学习效果，笔者认为要处理好如下几点关系：

一、与学生构建开放式的戏剧教学环境

在音乐课堂上，学生能否用心去倾听音乐，能否积极地合作交流，能否在合作交流中发表自己的意见，讨论甚至争论，直接影响到合作交流的质量和效果。所以在戏剧表演课中，不拘泥于让学生坐在座位上，而是当学生听到自己有感觉的音乐时，可以马上用表情表达出自己的感知，或者摆脱座位的限制用肢体语言诠释对音乐的情感。对课堂上的一些经典戏剧片断，大家可以各抒己见，发表对人物关系、对表演、对舞台美术的各种观点，并加以整理归纳，然后找出其特点的异同，从而了解什么是戏剧、戏剧包括了哪些方面的知识等。正是因为创设了开放式的教学环境，才为开放式的音乐教学提供了保证。

二、提供合作交流艺术实践的舞台，鼓励学生深入生活，发掘戏剧元素

《普通高中音乐课程标准》指出："音乐课的教学过程就是音乐的艺术实践过程。"音乐学习活动为学生们提供了沟通渠道，音乐课上的很多机会可以为他们创设这些群体性活动。教师应创造机会给予学生更多表演和展示才华的舞台，有目的地引导学生学会交往。在教学过程中，根据教学需要，有针对性地请同学即兴表演、体验表演、创编小品等，在互相展示表演的同时，同学之间就会在有意无意中学到一些平常或以往学习不到的东西，从而激发同学们的才艺表演热情，改变以往以教师的教为主的教学模式。戏剧课是一门实践性很强的课，需要不断模仿和揣摩，那么表演元素从何而来呢？为了让学生们能真正体会各种人物的基本形态，鼓励学生走出课堂，在大马路上观察不同年龄层次的人的体态和行动特征，走进市场观察不同身份的人的职业特点并将之记录下来，课余时间进行模仿练习，然后反馈到戏剧表演的课堂中。从不在意到比较留意甚至最后表演，同学们各自饰演各自揣摩出的人物角色，各自点评角色的表演特点，从而大大地提高了学生的学习兴趣和观察表演能力。比如让学生到各种不同人物最多的菜市场实地观察菜农有什么特点，肉贩有什么特征，买与卖之间又是如何产生冲突并建构起买卖联系的。课堂上有的同学饰演买者，有的同学饰演卖者，而且人物身份各

不相同，表现出一副热闹而生动的买卖景象，学生们觉得很真实，也很简单，所以表演相对生动，课堂充满了欢笑的同时，也起到了很好的学习效应。

三、从学生最熟悉的作品入手，全面提升学生的戏剧素养

在教学中主要围绕中外戏剧经典片段鉴赏、戏剧表演表情元素、音乐中的即兴情感表达、配乐诗朗诵、戏剧台词、表演动作动机等几个方面展开教学，针对课程标准，着重选配适当的音乐，有表情地朗诵散文、诗词、寓言、童话等文学作品；着重引导学生在生活中寻找表演的元素及动机，选择适当的题材，创编有配乐的戏剧小品或小型音乐剧，让学生参与排练及表演。对戏剧表演而言，台词的朗读是基本功的要素之一，也关系到表演者能否较好地诠释人物形象。通过对小品台词的朗读，让学生了解台词大意，再让学生谈谈小品故事的意境和内涵，师生共同探讨对作品的艺术处理，让学生谈谈如何塑造小品人物的语言、性格及人物的造型等问题。学生在各抒己见后，寻求共识，从而让学生体验到掌握知识的乐趣，也达到陶冶学生情操的有效艺术目标。让学生真正体验到音乐学习带来的乐趣与成功感，从而让学生真正地感受美、表现美和创造美。在“戏剧表演中的语言表达能力”这堂课上，在课前引导中选择了电视里几个常见的具有代表性的广告片段，利用生活中常见的广告语来引入主题，提出语言表达在戏剧表演中的重要性，然后层层展开，将语文课本上的一首杜甫诗歌《茅屋为秋风所破歌》作为训练的内容，启发学生学会用戏剧的语言朗诵。通过学生分析作品的创作背景，以及对杜甫这位诗人性格特点的了解，让学生逐字逐句地了解诗歌中所蕴含的情感，并结合诗歌情景，请同学们选择合适的音乐表达这首作品。从普通的课文朗读，到加入情感的诗歌朗读，再到表现人物年龄及心情的戏剧台词朗诵，一遍遍、一层层，直到最后同学们能完整地表达出诗歌中的戏剧感。特别值得一提的是同学们能根据诗中蕴含的情意选择“埙”这件古老的乐器奏出哀怨和凄凉的音律作为朗诵的背景音乐，正所谓诗、音、画相得益彰。此堂课收到了良好的教学效果，也得到了专家的认可。

通过戏剧表演课的教学，想在课堂上真正地使学生从“要我学”转变为“我要学”，应做到从学生的真实生活出发，这样的表演对学生来说是十分有趣而且相当有意义的，甚至有可能成为他们终生难忘的音乐表演活动之一；从学生熟悉的作品出发，因为学生熟悉的作品中丰富的音乐情绪变化，能为戏剧表演提供种种可能性，能激发学生的好奇心，促使他们在音乐的启发中进行创作及表演；尝试不遵循音乐情节发展规律进行创作及表演，找到一个看起来合情合理的艺术情

节，反其道而行之，只抓住其音乐表现要素中的某些特点，比如精巧的跳音、有一定约束性的片段等，进行戏剧表演与创作，让学生们尝试一下，或许能收到意想不到的艺术效果，而且还能提高学生对戏剧表演及创作的兴趣。

当今高中音乐教学已不再是传统意义上的教师教与学生学的过程。高中音乐课程不仅要体现新课程内容的时代性、基础性和选择性，还要体现审美理论与音乐技能综合发展的原则，更要体现对学生不同兴趣、爱好和特长需求的关注，以及对自主性学习和创造性教学理念的重视。作为一名教育教学一线的音乐教师来说，笔者深深地感到应当以人为本，把学生当作一个主体的人来看待，师生在人格上完全平等并互敬互爱，把音乐课堂学习变成学生学习的乐园，使学生想学、乐学、爱学；学生真正成为学习的主体、学习的主人，真正展现自己的人格魅力，并把音乐教学活动变成学生实现自我价值的舞台。音乐与戏剧表演模块教学，是一次有益的尝试与突破，我们将不断总结经验及探究新的教学方式，以适应新时代音乐教学的要求。让我们的音乐课堂大放异彩，受到越来越多学生的喜爱，真正地做到引导学生走进生活，学会观察，将兴趣融入学习之中，在学习中找到表演的快乐。

（注：本文发表于《当代教育理论与实践》2011 年第 3 卷）

记忆、解读、展示

——中学生课堂学习自我纠错及能力提升策略探讨

文海萍

【摘要】如何纠正学生错误常是我们一线教师遇到棘手的难题。学生错误的归因、学生自我纠错能力、内化知识能力以及能力迁移等急需我们一线教师的解决。本人基于个人实践经验，剖析学生政治学习出错原因，提供课堂实践教学策略来提升学生学习自我纠错的能力、提高他们解决疑难问题的能力，进而有效地促进知识内化、能力迁移等。

【关键词】自我纠错　能力提升　教学策略

“同学们，这个类型的问题已经讲过三遍了，可是大家还是做错了，现在认真听我再讲一遍，回去重做!”这一幕场景十分熟悉，经常出现在我们的复习课、讲评课上，也是大多数教师在课堂上解决疑难问题的定式：重复灌输、反复操练。但是错误的反复再现也说明重复的灌输和操练并不是解决疑难问题的最佳途径和唯一途径。那么深入分析一下：为什么讲了三遍学生还是错？再讲一遍有没有效果？现在的讲解假使学生明白了，能不能保证这个知识点深入学生脑海当中，形成长期记忆并内化为他本身的知识构成呢？如果不能，那么应该考虑通过哪些更为有效的教学策略来提升学生学习自我纠错、解决疑难问题、有效内化知识的能力呢？下面就从政治课堂所进行的检测调查和对应教学策略入手，谈谈对这几个问题的看法。

在进行了高三政治一轮复习的检测后，采用“试卷误区反思表”对学生的卷面错误进行了调查，反思表如下：

知识模块		知识误区	归因——三环分析		
			知识储备	题目解读	知识应用
经济生活					
政治生活					
文化生活					
哲学生活					

通过这一调查，对学生出现错误的原因有了细节上的了解。其中整体数据显示，基于知识储备不足导致的错误高达42%，基于题目解读能力的不足是30%，由于知识应用能力不足导致的错误是28%。也就是说，首先，学生因为记忆不牢固，混淆知识点导致的失误是最严重的，其次是阅读提取信息能力的不足，最后是现场的判断、分析和操作运用所致的失误。那么光凭“再讲一遍，回去重做”的复习讲评模式，确实不足以解决全部问题，持续重复这一教学策略带来的也只能是学生的失误一再出现。所谓“一把钥匙开一把锁”，如何分门别类、对号入座地解决问题，提升学生对应不同的错误的纠正能力正是提升学生学习能力的关键所在，我们对这个问题进行了探究，采用以下做法尝试突破疑难误区。

一、科学记忆——提升知识储备能力

我们固然反对死记硬背型的学习方式，但不可否认，知识储备是一切知识应用的基础。学生的误区分析显示，学生因为不精确的记忆、缺乏理解的记忆以及失败的记忆——遗忘导致的错误是最严重的，占42%之多，因此必须借助科学的记忆模式提升学生的知识储备，这是正确应用知识的前提。而知识遗忘率居高也并不是依靠一讲再讲可以解决的。当前我们的教学要求学生背记的多，教会学生怎样记的少。教育心理学的研究表明，记忆是有规律可循的，因此，可以通过以下几种方式提升学生的记忆能力和知识储备能力，以期达到减少失误反复出现的效果。

1. 借助图形，形象记忆

教育心理学的双重编码理论认为，如果能提供文字和图形双重符号，记忆的效果将更佳。因此，学生面对许多记忆的难关，可以考虑通过图文并茂的方式帮助他们掌握得更好。例如，高二哲学生活中有两对易混淆的概念历来是学生的重点误区：主要矛盾和次要矛盾、矛盾的主要方面和次要方面，除了通过概念区分、重点词区分，还可以通过以下图形（图1：矛盾的主次方面；图2：主要矛盾和次要矛盾）形象地展示出两者的重要差异是在数量和范围上的不同，通过图形构造起学生自己的心理图片，还可以鼓励学生自己创设记忆模型，以便发展双重记忆表征能力。

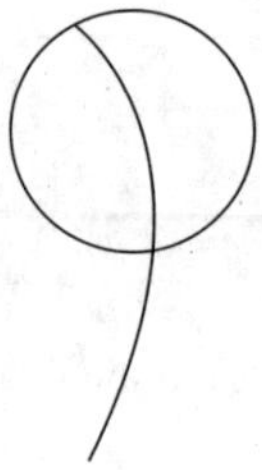

图1

图2

2. 串词编码，固化记忆

联结主义模型理论提出，记忆需要线索。研究表明，线索记忆的水平远高于自由记忆的水平。可以通过将关键词句编写成学生容易记忆和内容有趣的小句子，例如，公有制与国有经济的地位是学生易混淆的内容，可将其归纳为“公主体、国主导”；联系观的所有原理归纳为“普客条多，整部系统”；矛盾观的内容是7个字——“矛普矛特矛主次”，如此一来，记忆便得到固化不易遗忘。还可以借助分类记忆、联想场景记忆、串词法记忆等线索形成事半功倍的记忆效果。

3. 精细加工，内化记忆

Fergus Craik 和 Robert Lockhart 提出的加工水平模型理论认为记忆的持久性取决于学生对知识的编码程度，也就是说，对知识的加工越深入，记忆的效果越持久。因此，在对待一些难以区分、记忆的知识时，设法让学生对它们进行深层次的加工，包括联想、区分、比较、讨论、应用相关知识。例如，让学生采用自己的语言相互向对方解释抽象的哲学名词、经济学用语，这能促使学生深入地思考并理解知识，实现深层次精细加工的要求，使记忆得以内化。

二、解读信息——提升知识分析判断能力

源于题目解读能力的不足带来的失误高达30%，这是由于阅读提取信息能力的不足而导致的。当前学生的阅读量与阅读能力不足是个严重的问题，伴随而来

的就是对信息的提取能力的下降。这个问题是系统工程，不是一朝一夕可以解决的。这里我们只探讨在既定课堂学习时间内，如何通过阅读技巧的落实来提升知识分析能力。第一步强调阅读的整体性，把握信息的全貌；第二步着重分析提取的关键信息，找出关键句，找出主旨；第三步则是用最简短的语言重组信息，重新构架，获取对材料的准确判断。

三、互动展示——提升知识综合应用能力

美国教育学家希尔伯曼曾这样说：我们能学到的东西是——所读过的 10%，所听到的 20%，所看到的 30%，视听结合能理解 50%；与人探讨有 70% 的效果；亲身体验有 80% 的收获，给别人讲授展示后 90% 的东西是真正属于自己了！从听觉、视觉、思维、探究、表达的对知识掌握应用能力的影响力上看，最有效的是展示演绎，这一点在课堂上其实可以得到很好的应用。学生在高三复习的后期阶段常苦恼于知识储备了不少，也进行了许多综合训练，但仍然感到许多问题一错再错，知识的应用能力得不到进一步的提升，陷入学习的“瓶颈”。通过让学生组成不同层次的学习小组，给予不同的学习任务，要求他们彼此进行错题讲解，上课时在投影或黑板上展示他们解决问题的过程，让他们进行自我分析和评价对方的答案，教师仅在最关键处进行点评，这一模式可以充分展示学生解决问题思路的优势，暴露出存在的问题，及时的点评对比与自我分析有助于提升分析、判断、应用知识解决问题的能力。

通过这些针对不同失误成因的对策，对应性解决学生的误区，避免“再讲一遍，回去重做”的“一刀切”解决模式，正是提升中学生课堂学习系统能力包括学习中的记忆能力、分析比较能力以及知识应用能力的过程。

参考文献

[1] Robert J. Sternberg, Wendy M. Williams. 教育心理学. 张厚粲译. 北京：中国轻工业出版社，2003.

[2] 林崇德，辛涛，邹泓. 学校心理学. 北京：人民教育出版社，2000.

[3] 陈秋兰. 基于中学生学习力提升的课堂教学策略的研究课题开题报告，2013.

在合作中学会学习　在学习中学会合作

——浅谈新课程高中语文教学中“自主探究、多元互动”小组合作学习模式的构建

汤　叶

【摘要】 素质教育的实质是培养学生的学习能力，新课程改革的核心是改变学生的学习方式，于是在现今多元学习的教育环境中，越来越多的老师倡导自主、探究、合作的学习方式，构建了不少的小组合作学习模式，其中“自主探究、多元互动”小组合作学习模式有着不容忽视的优势。但在新课程高中语文教学实践中，我们应该怎样发挥“自主探究、多元互动”小组合作学习的魅力，让学生开展真正有意义的合作学习呢？笔者提出了在新课程高中语文教学中构建“自主探究、多元互动”小组合作学习模式的做法，以实现学生“在合作中学会学习，在学习中学会合作”的教学目标。

【关键词】 自主探究　多元互动　合作学习

随着科学技术的迅猛发展和信息社会的到来，未来社会越来越注重个人能否与他人协作共事，能否有效地表达自己的见解，能否概括与吸收他人的意见等。培养学生团结、协调的群体合作精神显得尤为重要，合作能力也将成为 21 世纪对人才能力的基本要求，学会共同生活，培养在人类生活中的参与和合作精神是教育不可缺少的重要组成部分。所以，新一轮课程改革倡导“自主探究、多元互动”的学习方式，以促进学生在教师的指导下主动、富有个性地学习。

“自主探究、多元互动”是学生在自主学习基础上进行的一种更高层次的学习方式，小组合作学习是其最常用的一种形式，这也成为“自主探究、多元互动”小组合作学习模式有别于传统教学的一个最明显的特征，充分体现了新课程

改革“以人为本”的思想，着眼于学生的充分发展和全面素质的培养，对于创新精神和实践能力的培养有着重要意义。在推行新课程改革的今天，提出“自主探究、多元互动”小组合作学习模式的构建研究有其十分重要的现实意义。根据建构主义学习理论，学生在自己已有的知识、经验和文化背景的基础上建构新知识，学生在知识、经验和文化背景等方面的差异会导致其理解知识的侧重点不同，“自主探究、多元互动”通过学生间的小组合作学习、互动交流能够实现优势互补，从而促进知识的建构。通过合作学习，学生的合作意识和能力得到培养，学生在学习过程中减轻了压力，增强了自信心，增加了动手实践的机会，培养了创新精神和实践能力，促进全体学生的个性发展，对当今高中语文课堂教学改革起到了积极的促进作用，给学生在课堂上一个自主合作的机会，改变了传统的以接受型为主的学习方式。对此，广大教师在这方面的意识大大地加强了，并为此做出了不少的课改尝试，但是，由于缺乏理性的认识，在当前的高中课堂教学中，“自主探究、多元互动”小组合作学习模式大多仅仅是流于形式，缺乏内在的实效性，主要问题有：

第一，“自主探究、多元互动”小组合作学习模式的成员之间分工不明确，缺乏必要的人际交流和合作技能。往往是老师一宣布小组讨论，前排的同学“唰”地回头，满教室都是讨论的声音。四人小组里，每个人都在张嘴说话，谁也听不清别人在说什么。老师一喊“停”，教室里立刻安静下来，汇报讨论结果时，出来的意见还只是个人的想法，没有形成小组意见，也没有因为小组讨论而对个体的思维产生新的碰撞，小组成员之间也不具备合作的心理倾向。

第二，有的教师为了提高学生的参与面，不管什么问题，不管合适与否，不管难易程度，一律要学生合作讨论，似乎只要合作了，问题就解决了；只要合作了，学生就是自主学习了。其实，这样的讨论是没有积极意义的。对于一些很简单的问题，学生根本没有兴趣参与讨论，而这种单一的学习方式也容易使学生产生厌倦心理。

第三，每个“自主探究、多元互动”小组合作学习模式中的小组里都有学优生和相对的学困生。在小组合作学习中，往往是学优生扛主角，他们思维敏捷，发言踊跃，因而他们的意见就主宰了整个小组的意见。而学困生因为基础薄弱，参与主动性欠缺，往往会失去思考、发言、表现的机会，久而久之，他们就习惯于在热闹的环境中做一个旁观者。这样一来，也就没有真正做到全员参与，没有真正达到小组合作学习的目的。

第四，“自主探究、多元互动”小组合作学习模式中的小组成员之间的配合度不够，没有做到相互信任、相互倾听，对小组成员提出的意见和问题不能很好地评判和吸收，遇到问题矛盾时，也不能提出建设性的解决办法。

综观上述诸多问题，不难发现问题的症结在于合作学习的组织者——教师缺乏对合作学习的本质理解，是由对合作学习表面化、形式化的理解而造成的。因此，在大力倡导学习方式转变的同时，我们首先应该全面、完整地理解其意义，正确把握小组合作的精神实质。“自主探究、多元互动”采用小组合作的学习方式，是一种以小组为单位，通过分工协作、互相交流、综合概括，从而获得知识的学习方式。在这个学习过程中，不仅有学生的独立思考和操作，有学生之间的信息交流和竞争，更有学生之间的互相帮助、互相学习、取长补短。因此，学生不仅在知识上，而且在情感上、在合作技能上等方面都得到提高，互相理解、尊重、宽容，以及互相学习。因此，只有具备一定的条件，小组形式的学习才是真正意义上的合作学习。这些条件是：小组成员之间积极的相互配合、共同任务中的分工和个体责任、面对面的促进性交流、人际交往技能、形成性的小组加工。这些条件构成了合作学习的几大要素，笔者认为，要提高“自主探究、多元互动”小组合作学习模式的实效性，需做好以下几方面的工作：

一、教师要更新教育理念

新的课程标准提出了一些新的理念，“语文课程应致力于学生语文素养的形成与发展”“语文是实践性很强的课程，应着重培养学生的语文实践能力”“倡导自主、合作、探究的学习方式”“学生是语文学习的主人”“教师是学习活动的引导者和组织者”“在评价时要尊重学生的个体差异，促进每个学生的健康发展”。从中可以发现，课程标准提倡的是既要全面提高学生的语文素养，又要尊重学生在学习过程中的独特体验。要改变学生语文学习的方式，由过去以教师讲授为主向以学生自己学习为主转变，要真正确立学生在学习中的主体地位，转变教师的角色，评价的方法、手段及内容也要变化。但有些教师还没有转变观念，在小组合作学习中应该运用新的教学方法和学习方式的地方，还沿用传统的方法和方式进行教学，一堂课下来基本上仍是教师牵着学生走，没有体现学生的主体性、探究学习等理念，小组合作学习只是走过场。语文教育改革是一个整体，教学组织形式是其中的一个部分。只有认真学习课程标准所提出的理念，转变自己的教育理念，才能搞好小组合作学习。

二、构建适合合作学习的环境

流畅、和谐、默契、尊重、信任的学习环境，是新课程理念下的课堂教学的共性。在合作学习的过程中，教师要创造良好的合作学习气氛，用各种适当的方式给学生以心理上的安全感或精神上的鼓舞，把学生当作朋友和知己，多一些理解、鼓励、宽容，只有这样学生的思维才会更加活跃，探索热情才会更加高涨，合作的欲望才会更强，课堂才会更加生气勃勃。在学生进行合作学习时，要使学生拥有充足、宽裕的发言、补充、更正和辩论的时间和空间，让各种不同程度学生的智慧都得到尽情的发挥。教师应因组而异，为学生提供必要的启发式帮助。教师可以以一个普通合作者的身份，自然地参与到学习困难的小组中去，让学生觉察不出因本组水平低而需要教师的帮助。教师还应掌握并运用好“激励”这个课堂杠杆，营造一种可以充分发挥学习个性、相互交流，甚至各执己见的合作学习氛围，一句真诚的表扬、一个赞许的目光……都能使每个学生真切地体验到合作学习的成功与快乐，从而产生进一步合作的欲望。

三、正确处理好组内学优生与学困生的关系

小组合作学习的目的是让人人参与学习过程，人人尝试成功的喜悦，但是如果处理不好学优生与学困生的关系，非但达不到目的，相反会加剧两极分化，使得优生更优，差生更差。为此，教师要深入研究、改善分组方式，对小组学习加强指导，真正实现学生之间的合作学习。小组围坐为小组合作学习提供了有利条件，然而两者之间并非可以简单地画等号。要实现小组成员之间的合作学习，还需要深入研究、改善小组的分组方式。学生在智力类型、认知风格、性别与个性特征等方面都是各不相同的。可以让学生自愿组合、综合优化，即自由选择合作的对象，可以按性别分组，可以按学生能力分组，也可以按选择的相同学习方法分组，组长也由小组成员轮流担任。这样有利于学生之间形成合作伙伴关系，让学生感到自己是学习的主人，全身心地参与学习活动。教师要十分关注小组讨论，对最先结束的小组进行必要的扩充思维训练，对讨论相持不下或者不深入的小组及时点拨，确保信息交流的质量，尽量做到防止时间空耗。

四、处理好独立学习与合作学习的关系

学生合作的主要目的之一是在解决问题的过程中促进每个人的发展，培养创新精神、实践能力、解决问题的能力，发展情感态度和价值观，然后才能谈到合作意识和能力的培养。学生只有具备这样的个性，才能够打下走向社会，从事独立工作或与别人合作的基础。这些个性有很多独立的成分，因此，要处理好独立学习与合作学习的关系。在实际教学中，有些课为了追求合作气氛，或是一味追求求异思维，教师在呈现问题情景后，不留给学生片刻思考时间，就立刻宣布

"下面开始小组合作学习"，这样学生还没来得及思考问题情景，更谈不上构思自己的独立方案，容易造成要么组内优生"一言堂"，要么使讨论流于形式，达不到合作学习的目的。因此，在小组合作学习之前，要让学生先独立思考问题，让每个学生有了初步想法后再进行探究、交流，共同解决问题；这样做给不爱动脑思考或学习有一定困难的学生提供了进步的机会，对提高这部分学生的学习能力是有帮助的。小组合作学习与传统的教学形式不是替代的关系，而是互补的关系；我们在小组合作学习的研究和实验中要有一个科学的态度，不要从一个极端走向另一个极端，不要将传统的教学形式视为一无是处的模式。须知不讲原则的过多的合作学习也可能限制学生独立思考的空间，对学生个人能力的发展也是不利的。教师既要考查每个小组的成绩，也要关注小组中每个成员的发展，可以用一些不定期的小测验来检查每个学生的学习情况；每个成员都有自己的优点，把每个人的智慧都发挥出来让大家共享所产生的效益，远比一个所谓的好学生"一言堂"高得多。组长要负责管理好每个成员，通过合作学习使独立、自我的学生表现出合作、互助等积极的性格特征。

五、培养学生的合作学习能力

小组合作学习中出现的有些问题是学生不善于合作，不知道怎样合作造成的，尤其是初中生缺乏从事合作学习所必需的有效技能，因此，在教学中要有意识地逐渐培养学生合作学习的能力。

（1）学会搜集资料。一般来说，合作学习的课题有一定难度，有时需要搜集一些资料。要让学生学会用什么工具、通过什么途径、搜集什么样的资料等技能。

（2）学会如何表达自己的观点。语言表达是人与人交往和互动的基础，也是个人交际能力的重要指标。合作学习需要每个成员清楚地表达自己的想法，互相了解对方的观点，只有在此基础上才能合作探究问题。教师在教学中要有意识地提供机会让学生多表达自己的观点，发现问题并及时予以指正。

（3）学会讨论问题。讨论是合作解决问题的关键，每个成员表达了自己的想法后，可能有不一致之处，这就需要讨论，攻克难点，形成解决方案。教师要在关键之处予以指导，让学生逐渐学会讨论问题的步骤和方法。

（4）认识合作学习的重要性。由于人的个性的差异，有些学习好的学生不愿意开展合作学习，认为自己有能力解决问题；也有一些学生不愿意与他人交往。教师要使学生逐步体验到通过合作学习可以解决很多自己解决不了的问题，合作学习可以提高每个人的能力，使大家友好相处，从而让学生对合作学习产生认同感。

（5）建立互相信任、团结互助的关系。成员之间只有建立相互信任、团结互助的关系，才能以诚相待、荣辱与共，不计较个人的利益得失，为一个共同的目标而努力，这对培养良好的思想品质也是有好处的。

（6）增强成员的集体责任感。小组里的每个成员都要为小组的学习任务承担一部分责任，不要有依赖思想，而要对自己的学习负责，从而激励自己努力参与小组的合作学习。

（7）以友好的方式对待争议。班级是一个小社会，小组成员间会因为学习或其他事情产生一些争议甚至矛盾，成员要明确争议是为了达成共识、更好地解决问题，目标是一致的。大家要以小组利益为重，争议时对事不对人，始终保持团结。

总之，“自主探究、多元互动”小组合作学习模式是一种值得倡导的较好的学习方式，是在新课程理念下学生的一种重要学习方式。有效的“自主探究、多元互动”小组合作学习模式，能够唤醒学生沉睡的潜能，激活封存的记忆，开启幽闭的心智。教师在新的课程环境下，必须重新审视合作学习的价值，积极营造适合学生进行合作学习的环境，呼唤教师角色的重新定位，时刻把握以学生发展为本这根主线，在平时的教学活动中努力培养学生合作学习的良好品质，在课外加大实践训练的力度，使学生能主动自觉地采用这一学习方式，使这一学习方式能落到实处，真正发挥其应有的作用。只有这样，我们的课堂教学才能焕发出生命活力，学生才能在宽松、和谐、自主的合作氛围中，培养出合作意识和合作能力，体验合作的益处，共享合作的乐趣。

参考文献

［1］王庆宪．“多元互动”：新课改的核心理念．内蒙古教育，2003（4）．

［2］刘兵，张亚利．运用互动式教学法提高课堂教学质量的几点思考．现代教育科学，2008（S1）．

［3］车龙清．以人为本　创设情景　实现课堂教学互动．山西教育，2003（13）．

［4］黄伟．研究性学习中的小组合作探析．教育评论，2001（4）．

［5］侯宝力．多元互动教学模式的构建与实施．现代教育科学，2003（8）．

［6］计强．论“多元互动”自主学习模式．当代教育科学，2005（12）．

发展性评价在信息技术课上的应用探讨

黄 静

【摘要】自2004学年开始，高中新课程改革在广东省正式实施。新课程着眼于学生的发展、知识与技能、过程与方法、情感态度与价值观，因此因应信息技术课程的学科特色，建立一套与新课程相配套，与学生实际相符合的评价方法尤为迫切。本文为笔者在信息技术教学中进行学习评价的探索，并对出现的问题进行思考和改进。

【关键词】学习评价 信息技术

学习评价是以促进学生发展为最高目的的活动，它作为学生学习过程中的反馈调节系统，理应促进学生全面、主动、和谐、持续地发展。自2004学年开始，高中新课程改革在广东省正式实施。新课程着眼于学生的发展、知识与技能、过程与方法、情感态度与价值观，因而因应信息技术课程的学科特色，建立一套与新课程相配套，与学生实际相符合的评价方法尤为迫切。

一、追求评价内容的科学性，促进学生全面发展

1. 强调评价对教学的激励、诊断和促进作用

在信息技术教学过程中，应通过灵活多样的评价方式激励和引导学生学习，促进学生信息素养的全面发展。信息技术课以学生实际的技术操作过程及活动过程为主，成果以学生的信息技术作品为主，因此在评价时，应全面考查学生信息技术操作的熟练程度和利用信息技术解决问题的能力。学习评价应采用定性与定

量相结合的方式，定量评价可采用等级制，定性评价可采用语言描述，两者相辅相成。在信息技术学习评语中，应更多地关注学生已经掌握了什么，获得了哪些进步，具备了什么能力。通过鼓励性的语言，客观、公正、全面地描述学生的学习状况，充分肯定学生的进步和发展，同时指出在哪些方面具有潜能，哪些方面存在不足。这样有利于学生树立学习数学的信心，明确自己努力的方向。

2. 发挥教师在评价中的主导作用，创造条件实现评价主体的多元化

教师应注意发挥在信息技术评价中的主导作用，学习评价应由主观评价和客观评价协同作用来完成。应形成学生自评、同伴互评、家长参评、教师综合评定的民主的、开放的、网状结构的评价体系。

新课程要求“以人为本”，学习过程就要体现“自主学习、合作探究”的主旋律。学生是学习活动的主体，同时也是评价学习活动的主体。对于学习过程中的一些情感体验，如是否喜欢信息技术、对学习信息技术是否有信心，学生的感受是最直接、最真实的。让学生反思学习过程，有利于增强其学习信心，提高其学习能力。

3. 评价要关注学生的个别差异，鼓励学生的创造实践

高中学生学习和应用信息技术的能力水平、学习风格和发展需求等方面的差异很大，信息技术课程的评价要正视这种个别差异。发展性学习评价要关注学生的发展进程，重视学生个体过去与现在的比较，着重于学生综合素质的增值，不再是简单地分等排序，而是使学生真正感受到自己的进步。如果对学生的信息技术学习只进行单纯的静态评价，那么，学习基础好的学生总是排在前面，而学习基础差的学生即使付出很大努力，也可能排在后面。这样，前者容易产生自满情绪，不思进取，而后者也容易丧失信心，自暴自弃。为避免出现这种现象，可进行动态评价，以促使不同层次的学生得到各自最大的发展。如学习任务中可分基本、进阶、扩展任务，学生可以依据自己的情况自主选择。只完成基本任务，也可以获得高评价，获得成功的愉悦，树立起学习信心。选择扩展任务的能感受到信息技术的挑战性，激发他们向更高的目标迈进。如果学生自己对某次评定结果不满意，可鼓励学生提出申请，允许他们第二次，甚至第三次重做，直到达标或获得满意的成绩为止。这种方式突出反映了学生的纵向发展，特别是对于学习有困难的学生而言，能让他们看到自己的进步，从而产生学习动力。

二、追求评价方法的多样性，促进学生主动发展

1. 过程性评价与终结性评价并重

在信息技术课中，过程性评价一般通过两个方面来实现。一方面是在学生学

习的过程中，系统客观地观察和记录学生在学习的自然情景中的真实表现，如通过现场观察、访谈、交流、测验、实际操作、作品展示、自评和互评、成长记录等方式来完成；另一方面，可以通过设置一定的作品设计、作业和项目任务来引发学生的特定行为，对作品和任务的完成情况的评价来收集有价值的评价资料。而信息技术课程的终结性评价主要就是由理论考核和上机测验组成。终结性评价的主要功能是考查学生所学知识的基础知识、实际操作技能和利用信息技术解决实际问题的能力，借以诊断本学期教与学双方存在的问题，帮助教师和学生改进随后的教与学。新的评价理念要求淡化分数的概念，关注学生在学习过程中的变化与发展，关注学生的情感、态度与价值观的形成与发展。除了单元、期末的测评用“等级加评语”的方式外，更应该在课堂上、作业中，用口头表扬、收入“成长记录袋”中等有关奖励方式，对学生的学习进行适时评价，发挥评价的激励作用和改进功能。

2. 自我评价与他人评价相结合

传统的评价主要为他人评价，即由被评价对象之外的其他人（实践中主要为教师）对评价对象进行评价，这种评价方法虽较客观、可靠，但容易产生负面影响，如评价对象会产生抵触心理，或应付了事，或文过饰非，或逆反而行，从而影响评价效果。新课程要求评价主体由一元化向多元化转变，要注重学生的自我评价，即由学生比照评价体系或过去自己的实际水平，对自身现在的实际水平进行评价，从而达到学生的自我反馈、自我调整和自我教育的目的。总之，新课程标准是要构建一套以包括被评价者在内的学生、教师、学校、家长、社会在内的多元、互动评价结构，使评价更能发挥激励、促进的作用。

3. 绝对评价和相对评价相结合

传统的评价往往关注对学生的绝对评价，即在被评价的对象——学生之外预先设定要达到的目标，并以此为客观标准，将学生与客观标准相比较而进行评价。其虽然是客观标准，可以帮助学生了解自己的实际水平，却忽视了学生的个体差异和发展性，容易使学生产生畏缩心理，丧失信心。新课程标准提出了评价依据要“由以往的重视结果转向结果与过程并重，由以往的对‘过去’的关注转向对发展、提高、未来的关注”。我们应该将学生放入其所处的团体内与其他成员相比较而进行评价，应该将学生放入其成长的过程中进行评价。在评价的各个环节都要关注学生在情感、认知、行为习惯、理想和信念等方面的发展，激发学生的上进意识，时刻感到“我行”“我可以”。通过成长曲线图等，综合反映学生的发展趋势。

三、关于信息技术教学评价的一些想法

1. 建立学生学习评价系统

根据新课程的理念，我们开发并应用了学生在线评价系统，评价系统可长期、动态地存储大量的师生信息，对所有的信息（包括教师的教学资料和学生的信息与作业、作品、标准化考核成绩等）以数字化的形式进行存储，教师可设置每次任务、测验的评价标准，可进行师评、生评、自评，可生成发展曲线图，学生登陆进系统后，可查看每次的评定及发展趋势，对学生有一定的促进作用。

2. 认知性评价与非认知性评价相结合

信息技术的学习没有大的考试压力，更可以注意评价方法的多样化，加强认知性评价与非认知性评价的相互渗透。新的评价方法除了传统的考试以外，还可以包括观察法、描述性评语、项目评价、谈话、成长记录等方法。

3. 结合教学构建动态网页

不仅给学生实例的示范，使他们对信息技术的学习目标有一个清醒和明确的认识，还可以扩大学生学习的时间和空间，使他们在课堂之外继续加强协作和探究学习。在动态网页的内容设定上，可以联系实际设置多个栏目和交互平台。比如，介绍信息技术方面最前沿的资讯、收集各个地区发生的与青少年联系紧密的新闻事件，还可以结合教材补充相关阅读材料。另外，论坛也是动态网页中最重要的一个板块。在论坛上，可以分板块设立信息技术教学目标要求掌握的各个知识范围。比如，计算机基础知识、操作系统、常用软件、网页制作、动画制作、计算机故障处理、编程、网络学习等，这都可以根据学生的实际情况酌情进行调整。另外，还可以开设与学生生活相关的讨论区，给学生开辟表达思想、发表见解的天地。通过学生构建动态网页，教师就可以根据学生的网页制作情况及在论坛中的表现，对学生做出客观、全面的评价。

四、结语

新课程标准的实施和学生评价的改革，既给我们教师提供了教育教学改革的机遇，更向我们提出了挑战。作为一名新时期的教师，只有抓住机遇，努力学习，才能在教育教学的实践活动中有所收获。

高中思想政治课交往教学的应用研究

陈秋兰

【摘要】本文将交往教学这一概念引入高中思想政治的教学中，针对当前高中思想政治课交往教学活动存在的缺失与阻隔，运用当前相关的研究成果以及学校的教学实践，研究和探讨开展高中思想政治课交往教学的策略和方法。主要从交往教学主体关系的构建、交往教学的内容、教学模式方法、学生学习方式和教学空间组织形式五个维度对交往教学的策略进行分析和探究。这五个维度的研究，从教学实践的角度出发，为使交往教学更加有效及提高在高中思想政治课教学中的运用水平，提供了可操作性的建议。

【关键词】交往 交往教学 高中 思想政治 教学策略

“交往教学”作为一种教学论，产生于20世纪70年代的德国，是沙勒（K. Schaller）与舍费尔（K. H. Schafer）针对传统教学过于机械刻板、师生缺乏互动的现象而提出的。20世纪90年代后半期，随着对学生创造力、个性和主体性的重视，国内理论界越来越多的人开始探讨教学的交往性，新一轮基础教育课程改革正式把交往教学观作为我国教学改革的指导思想，强调师生之间的关系是一种平等、理解、双向的人与人的关系。这种关系得以建立和表现的最基本形式和途径便是交往，离开了交往，师生关系就只是外在的，不但不能成为教育力量的源泉，有时候倒成了教育的阻力。

纵观当前高中思想政治课教学实践，我们不难发现交往教学活动存在着缺失与阻隔：一是课堂教学交往过程单边化。课堂“以教师为中心”，教师是课堂交往教学的启动者和主宰者，教学交往对于学生而言基本上是一个非自主的过程，缺乏主动性和自主性，他们主要扮演了一种接受者和遵从者的角色，课堂缺乏教育主体之间真正的双向交流。二是课堂教学交往类型单一化。教师与学生之间的交往成为思想政治课教学交往的主要形式，有时甚至是唯一的形式。学生个体与学生个体、学生个体与学生群体、学生群体与学生群体之间的交往存在实质性缺失。三是课堂教学交往缺乏公正性。在交往对象的选择上，教师与学业成就高、在班级中担任职务的学生表现出较高的互动频率；而学业成就差、人际地位较低的学生获得交往的机会则明显低于其他学生。在教师的交往态度和行为方式上，对于优秀学生，教师的言行往往更符合教育要求，表现出交往的民主和谐。由于教师在交往对象的选择、交往态度和行为方式上因人而异，造成了教师跟优等生交往与跟学困生交往会产生不同的功能、作用和效果，进而影响了课堂教学交往的公正性。四是课堂教学交往低效性。课堂教学交往的低效性首先表现在学生在理解课堂教学交往中人际关系的丰富内涵的低效；其次表现在学生对知识的掌握和理解上的低效。现有的课堂教学交往过于强调知识的传授，甚至知识的灌输；过于注重教材、教参和标准答案，无视学生对知识的探究，学生对知识的获得过程是被动的、机械的，因而阻碍了学生对知识的深层次理解，降低了课堂教学交往的效率。

针对高中思想政治课教学中交往的种种缺失与阻隔，笔者从交往教学主体关系的构建、交往教学的内容、教学模式方法、学生学习方式和教学空间组织形式五个维度对高中政治课交往教学的策略问题做了粗浅的研究，为如何使高中思想政治课交往教学更加有效，以符合新一轮基础教育课程改革的全新理念，提供具有可操作性的建议。

一、构建新型师生关系

教学总是在一定师生关系的条件下进行的，民主平等的师生关系能融洽师生情感，营造和谐轻松的课堂气氛，激励师生之间、生生之间交往的主动性和积极性，产生教学共振，为此，教学过程中教师要做到以下几点：

1. 淡化教师权威

淡化教师权威，就是承认师生的平等地位和学生的独立人格，政治教师要转变角色，从“道德的说教者”转变成为学生健康品质的促进者、知识学习的导航者，这有利于创设安全自由的心理环境，促进教学交往的质量和效率。

2. 增强服务意识

教师的职责既是教书育人，也是服务育人。增强服务意识，有利于教师深刻领会自身职责和“以学生为中心”的现代教学理念，培养教师职业特有的“蜡烛”精神、“人梯”精神，增强教师不断探索教学规律，提高教学质量的使命感、责任感。这为教师正确理解和运用教学交往提供了必备的前提。

3. 善用“移情”

“移情”指人们在体察他人情感时自己也体验到的与之相同的情感。运用移情策略，在“说服力”“感染力”“践行力”等方面上下功夫，把知、情、信、意、行的培养统一起来，能使教师敏感把握学生内心的情感变化，并站在学生的立场上来考虑问题，自然地流露出对学生的关心、理解和同情，从而形成师生间心灵相通的境界，这为有针对性地组织开展教学交往营造了有利的氛围。

4. 培养师爱

师爱指教师对一切学生公正、公平的爱，这是教师的一种高尚情操。它包含着对每一位学生的尊重、信任、理解和期待，它既是激励教师工作的精神力量，也是鼓励学生学习的动力。“没有爱就没有教育”，只有以爱为基础，师生之间的情感才能和谐、共振，教学交往才能有效进行。

二、选择符合学生发展需要的交往教学内容

高中思想政治课教学，重在引导学生紧密结合与自己息息相关的经济、政治、文化生活，领悟辩证唯物主义和历史唯物主义的基本原理和方法，初步形成正确的世界观、人生观、价值观。而学生思想政治素质的形成过程是一个知、情、信、意、行协调发展、相互转化的过程，是学生将从外部交往中获得的认知转化到自己的实际行动中的内化过程。因此，有价值的教学交往活动，应是能够在较高的水平上使学生完成内化过程的活动。为达到这一要求，在交往教学中教师应在“用教材教”的精神指导下，根据社会发展需要及学生们的现有发展水平（即维果茨基所主张的最近发展区内），积极地从社会经济、政治、文化、历史、生活等领域中选择那些能够引起学生兴趣、符合学生发展需要的教学内容，使教学内容从教科书扩展到所有学生关注的、有意义的题材，并根据这些教学内容的性质、特点等，通过师生交往、生生交往的方式进行互动，适时地引导他们进行知识的构建，并在情感体验中向动机与意志、情感、信念转化，落实到行动中去，努力做到知行合一。

比如，在政治概念教学课上，“财政”“公司”等原本机械简单的教学内容，如运用生生小组合作的方式将浪费大量的时间，增加学生们的负担；而对于与社会热点息息相关的知识内容，如良好的企业信誉和形象与名牌产品的关系、正当

竞争与不正当竞争的区别等由于本身具有一定的复杂性和开放性，用生生小组合作的方式就很容易调动学生们的积极性、主动性。他们畅所欲言，交流心得，进一步促进了教师与学生多方面能力的发展及生命意义的建构。所以，只有选择那些符合交往主体的特点，并通过主体对它的共同理解、学习，才能使其真正获得发展。完善的交往教学内容，才是最科学、最有价值的内容。

符合学生发展需要的交往教学内容必须具备以下几个特征：一是能够激发学生的学习兴趣和求知欲望，引发情感上的共鸣和对新异事物的好奇，激发兴趣、激活思维，产生求知欲望，使学生积极、理性地思考问题。二是能把学生置于认识的矛盾冲突中，把学生带到“愤”“悱”的积极思维状态，使思维在矛盾中积极运行，观点上形成激烈的碰撞。三是能让学生在获得知识的同时，通过交往学习，确立一种精神、立场、态度和追求。

三、应用开放式交往教学方法

现在的高中生受时代的熏陶，思想活跃，思维敏捷，自我表现意识形成早，有较强的独立意识和社会参与意识，对社会生活中的各种事物有自己的看法和见解，喜欢争论并按自己的标准进行评价。政治教师必须适应他们的这一特点，有目的地拓宽教学视野，尝试和探索灵活多样的交往教学方法，如基于案例教学、基于问题教学、基于情景教学等，紧密联系社会、生活和学生实际，把理论观点的阐述寓于社会生活的主题之中，构建学科知识与生活现象、理论逻辑与生活逻辑的有机统一，使学生的学习交往以教材为本，又不拘泥于教材。通过采用灵活多样的课堂教学方法，让学生广泛地选择学习内容，及时吸取最新信息，跟上时代的步伐，适应未来发展的需要，真正优化思想政治课教学的育人功能。下面介绍几种高中思想政治课实施交往教学较为有效的方法。

1. 研究发现法

这是交往教学中使用频率极高的方法之一。在教学过程中，教师与学生共同创设情景，提出有待解决的问题或假设，让学生以个人或小组的形式，在教师的指导下模拟科学研究的过程，进行探索和研究，从而使学生的学习过程转变为发现和创造的过程。如可以在“公民道德与伦理常识”模块教学中，结合教学内容，要求学生对“道德银行与公民道德建设”进行专题研究，这打破了传统的注入式教学和学生对所学知识死记硬背的方式，变教师直接告诉学生结论为教师为学生提供研究的资料，让学生在操作探索中寻求方法和规律，得出结论。同时，这种教学方法让学生获得了多方面能力的发展，突出了学习方式和思维习惯的训练和培养，重视学生对解决问题方法的获得，重视培养学生的创新精神和创新能力。此外，在研究发现的过程中，师生之间、生生之间的交往活动频繁而密切，相互影响、相互作用，交往教学的质量很高，效果也很好。

2. 活动体验法

活动分为在新课程标准指引教材设计的课内活动和作为思想政治课教学的重要组成部分的课外活动，是学生对思想政治课学习后由知转化为行的有效载体。课内活动和课外活动总是由许多学生在一起开展，只有通过合作才能达到目的。这就为生生交往提供了难得的机会。经常开展活动，有利于学生培养人际交往能力。因此，思想政治课教师要充分利用教材上活动课内容开展活动，但同时也要精心设计课外活动开展的内容。比如，将模拟法庭引入“生活中的法律常识”的教学中来，将模拟记者招待会引入“国家和国际组织常识”的教学中等。

3. 基于互联网的课堂互动式学习

在互联网 + 时代，中国教育正进入一场基于信息技术的更伟大的变革中。基于网络教学平台的课堂教学，让学生之间、师生之间沟通互动完全突破了课堂的时空限制。教的主导作用达到了最高限度，教师通过提供资源的链接，实施兴趣的激发，进行思维的引领，利用移动终端，能即时地给予学生点拨指导。在这样的学习中，学生的主动性也得到最大限度的调动。

当然，交往教学的方法还有很多，如小组辩论法、角色互换法、社会调查法等。交往各方在选择和运用这些教学方法时，要本着适宜、多样的原则，将多种方法有机地结合起来，优化创新，使之发挥出更大的教学效果。

四、倡导小组合作的学习方式

为使交往教学的方法对学生的身心发展和思想政治素质的形成与提高发挥更大的作用，教师应采取多种交往教学的组织形式，做到有机整合、灵活运用。当前运用比较广泛的教学组织形式是小组交往合作学习。该学习方式通过共同活动目标的创设，为学生提供开放的活动内容和方式，让学生积极、主动地参与到教学活动中来，使信息沟通渠道纵横联系，实现了教师与学生、学生与学生之间的水平交往，从而使课堂教学生动活泼、多姿多彩，真正成为充满活力的人的教育。小组交往合作学习主要表现为以下几种形式：

1. 两人小组学习

在交往教学进行的初期，两人一组是最简单、风险最小的一种形式；同时，也是其他更复杂的教学组织形式的基础。如一位教师给每一个学生安排一个学习伙伴。他们将课桌搬到一起，共同完成一项任务。如果是一道政治题，可以每个人单独做，然后对照答案，讨论那些有分歧的地方。如果是记忆类的练习，他们可以用教学卡片互相练习。两三个星期以后，教师也可以将学生的名字做成纸条，放进盒子里，每个学生从中抽签选出一个新的学习伙伴。这样，学生就可以和班级里一半以上的同学成为学习伙伴。这种伙伴式的学习活动简单易行，可以鼓励学生积极地合作，使学生们互相帮助、互相学习，并延长学生的注意力集中的时间周期。

2. 三人小组学习

学生们三人一组坐成一排，在作业或任务上交之前，必须相互检查，而且每一份作业或任务上都必须有另外两位同学的签名，以证明他们已检查过。实际上，三人一组比两人一组更具监督性和客观性，也更说明问题。当然，在小组学习之前，教师应告诉所有成员三条原则：第一，必须对自己的事情和行为负责到底；第二，必须帮助向你求助的小组其他成员；第三，除非都有同样的、无法通过合作解决的问题，否则不可以向教师提问。这样一来，他们学会了向小组里的伙伴寻求帮助，也意识到教师只有在组内所有人都举起手时才会回答这个问题。

3. 合作式学习

这是被广泛使用的方法之一。它适用性强，简单易行。以笔者在高三备考时组建的热点专题复习小组为例，合作式学习基本包括以下四个步骤：第一，教师将4~6名在性别、成绩、个性等方面具有异质性的学生编成一组。第二，设立小组目标——每个合作小组承担一个相关热点专题的资料编写、课堂讲解的任务，通过创设情景，激发学生学习的积极性；启发学生善于运用已有知识和经验解决问题。同时建立小组评价和奖励机制，使小组成员成为一个利益共同体，彼此荣辱与共、相互依靠。第三，每个小组明确了学习任务之后，各组根据任务分工进入合作探究阶段，形成小组的学习成果。教师要针对学习过程中出现的各种问题及时引导，帮助学生提高合作技巧，并注意观察学生学习和人际关系等各方面的表现，做到心中有数。要让学习有一定困难的学生多思考，保证他们达到基本要求；同时，也要让学有余力的学生有机会发挥自己的潜能。第四，全班交流。让每个小组的报告员代表本组向全班进行学习成果汇报，解答其他小组成员提出的疑问。这种合作式学习，不仅可以激发学生的学习动机，倡导师生、生生交往合作、探究互动，而且弥补了教师一个人不能面向每个学生进行教学的不足，甚至培养了学生在交往中逐渐自主地解决日益增多的实际问题的能力，大大提高了复习效率，真正实现了“成功在每一个学生”并使每个学生都得到发展的目标。

4. 跨小组互助式学习

这种跨小组互助式学习，表现为以下几个步骤：第一，把一堂课的内容分成若干部分。例如，新教材《经济生活》第六课“投资的选择”可以将教学内容分成相关的投资者、银行、股票、债券、保险五部分。第二，把五个不同性别、成绩、性格的学生分成一个小组。在这个小组里，每个学生都是某一个问题的专家，负责其中一个部分。第三，专家们阅读并学习他们各自负责的一个专题。接着，不同小组的专家集合在一起，组成一个专家小组。比如，负责股票的专家在一起，学习债券的专家在一起等，他们在一起共同探讨，相互借鉴。接着，专家们回到自己所在的小组，轮流给小组其他成员讲解他所学习的专题的内容。最后，对小组成员单独考试。所有的内容，决定他个人的成绩。教师也可以给小组一个成绩，并排定名次。

跨小组互助式学习使每个学生都能参与，每个学生在两个小组——他自己所在的小组和专家小组，都扮演一个活跃的、重要的角色，并且相对独立。每一个学生都是专家，专家们必须认真地去学习分配给他们的专题，并负责把所学到的知识讲给自己小组里的其他成员听。与传统的按照能力分组相比，这种有目的的跨小组互助式方法，更有利于促进不同成绩的学生之间的合作关系和友谊。那些成绩差的学生也获得了更大的自尊和成就感。

另外，还有一种交往教学的组织形式，即全班合作。教师应该积极地组织全班集体活动，开发班级的潜力，让整个教室充满一种交往学习的气氛。办展览就是一个很好的例子，如优秀作业、研究报告、时事评论、社会调查图片等都可以作为展示的物品，体现了班集体丰富而生动的活动，这比直接告诉学生交流合作的重要性要好得多。

灵活多样的交往教学组织形式能够从时间和空间上保证学生的自主性，改变学生被动听讲的状态，交往教学组织形式的多样化，可以丰富课堂的教学模式，打破集体教学的单一性，扩大单位时间内学生自主活动的空间，增加师生之间、生生之间交往的多维性，促进师生之间的相互讨论，引发学生更深层次的思考。

五、组织多样化的教学空间

教学空间组织形式是教师与学生人际组织的空间表现形式，核心是座位排列问题。美国学者托马斯·赫特等人的研究表明，教学中常见的空间组织形式有以下三种：

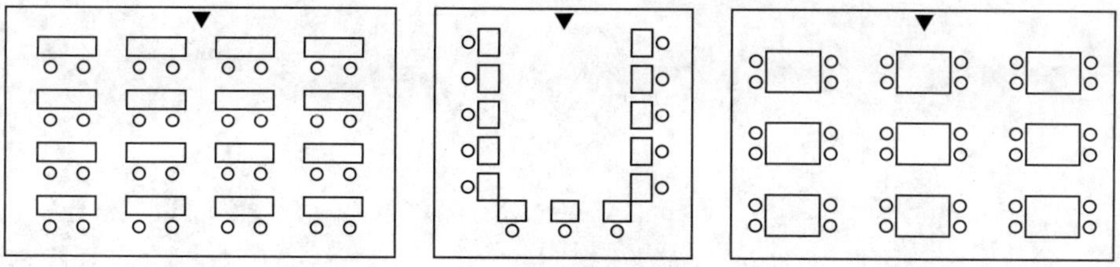

注：▼表示教师席，○表示学生席，▭表示课桌。

在秧田式的空间组织形式下，学生横成行，竖成列，且全部面向教师，虽然有利于教师的支配管理，但由于座位排列的限制，生生交往只限于同课桌的两个学生之间，最多只能扩展到前后座位的同学之间，教学交往在数量、质量上都受到很大影响。在马蹄形的空间组织形式下，每位同学都享有同等的交往空间，教师与每一位学生都保持着视觉通道联系，师生之间、生生之间等距离交往的机会大大增加了。在模型的空间组织形式下，学生之间和学生小组之间的联系和交往增加了，也有利于教师与各学习小组的分别交往。由此可见，不同的空间组织形式对师生、生生之间的相互影响发挥着不同的作用。

在我国，中小学的教学空间组织形式基本上都为秧田式，这在一定程度上限制了教学交往的深入开展。改善交往教学，教师应根据需要灵活采用多样的空间组织形式。除了马蹄形、模型外，扇形、弧形、圆形等形式都可在一定程度上促进教学交往，教师应充分发挥它们的独特作用，引导学生与教师及同伴在健康和谐的交往中进行学习，使教学过程真正成为师生、生生交互作用的过程。

参考文献

［1］顾明远，孟繁华．国际教育新理念．海口：海南出版社，2006.

［2］中华人民共和国教育部．普通高中思想政治课程标准（实验）．北京：人民教育出版社，2004.

［3］詹曾明．交往教学：教学改革的新思路．首都师范大学学报（社会科学版），2005（1）.

［4］张天宝．走向交往实践的主体性教育．北京：教育科学出版社，2005.

［5］胡靖．走向交往实践：论新教育试验的主体观转向．苏州大学博士学位论文，2010.

［6］柴楠．他者的澄明与主体的涅槃：教学交往范式的伦理转向．湖南师范大学博士学位论文，2013.

高三学生分析电极反应的思维原态及对策

陆伟斌

【摘要】本文立足于高中化学教育过程中学生的思维原态分析，指出高三学生分析电极反应错误思维原态的成因，并提出构建、完善、修正思维原态的建议。

【关键词】思维原态 电极反应 高三复习 电化学三重表征

一、问题的提出

1．思维原态概述

奥苏伯尔的“同化论”认为，影响学习最重要的因素是学生已经学会的内容，弄清了这一点后，再进行相应的教学。因此，教师在教学时要了解学生已知的，分析他们未知的，有针对性地设计教学目的、教学方法。

思维原态是学生在参与某一课堂教学之前所固有的思维。吴建希认为，学生的思维原态是一切教学活动的起点。从学习的内涵来看，学习就是主体与环境的相互作用，经过内化而获得经验并外化为行为表现的活动。思维是人类所具有的一种高级心理现象，思维的过程是人们运用概念、判断、推理的形式对外界信息不断进行分析、综合、比较、抽象和概括的过程。学习的过程离不开大脑的思维，思维是学生获取知识的必要途径。因此，了解学生的学习思维是因材施教的重要途径，从一定意义上讲，因材施教实质上就是因“思”施教。思维原态具有规律性、个别性、顽固性、不稳定性、思考性、普遍性、历史性等特点。

学生在接受化学教育之前或在化学学习过程中，通过自己的观察、体会和对各种化学现象与变化过程的理解和认识，有许多正确的知识体系已经逐步内化成学生的思维，构建成正确的思维原态，可以作为后续学习的生长点。由于在一些环节上或是发生了误解，或是使用了错误的策略而形成了自己个人的思维原态。这些思维原态有的是不完善的，有的甚至存在逻辑错误。特别是不完善的思维原态，教学过程中若不加关注，当学生被习题强化后，则容易让学生在错误的方向上走得更远，后阶段更难以修正。

2．待研究的问题

如何利用学生正确的思维原态作为学生学习的生长点，如何将学生错误的思维原态分化和重新组织，使学生获得关于新知识方面明确而稳定的意义，使原有的思维在这一过程中被同化，并转化为学生的认知结构，是原态思维研究的主要任务。高中的教学必须关注学生的思维原态。高三复习的教与学，应以师生共同构建正确的思维原态、完善系统的思维原态、修正有误的思维原态为主要目标。

在物理、化学的众多分支中，电化学是唯一以大工业为基础的学科。其研究的核心问题是化学反应与电能的相互关系，即如何使化学反应自发转化为电能，如何利用电能驱动难以发生的反应，具有重要的理论价值和社会价值。特别是在主讲电镀、精炼的内容时，笔者内心一直赞叹科学家精妙的设计和精细的技术。然而，不少学生一直对电化学的学习存在困扰，死记硬背现象严重，特别是在观察装置图分析电极反应方面。学生已经不再接触到“原电池作电源电解某溶液”这类伪命题，也不需分析“电解池串联”等复杂装置。部分学生依然难以分析原电池和电解池两类基本的电化学装置。究竟原因何在?

关于电化学复习策略的研究已有不少，多数把模型分成四类，即原电池、化学电源、电解池、电化腐蚀，分别归纳电极反应［见下表：电解池的归纳片段(用惰性电极的电解规律)］，体现分类观。实践表明，这种策略仅对记忆力强的学生有效，在遇到陌生情景时常常失效。最有趣的是，即使实施过“堂堂过关”等及时巩固的策略（旨在先强化原电池，再类比电解池）一段时间后，学生遇到某个特定装置时，同样会分析失败。这体现出思维原态的不稳定性，也一定是思维原态不完善所导致的。关于学习电化学思维原态的研究几乎空白，错误思维原态的形成原因、帮助学生分化错误的思维原态、构建完善的思维原态，都是值得研究的问题。

类型	实例	反应	PH 变化	复原
电解溶质（无氧酸、不活泼金属的无氧酸盐、F^- 除外）	HCl	阳极：$2Cl^- - 2e^- = Cl_1\uparrow$	几乎不变（Cl_2 溶于水使 PH 略有减小）	加 HCl
		阴极：$2H^+ + 2e^- = H_2\uparrow$	增大	
		总：$2HCl \xlongequal{电解} H_2\uparrow + Cl_2\uparrow$	增大	
	$CuCl_2$	阳极：$2Cl^- - 2e^- = Cl_2\uparrow$	几乎不变	加 $CuCl_2$
		阴极：$Cu^{2+} + 2e^- = Cu$	几乎不变（Cu^{2+} 减小，水解产生的 H^+ 也减小，使 PH 略有增大）	
		总：$CuCl_2 \xlongequal{电解} Cu + Cl_2\uparrow$	几乎不变	

二、错误思维原态的成因

1. 两极定义交错

国外的教材在电化学领域中，大多只用阴阳极表征。不管原电池还是电解池，只要发生氧化反应的电极就都统称为阳极，发生还原反应的电极统称为阴极。国内教材更遵循物理学习惯，把用作电源的两极称为正负极，因此出现了四种电极，一般把原电池称正负极，电解池称阴阳极。高二选修 4 第四章共四节的学习中，每一节都在考核学生对四个电极的思维原态，学生思维承受着巨大的冲击（以负极为例，见图 1：各节内容关于“电极”的认识冲突）。能否正确区分四个极是电化学的入门条件，是造成分化的思维原态之一。

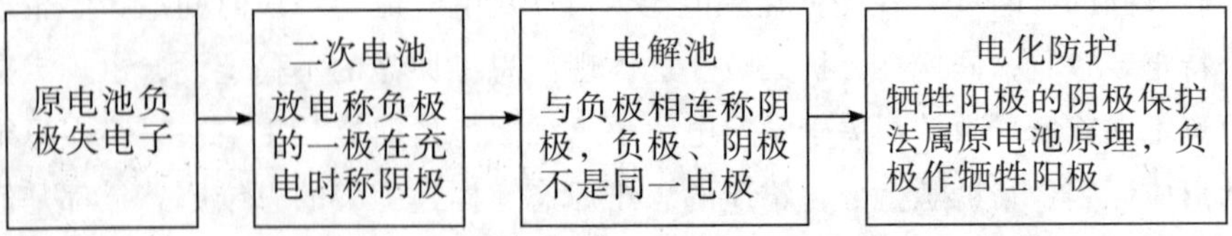

图 1

2. 师生互动失效

电化学的课堂上，与氧化还原反应的课堂相似，如果进行“教师—全体”互动，就常常难以获取正确的反馈。例如，教师在班里提问电解氯化钠时，Cl^- 在哪个电极放电？通常得到的反馈是“阴阳正负”四种回答。答案非正即负，非阴即阳，根本没有整体提问的价值。在这种情况下，学生的第一印象有误即可说明其思维原态存在缺陷。个别学生进而不敢给出反馈，害怕出错。

3. 分类着重形式

把电极反应式分为原电池、化学电源、电解池、电化腐蚀，分别归纳电极反应。这种常用的分类方法能够解决大量基础问题，特别是让学生明确氧化还原反应类型。然而，只着重形式上的分类归纳必将导致学生形成“背—选”的错误思维原态（见图2：“背—选”的错误思维原态）。

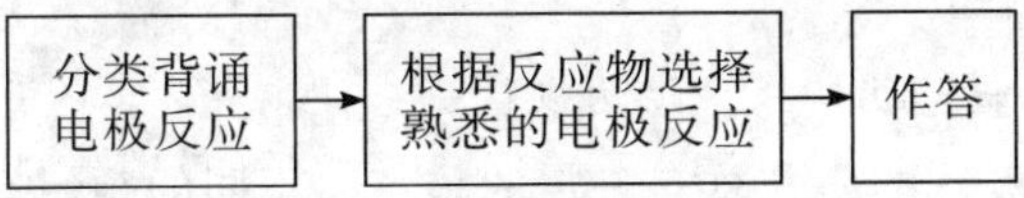

图2

2013年广州一模题中（见图3），要求书写以下装置的阴极反应，正确答案为 $2H^+ + 2e^- = H_2\uparrow$（或 $2H_2O + 2e^- = 2OH^- + H_2\uparrow$）。

电解 Na_2HPO_3 溶液也可得到亚磷酸，装置示意图如下：

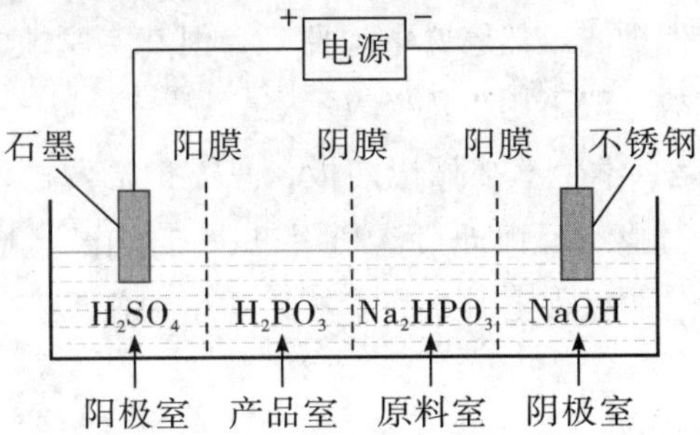

图3

说明：阳膜只允许阳离子通过，阴膜只允许阴离子通过。

阴极的电极反应式为____________。

部分学生答 $O_2 + 4e^- + 2H_2O = 4OH^-$，这些学生都属于中上层次，熟记了一系列电极反应，其思维原态基本相似，都认为曾写过这个电极反应（背），而且是在中性、碱性条件下才能书写，题目阴极区域有溶解氧，也是碱性环境（选），满足条件进而作答。他们对照答案时，甚至对“$2H^+ + 2e^- = H_2\uparrow$”产生思维障碍，认为碱性环境不应该出现 H^+。他们却忽略了 $O_2 + 4e^- + 2H_2O = 4OH^-$ 和 $2H^+ + 2e^- = H_2\uparrow$（或 $2H_2O + 2e^- = 2OH^- + H_2\uparrow$）其实是竞争反应，究竟哪个为主导应由真实的实验结果决定。学生应该有电解 NaOH 溶液的事实支撑，发现有氢气放出，进而由“驱动电化学反应的动力”入手分析原因，得出富集电子的阴极优先吸引溶液中带正电的 H^+ 迁移至其表面被还原，从而促进了水的电离，写成 $2H^+ + 2e^- = H_2\uparrow$ 也有其合理性，因为溶解氧含量低且 O_2 分子几乎不带电荷，不及 H^+ 竞争。可见，正确的思维原态既体现了三重表征的化学知识特点，又体现了主次矛盾、现象深入本质的辩证观。分析电极反应的过程不应该是“背—选”这种单向的思维过程，而是辩证的、高级的思维活动。

三、完善思维原态的策略

1. 修正前概念——明四极、记两极

化学实物（电极）的命名总有一定的传统，不同的领域有不同的表征方法。利用四个电极的命名，让学生体会到任何表征方式都有适用条件，明确其表征的意义，了解命名的起源是理科研究的必备技能，此所谓“明四极”。这只能以讲解的方式教授，需要不断强化。物理学上，习惯把电源的两极称为正负极，意义在于正极有电流流出，适用于原电池装置。在电化学中，为研究方便，化学家把发生氧化反应的电极称为阳极，把发生还原反应的电极称为阴极，在电解池中适用。牺牲阳极的阴极保护法虽然属原电池原理，但其实腐蚀电流很小，更没有充当物理学上的电源，故一般不用正负极表示。

“记两极”指的是，学生不必死记四极，只需记忆两极，根深蒂固，成为正确的思维原态，分析时找到反面即可。利用口诀“负化、氧阳、阴得”，即负极被氧化、阳极被氧化、阴极得电子，基本能让学生记住反应类型，进而分析电极反应。

2. 分化错误的思维原态

学生以经验型的逻辑思维为主，积累了大量电极反应，这种积累可以解决大量问题。学生总觉得自己的积累没有问题，不愿意修正，体现思维原态的顽固性。因此，必须创设驱动性问题陷阱，如设计组成相似的装置图（见图4），暴露学生的思维障碍，引导学生关注电化学反应的本源——驱动力，总结出分析电化学装置的思维模型。

分析各装置的反应，写出各类装置的电极反应式，
Ⅰ、Ⅱ、Ⅲ、Ⅳ、Ⅴ还要写出总反应式。

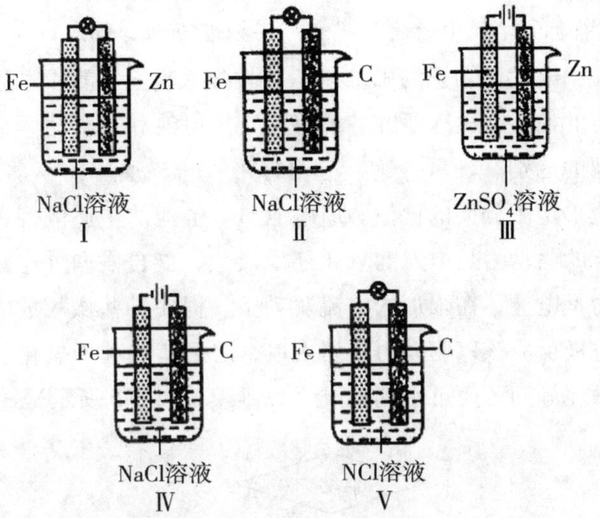

图 4

学生可以把装置按组成的相似度分组，虽然组成相似，但增加电源后，反应的动力不同，反应情况有巨大差异，Ⅰ、Ⅱ分为一组：

Ⅰ：牺牲阳极的阴极保护法，铁被保护

负极：$2Zn-4e^{-}=2Zn^{2+}$

正极：$O_2+4e^{-}+2H_2O=4OH^{-}$（中性、碱性，吸氧腐蚀）

Ⅲ：铁片镀锌

阳极（镀层）：$Zn-2e^{-}=Zn^{2+}$

阴极（镀件）：$Zn^{2+}+2e^{-}=Zn$（溶液中 Zn^{2+} 的浓度基本不变）

Ⅱ、IV、Ⅴ分为一组：

Ⅱ：钢铁的吸氧腐蚀（钢比纯铁更易腐蚀）

负极：$2Fe-4e^{-}=2Fe^{2+}$

正极：$O_2+4e^{-}+2H_2O=4OH^{-}$（中性、碱性，吸氧腐蚀）

IV：氯碱工业；外加电流的阴极保护法

阳极：$2Cl^{-}-2e^{-}=Cl_2\uparrow$

阴极：$2H_2O+2e^{-}=2OH^{-}+H_2\uparrow$（或 $2H^{+}+2e^{-}=H_2\uparrow$）

总反应：$2Cl^{-}+2H_2O\overset{电解}{=}2OH^{-}+H_2\uparrow+Cl_2\uparrow$

V：钢铁的析氢腐蚀

负极：$Fe - 2e^- = Fe^{2+}$

正极：$2H^+ + 2e^- = H_2\uparrow$（酸性，析氢腐蚀）

3. 构建分析电化学模型的思维模式——以驱动力为切入口

研究学生关于电化学知识的思维原态对教学效果至关重要。诚然，分类思想应贯穿化学学习的始终。深入研究各类事物（原电池和电解池）后，应着重研究不同类事物之间的区别、联系，这与分类标准——“反应的驱动力”密切相关。分类标准的价值决定了分类的价值。原电池与电解池的本质区别在于反应的驱动力。原电池反应的驱动力是自发的氧化还原反应，能自发向外电路输送电流。电解反应的驱动力是电能，在强加的电流驱动下，促使某些微粒放电，发生氧化还原反应。分析电极反应该以驱动力为切入口，之后诸如利用氧化还原知识确定两极、电解放电顺序等问题便可水到渠成（思维模型如图5所示）。

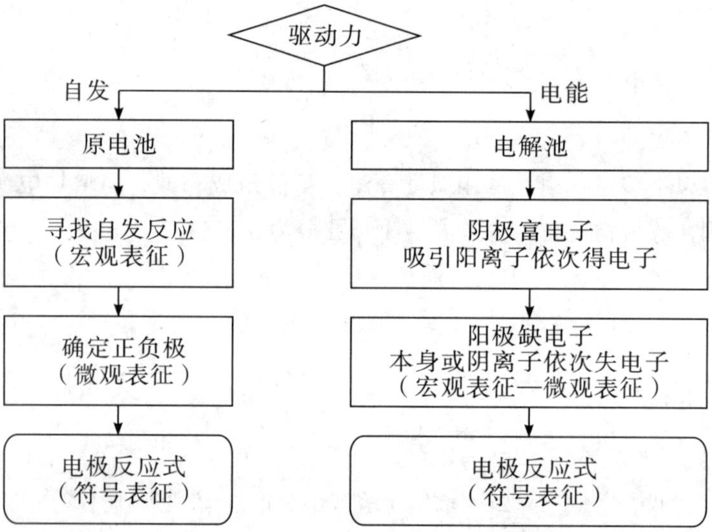

图5

四、结论与建议

学生对外部信息的获取、加工和组织是一个复杂的思维过程。思维原态的构建、完善和修正一直贯穿高中化学教学。中学生正确理解电化学反应依靠正确的思维原态。帮助学生构建以“反应的驱动力”为切入口的思维原态，才是电化学正确的教学目标。

在教学实践中，教师需要强化学生的对“四极”的认识和“以驱动力为切入口”的分析模型。如果条件允许，应充分利用实验的宏观表征功能，开展电解$CuCl_2$和NaCl溶液、吸氧与析氢腐蚀的实验，这将有助于让学生认识到在一个开放体系中，很多反应都有发生的可能，他们在“一模”时所想到的阴极反应$O_2 + 4e^- + 2H_2O = 4OH^-$并非不能存在，只是被竞争下去了，而这一切应“由事实说话”。与许多精细的研究相比，本研究较为粗糙，仅是通过方法对某一学生群体在某个时间段进行思维原态的诊断，日后可以尝试在研究方法上增加前后测试，了解不同学生群体在不同的问题情景下的思维原态是否一致；也可增加延宕测试，了解学生在不同模块中所经历的思维冲击，在冲击中是被冲垮了还是站得更高更稳，这是值得研究的问题。

参考文献

[1] 吴建希. 中学生学习化学的思维原态及其对策的研究开题报告.

[2] 麦裕华，杨健萍，何庆辉. 高中生化学可逆反应心智模式的诊断和分析. 化学教育，2012 (5).

[3] 华荣. 高三电化学复习浅议. 理科考试研究（高中版），2012 (12).

[4] 方民河. 突破两极，以不变应万变. 考试周刊，2012 (76).

对高中思想政治“自主—合作—探究”型教学模式的实践与认识

孔学慧

【摘要】课堂是实践新课改理念的主阵地。本文是笔者介绍自己立足高中思想政治课堂，开展“自主—合作—探究”型教学模式的实践做法。在实践操作过程不仅形成了该教学模式的建模，而且阐明了自己的观点：高效课堂的核心与灵魂是以学生为主，让其自主合作与探究学习。

【关键词】自主　合作　探究

课堂是落实课程理念的主阵地，新课程改革必须通过课堂教学改革来实现，所以课堂教学是课程改革的切入点、实施平台和落脚点。而课堂教学改革必须从教学模式的构建切入。

每位教师的教学工作都是在一定的教育思想、教学理论、学习理论的指导下进行的，教学活动进程的结构形式都有自己独特的风格和特色，这就是教学模式。高效课堂的核心和灵魂是以学生发展为本，充分发挥学生的主体性，让学生真正当家做主。

没有模式体现的教学改革是空洞的、没有可操作性的，没有可操作性的改革是不能实现其价值的。虽然我们倡导课堂教学的开放性、灵活性，但教学的开放性、灵活性并不等于教学的盲目性、随意性。教学不能没有思路，不能没有科学的思维程序，不能随心所欲，不能违背学生的认知规律。任何一个教师的备课过程实际上就是教学模式的构建过程。其中“自主—合作—探究”型教学模式是体现中学政治新课程高效能、高质量的教学模式。

高中思想政治“自主—合作—探究”型教学模式的教学程序主要包括：创设情景、导入新课，投放目标、自主学习，信息反馈、合作探究，师生互动、构建网络，巩固练习、迁移运用等阶段。

一、创设情景，导入新课

根据教学目标，创设情景，导入新课，这是教学的起始环节和重要一环，也是学习活动的定向阶段。在课堂的起始阶段，能否迅速集中学生的注意力，把他们的思绪带进特定学习情景中，对一堂课教学的成败起着至关重要的作用。正如托尔斯泰曾说，成功的教学所需要的不是强制，而是激发学生的兴趣。而要让学生精神饱满、积极主动地学习，一方面需要创设问题情景，激发其主动学习的兴趣，启迪其思维，使其明确探究的方向；另一方面，又需要引发学生回忆原有知识结构中的知识和经验，为其探索新知的过程做好铺垫，促进知识的正迁移。高中思想政治“自主—合作—探究”型教学模式导入新课的方法，可以充分体现教师的个性，发挥教师的创造性。具体方法如下：

（1）时事或故事导入法。

（2）从学生的日常生活着手导入新课。教师可联系实际，创设真实的问题情景，提出疑问，从而引起学生的有意注意和积极思维。

（3）设置悬念，引发探究。悬念的设置可以给学生形成一种急切期待的心理状态，具有强烈的诱惑力，能够激起学生探索知识的浓厚兴趣。这是教师用来设计导入新课的一种常用方法。

（4）利用直观，创设情景。实物、教具、投影或计算机往往比语言更有说服力和更具有真切感。

当然，导入新课的形式还远不止这些。但是不管采用什么方式导入新课，都应当生动有趣、引人入胜，尽量给学生审美情趣上的满足，进而在传授知识、启迪智慧、陶冶情操诸方面取得好的效果。需要注意的是，思想政治课的内容与现实和学生的生活关系密切，教师可以选择热点材料，从生活中提取材料。

二、投放目标，自主学习

在学生进入问题情景的同时，老师要及时发放学案，投放目标，使学生认知本课目标。学生则要明确这节课将会学习到哪些知识和方法，知道本节课的重点和难点，并带着积极的兴趣，自觉地、主动地投入学习，阅读教材或查阅工具书。需要注意的是，目标的制定既要遵循《普通高中思想政治课程标准》（实验），又要立足学生实际；目标的投放既可以与学案同步进行，也可以有针对性地分解到教学的各个环节当中；要将发展性目标和基础性目标摆在同等重要的位置上。例如，我们在学习《经济生活》“影响价格的因素”这一课时，可以投放如下教学目标：①影响价格的因素有哪些？②这些因素是如何影响价格的？③独立思考：影响供求关系的又有哪些？④讨论“货真价实”“物美价廉”“物以稀为贵”的含义。

三、信息反馈，合作探究

在学生依据学案、自主学习的同时，教师应注意通过巡回指导、适时点拨来指导学生的自学；发现问题，采集信息，掌握学生的学习情况。高中思想政治“自主—合作—探究”型教学模式一开始就满足了学生的这种需要，给予了学生充分而自由的思考时间，把学生推到了学习的主体地位。而一旦学习成为学生自身的需要，学生就会由“要我学”转变为“我要学”。在这种动机的支配下，学生在尝试思考和解决问题中遇到困难就会主动地通过自学去探索，自觉接受教师的指导。而在依靠自己的力量最终使问题得到解决后，他们便会产生成功的喜悦，这种喜悦又成为促使他们更加积极主动地去探究、去学习的一种巨大的精神力量。

例如，我们在学习思想政治必修1《经济生活》“树立正确的消费观”时，可以这样设计合作探究：

课前准备：让学生注意观察同学们的日常穿着、电子用品等方面的消费情况。

课堂探究：在引导学生探讨课本第20页的思考问题的时候，按照学生的兴趣和不同层次组成探究小组，探讨校园的种种消费行为和消费风气。经过激烈的探讨争论，同学们最终分成两种观点：一种观点认为，跟风随大流、从众心理、求异心理、攀比心理引起的消费行为是不可取的，大家对求实心理主导的消费表示积极的认同。另一种观点则认为，求异心理、追求与众不同、标新立异所引起的消费行为是很酷、很帅的行为，应该积极认可。

四、师生互动，构建网络

建构主义认为，知识是个体在与环境交互作用的过程中逐渐建构的结果。学生借助已有的知识和经验，通过独立自主的探索，积极主动的交流，自觉的建构新知等方式获得知识。只有通过这样获得的知识才能使学生积极认可，进而自觉地贯彻到日常言行中，知行合一，这样就可以避免知行不一、表里不一现象的发生，为实现思想政治培养德智体统一发展的目标奠定良好的基础。

五、巩固练习，迁移运用

当堂达标训练、迁移拓展知识是巩固拓展知识、发展智能、培养学生迁移能力和创新能力的重要环节。在这一环节中，要紧扣高中思想政治教学目标，设计能够巩固知识和促进知识迁移的训练题目，让学生当堂独立完成。教师的主要任务则是巡视学生答题的情况、组织讲评，重点展示解决问题的思维过程。对学生达标训练中出现的问题，教师在及时纠正后，应适当补充立足教材但又超越教材、有一定思维障碍的训练题目，给学生内化整合的机会，进而形成个体的创造能力。另外，课堂练习的题量要适当，难度要适中。一般把课堂练习的时间控制在5~10分钟。

教学过程应该是一个互动生成过程。杜威（美国）的“做中学”理论认为科学教育不仅要让学生学习大量的知识，更重要的是学习科学研究的过程和方法；教学过程是一个结合学生生活经验进行的过程，学习是学生经验连续不断地发展、变化的改造过程。“自主—合作—探究”型教学模式还是有一定的可操作性的。

以下附笔者的一个实践“自主—合作—探究”型教学模式的教学设计。

教学环节	教学内容	教学活动		设计意图
		教师活动	学生活动	
导入新课	复习“物质”概念并导入新课	复习“物质”概念导入“物质的存在方式”是什么的内容	复习“物质”概念	导入“运动”概念

（续上表）

教学环节	教学内容	教学活动		设计意图
		教师活动	学生活动	
创设情景 激学导思	（一）运动是物质的固有的属性 1. 运动 2. 运动和物质的关系 3. 运动和静止的辩证关系	环节一：看视频（广州四中95周年校庆），回答问题 问题1：广州四中95周年以来，变在哪里，列举三样来看看 问题2：校园环境发生了哪些变化 问题3：校园环境中有没有相对没发生变化的	1. 学生看视频完成学案中的问题1～3 2. 学生回答问题1并完成例1，让学生得出结论：运动、物质与运动的关系 3. 学生回答问题2、3并完成例2，让学生得出结论：运动与静止的关系	视频充实教材；思考三个问题，理解两对关系；例题加深学生对概念和两对关系的理解
创设情景 激学导思	反对关于“运动与静止的关系”的两种错误的观点 （1）形而上学的不变论 （2）相对主义和诡辩论	环节二：讨论辩题，突破难点 1. 问题4：辩一辩：校友借书——还与不还，提出辩论问题，启发学生思考，对运动与静止的关系的两种错误认识 2. 练习中巩固学生辩论中得出的结论，分辨出对运动与静止的关系的错误认识	1. 讨论问题4：辩一辩：校友借书——还与不还 校友归宁，师生团聚。我见到上一届的学生王某，要他归还之前向我借的《经济生活》课本被拒。他说：“他已经不是半年前的他了，如果要还，就去找半年前的他还。”你们认为他应不应该把课本还给我？如果要还，你是我，他的政治老师怎么和他讲道理 2. 完成例题3，得出结论（学生说出）：物质世界是绝对运动与相对静止的统一，否认任何一方都是错误的。并分辨出来	观点碰撞激发学生兴趣，利于学生对知识点的进一步理解；提升学生对哲学观点的思辨能力和语言表达能力

（续上表）

教学环节	教学内容	教学活动		设计意图
		教师活动	学生活动	
创设情景 激学导思 学以致用	（二）运动是有规律的 1. 规律的含义 2. 规律的特点 3. 自觉遵循规律，并认识、利用规律造福人类	环节三：图片展示 在广州四中95周年的校庆上，进行了广州四中国家级示范性高中的挂牌仪式。广州四中的示范性高中是经历了市一级、省一级到国家级示范性高中一步步发展过来的。展示领导们的教育理念 问题5：广州四中经历了不同的校领导，或许有不同的教育理念，但它们有没有共同点促使四中发展的 问题6：他们的成功对我们的启发	1. 学生回答问题5：广州四中经历了不同的校领导，或许有不同的教育理念，但它们有没有共同点促使四中发展的？得出结论：他们都遵循教育教学规律。引出：规律和规律的特点 2. 学生完成例4，能归纳得出结论：分层解释规律的概念 3. 学生回答问题6并完成例5，归纳出结论：我们想问题、办事情，要自觉遵循规律，并认识、利用规律造福人类	发现学生对规律的理解误区并加以引导，更具实效性； 通过探究，加深对规律客观性和发挥主观能动性的理解。理论联系实际，感悟按规律办事对个人和国家的重要性
小结	课堂小结	结构图引导归纳；突出方法论指导	思考：物质、运动、静止、规律、主观能动的联系	学习习惯方法培养
迁移拓展	练习巩固 布置作业	从“2012广州市马拉松”引发的思考	完成问答题例6	学以致用提高能力
自我反思				

参考文献

[1] 张德水，韩鸿尤．中学思想政治课教学法．青岛：中国海洋大学出版社，1990.

[2] 程晓堂．论自主学习．学科教育，1999（9）.

语文教学中的互动课堂教学模式探究

赖奎光

【摘要】课堂教学过程就是一个人际互动过程。在实际的教学活动中，应该采取以学生发展为本，提高学生的实践能力和学会学习的“师生互动、生生互动、学习个体与教学中介的互动，强化人与环境的交互影响，产生教学共振，达到提高教学效果”的中学语文课堂的教学模式。本文是基于笔者个人教学案例，结合课堂教育实践，介绍高中语文课堂互动教学的模式建构以及提供了教学的实施策略。

【关键词】互动　课堂教学模式　教学情景

经过一个学期的努力，笔者所任教的高一（10）班在统考中意外地取得了语文全级第一名的好成绩，正所谓是意料之外，情理之中。其实，能取得这样的成绩，跟平时在课堂上采取的互动课堂教学模式进行教学不无关系，在此，笔者将结合课堂教育实践，浅谈互动课堂教学模式。

一、语文课堂互动教学模式内涵分析

我国教育社会学学者何浩峰在《简论课堂互动教学设计》中论及：“课堂教学过程就是一个人际互动过程。”而作为一种人际互动，具体指在课堂这一特定情景下，发生在师生间、学生间的一切交互作用和影响，是师生各自人际互动系统中的一种特殊和主要的形式。

由此，我们认为，在实际的教学活动中，应该采取这种以学生发展为本，提高学生的实践能力和学会学习的“师生互动、生生互动、学习个体与教学中介的互动，强化人与环境的交互影响，产生教学共振，达到提高教学效果”的中学语文课堂的教学模式。

二、语文课堂互动教学模式的实施策略

1. 设置互动的教学情景，形成良好的教学氛围

课堂教学中的情景一般有两种：一是由教材引发的情景；一是属于学习者的心理情景。心理情景，主要指竞争心理和合作心理。心理情景大体属于非智力因素，在互动教学中主要包括“三感三心一心理”，即责任感、义务感、荣誉感；自尊心、自信心、好胜心，以及群体合作心理。它们能使学生产生良好的学习情绪，形成学习动力。通过情景作用于认知，形成“情景—认知—情景—认知”的纵向互动；情景间还产生横向互动，即教材情景与心理情景互动，增加互动错综性。这也是互动教学特色所在，它的交错互动提高了情景的能量释放程度。

（1）从教材出发，营造相关氛围情景。

例如在教学《宝玉挨打》时，课前放红楼梦主题曲《枉凝眉》创设情景，在优美婉转的歌声中抒情导入，而后配乐范读课文，用动情的朗诵紧抓住学生的心。这就是恰当利用了多重情景的交错作用来营造课堂的互动氛围。

（2）给学生一味兴奋剂，创设“可乐”的课堂心理氛围。

师生间产生感情的共鸣与特定的情景、心境有关。渲染课堂气氛，创设情景尤为重要。语文教师的情绪和精神状态，直接影响课堂气氛和学生精神状态。要保持乐观的情绪和昂奋的精神状态，从而刺激学生的兴奋神经，为学生的创造性活动提供广阔的思维场所。要在每节课开始一两分钟内，诱发学生的兴奋点，吸引住学生。因为，这犹如小提琴演奏，弓一上弦，第一个音符就定下了乐曲的基调；又如下棋，第一着棋出动，就直接关系全盘的输赢。例如在教授《阿Q正传》的课程时，要几个学生结合小说中人物的言行举止进行现场演绎。通过学生参与的“乐不思蜀”创设了“可乐”的课堂心理氛围，也就取得了我们所要求的教学效果。

（3）情景交融，促进教材情景与心理情景的互动。

在中学语文互动教学过程中，可通过引导对教材中情和景的感受与体验，创设情景交融的情景，实现教材与心理情景的横向互动，使学生的求知活动达到更深的层次，使学生学习的积极性达到高潮。

2. 采取有效的互动措施，提升课堂质量，提高教学效益

具体可采取以下的教学环节来进行：

（1）恰当把握，激发时机，引起需求，增进互动。

学习离不开动机、愿望和需求。对学生来说，学习兴趣是构成学习动机的最现实、最活跃的成分。因此，互动式语文教学要在“趣”上做文章，创设情景，以情激趣，并从教学的具体内容出发，从师生的实际情况出发，把握课堂互动的最佳时机，充分发挥课堂互动的优势。

如教授《蜀道难》一文时，先展示蜀道的图片做导入，引导学生的想象，以激发学生的感情；并在小组内互相交流，教师也参与其中，为切入主题做好铺垫。同时，为学生积极想象、敢于表达创造了条件，调动了他们学习语文的愉快情绪，营造了一种轻松自然的课堂氛围。

（2）凸现主体，强化互动，合作体验，内化知识。

在课堂上落实和凸现学生的主体地位，既是新课程对教师的要求，也是学生能力发展的需要。在课堂的互动中，通过感知、理解、体验、参与、合作、表达来体现师生、生生之间的相互交流，感受成功的愉快，拓宽知识面，使学生成为课堂的主人、学习的主人。

（3）善教乐学，激活互动。

课堂互动要求双向主动，即做到善教与乐学，不仅在形式上实现互动，而且在精神上实现互动。

教育家魏书生有两句名言，“一件事情有一百种做法”“一句话有一百种说法”。这就是说，作为教师，要允许学生畅所欲言，发表不同的观点，要科学地运用“无错原则”来评价学生的每一次发言。因此，教师要以恰当的评价行为，捕捉学生的闪光点，让学生体验成功的喜悦，形成良好的生生、师生的互动过程。所以，一句口头的表扬、一个热情鼓励的目光、一次表现机会的给予，都能树立起学生的自尊、自信，帮助学生驱逐心灵上的阴云，使整个教学过程沉浸在和谐、纯洁、疏朗的氛围中，从而展开思与想的碰撞、心与心的接纳，有质疑、批判的胆量，产生标新立异的观点。

乐学是教学互动的另一个重要方面。学生的乐学应体现在能动性发挥和创造性的展现。在教学过程中，学生学习的过程不应是消极的等、靠、听、记，而应让其积极主动地去思考、去发现，主动地去探究新知，主动地追求进步与发展。只有通过学生自己动脑去思考，才能真正理解所学知识，促进思维的发展，开发学生的智力，增进学生的智慧。同时，要把学习的过程表现为一种学创结合的过程。学生作为学习的主体，应在教师的引领与指导下，参与创新，学会创新。创新注重知识的综合，注重否定与批判，注重借鉴与超越。

探究课堂教学质量和效益的提升

梁幼静

【摘要】课堂教学不仅是一门科学，也是一门艺术，在课堂上教师、学生、教学内容三者之间存在着相互作用。教师要进行成功的教学，不仅要学习新课程标准理念、理解其内涵和意义以及操作方法，重要的还是要在情感上认同。本文将对课堂教学质量和效益的提升进行一些探究，并提出一些粗浅看法。

【关键词】兴趣　课堂教学　评价方式

随着社会的日益进步，尤其是科学技术的高速发展，整个社会对学校教育课堂教学提出了更高的要求。教师要进行成功的教学，不仅要学习新课程标准理念、理解其内涵和意义以及操作方法，重要的还是要在情感上认同，大胆去除传统模式化教学的束缚，根据新课程标准教学的理念将其自觉运用于自己的教学实践中，主动地摸索、反思，积累教学经验，探索出适合不同学生的教学风格的方法。

教师要激发学生的学习兴趣。兴趣，是一个人积极完成一件事的重要前提和条件。教师根据课堂内容创设问题情景，激发学生兴趣。创设问题情景是在教学中不断提出与新内容有关的情景问题以引起学生的好奇心和思考，是激发学生学习的兴趣和求知欲的有效方法，也可以培养学生解决问题的能力和信心。

精巧的课堂设计是情感教育的“主心骨”，可以吸引学生的注意力，激发学生学习的兴趣，也是提高教学质量的关键所在。首先在情景创设中要以学生感兴趣的历史故事或活动为题材，诱发学生的求知欲；在教学过程中要积极点拨引导，充分发挥历史学科自身的魅力；然后抓住结束环节，设计悬念，让学生感到课虽尽，意无穷，留下难忘的印象。

激发学生的学习兴趣的另一个重要因素是教师要不断为学生提供学习中成功的机遇，使学生在学习中能不断产生兴奋感和成功感。在具体教学过程中，我们可把学生分成三类：优生、中等生、后进生，同时把问题也分成三类：偏难题、中等题、简单题，让不同层次的学生去解决不同层次的问题，实施分层教学。这样的安排可以让不同层次的学生都能捕捉到成功的机遇，获得成功的喜悦，从而建立起自信，这样就能够更积极主动地参与学习活动了。授课中，教师和学生建立平等的地位，像朋友一样讨论教学内容，走进学生心里，使他们消除心理障碍和压力，使“要我学”转变成为“我要学”，促进学生的兴趣和自信心的养成。

课堂教学不仅是一门科学，也是一门艺术，在课堂上教师、学生、教学内容三者之间存在着相互作用，应创设好的教学氛围，建立良好的师生关系。良好的师生关系，可以为师生提供一种舒畅、融洽的心理环境。在这样的环境下，学生从心理上会形成接纳教师的教育教学倾向，使教学取得预期的效果。建立良好的师生关系，这就要求教师真正地去关爱每一个学生，尤其在学生学习上遇到困难的时候，要不断鼓励他们，帮助他们，千万不可以讽刺学生、挖苦学生，避免挫伤他们的自尊心和学习积极性。这时候要针对他们的特点找出适合他们的学习方法，这样不仅增强了学生对教师的信赖，也增进了彼此的了解，从而使学生真正把教师当成自己的朋友。教师只有真正去爱学生，关心学生，才能让学生愿意与你交心，愿意把你当成朋友，这样才能促进教师与学生之间的沟通，才能建立和谐的教学环境。课堂教学是师生双边的活动过程，在教学过程中要积极引导学生最大限度地参与，提高学生的学习热情，要用生动、具体、富有感染力的教学环节去吸引学生，激发他们的学习动机，调动他们的学习积极性。为学生创设适宜的乐学情景，使学生在良好的氛围中发挥主导作用，轻松、愉快地学习。

建立民主、平等、和谐的师主关系，让学生放胆交流，敢于创新。新课程标准认为，教学是师生交往、互动与共同发展的过程，教师是课堂气氛的调节者。在课堂教学中，为了营造学生自主发展的课堂氛围，教师应以平等的态度去热爱、信任、尊重每位学生，满足学生的发表欲、表现欲，鼓励学生大胆创新。教学中，只有在民主、愉悦的课堂气氛中，学生的学习热情才会高涨，参与课堂教学活动的积极性才会更高。可见，创设民主和谐的心理环境和自主参与的教学情景，是学生主动创新的前提。在课堂上应给学生提供大量观察、思考、活动的机会，使教学更容易体现“提出问题—相互交流—汇报总结—巩固实践”的开放式课堂教学模式。

建立多种评价方式，让每一位学生都能在学习中获取不同的体验。开放式的教学允许学生保留自己的不同观点，对同一个问题，学生可以有不同的解决方法，每一个学生的观点都是受尊重的。开放式的课堂不再以教师为唯一的评价主体，学生也成了评价的主体，学生在评价别人的成功和被别人评价为成功的过程中满足了好奇心，获得了探求新知识的激励。教师应发挥表扬的激励功能，使学生乐于创新。在课堂中应巧妙运用激励性言语，激发学生创新的欲望。如当某位同学提出创造性的解法时，就以他的姓氏命名为“×氏解法”，号召全班同学向他鼓掌，对他说“×××，你真棒”；当某位学生的创造性解法不够成熟完善时，教师下课后和他一起探讨；当学生的创造性解法明显不对时，教师首先肯定他的创新意识，然后帮他分析错误的原因。通过这些激励性的措施使学生产生积极的情绪体验，保护其创新的热情。

现代课堂教学不仅仅是让学生取得一个装知识的百宝袋，而是从多方位、多角度促进学生全方位的发展。如何在教学中更好地应用开放式教学，如何为开放式教学提供更完整的理论体系，如何处理好开放式教学中“放”与“收”的关系，都是开放式教学在实施过程中所面临的问题。教师在钻研新教材、把握教学内容的前提下，适当地应用开放式教学，突出课堂教学的人性化，体现以人为本的科学发展理念，对于学生的自主发展、创新思维的培养、实践能力的提高都将有很大的帮助，也是实施素质教育的一个有效途径。

在当代教育历史进程中，教师是教育的思想者、研究者、实践者和创新者。没有教师生命质量的提升，很难有大的课堂教学质量的提升；没有教师思想的解放，很难有学生的主动发展。顺应时代发展要求，教师要加强学习，不断增强自身专业修养，提升教师素质。只有这样，课堂教学质量和效益的提升才有保障，学生的发展才能有依托。

参考文献

[1] 郑金洲. 教育通论. 上海：华东师范大学出版社，2002.
[2] 罗崇敏. 教育的智慧. 北京：人民出版社，2010.

探究认知与实践紧密联系在通技教学中的重大作用

——对通用技术教学成效的反思

黄文忠

【摘要】 认知与实践紧密联系在通技教学中的重大作用，是一个在教学里都被熟知，但不容易实现的问题。本文通过反思笔者三年来通用技术教学中的成效，提出在通用技术课程里一些认知与实践相互联系的途径和注意事项。

【关键词】 通用技术 均衡发展 有效教学

知识与技能是教学的三要素之一，处理好知识与技能之间的关系是完成每一节课的根本要求。但是知识与技能在不同学科，甚至不同教学内容的主次程度是不一致的，这需要我们就不同学科的具体要求加以处理。对通用技术这一课程来说，从整体上来看，笔者主张以技能为主的教学方向，但同时也必须清楚知识技能只有均衡发展，才能有利于每一个教学内容的有效实施。

笔者所探究的问题是认知与实践紧密联系对通技教学有效化所起到的作用及实现方法，这是从教学策略的角度就知识与技能的关系进行的更细化的研究。认知不是纯粹指理论的知识，而是学生在教学过程中的感知及认识到的东西。实践是技能在学生体验下的实现形态。成功的教学体现在学生对知识与技能的掌握程度，所以从学生方面进行谈论更有意义。

通用技术课程发展至今，比起其他课程算新，但也渐渐接近稳定，形成相对固定的教学策略的阶段。正如顾建军老师所分析的，从宏观上，通用技术课程推进水平的不断提高与各校各地实施状态的不平衡是其主要特征。这种不平衡在微观上的表现之一就是认知与实践的不平衡发展。顾老师还指出这些不平衡往往都与其主体对通用技术教育价值的理解及选择有关。笔者认为导致通技课程中认知与实践不平衡的原因有以下三个方面：

第一，教材的引导性体现了认知与实践的不平衡，苏教版的教材在内容上重视认知的引导作用，有着详尽的案例帮助学生理解教学内容，而广东版的教材则侧重于技能的实现与实践要领，列举了大量的技术要素。

第二，教师价值取向导致教学方式不同，表现出认知与实践的不平衡，部分学校侧重以案例为线索开展通技教学，而部分学校却是主要以实践操作为契机，采取渗透教学。

第三，地方条件等客观因素也影响到认知与实践的不平衡，例如工艺课程，要求学生掌握一定的工具使用技术，教材提供了一些木工工具的使用信息，但不是所有的学校都能提供充足的条件，那这些内容要么只能讲解，要么只能换成别的工艺。

虽然导致通用技术课程认知与实践不平衡的因素有客观与主观之分，但笔者认为主观方面的因素是必须克服的。认知与实践的不平衡实质上就是没有充分实现认知与实践的互补作用的结果。因此妥善处理认知与实践的关系是教学中刻不容缓的一大问题。

在笔者三年的通技教学历程里，经历过从最初的“纯知识讲解”到“知识之中体现实践”，到现在的“强调实践探究”的教学策略的转变。但笔者发觉虽然教学策略改进了，所带来的效果却并不理想。从学生多次反馈的信息可以看出，学生对知识的认知程度局限于教学内容并且容易遗忘，存在着不能在实践中运用知识解决问题的现象。究其原因在于没有处理好认知和实践的问题。没有让学生在认知与实践之间搭建起一条相通的桥梁是教学得不到满意效果的主要原因。通过充分收集可以为学生带来丰富多彩的案例，通过精心策划实践活动可以让学生愉快地学习。但就算一堂课让学生对知识有再深刻的印象，没有了实践的运用也只会是缥缈的烟尘，一堂实践课不管多么活跃，没有了学生认知的引领和使认知升华的成果也只不过是一次美好的回忆。唯独让学生的认知和实践相互促进、平衡发展，才是我们所希望看到的结果，也是实现通用技术教学有效开展的保障。

在通技教学中要做到认知与实践紧密联系，在现实中并不容易，在这几年的教学经验里，笔者认为要实现必须处理好以下问题。

第一个问题：认清认知与实践在教学中的主次。

通用技术是一门实践性很强的学科，许多内容必须要求学生亲身经历才会掌握，特别是技能性很强的内容。从这点看，实践在课程中应提到主体的地位。例如《技术与设计 1》中“工艺”的一节，要求学生认知一些工艺加工的方法。单纯以展示的形式，选取若干种工艺进行介绍只会是走马观花，收不到实效。因而教学上建议以某一实践活动，让学生通过使用工具体验工艺加工设计。

第二个问题：怎样实现认知与实践的相互联系。

首先，要实现认知与实践相联系，必须确保认知与实践部分内容的相互匹配。这里的匹配是指在通用技术的教学内容里，要求学生掌握的知识与技能是对应的。譬如，在学习设计的一般方法时，我们要求学生注重成本。当然要让学生认识成本对设计的影响，我们可以举出许多现实的例子，如设计太空中使用的墨水笔等加以证明，学生也很容易理解设计需要考虑成本。但问题就出现在怎样确保学生在设计中考虑成本，怎样反映学生在实践中考虑成本。为了实现这点，一般的做法是要求学生提交设计作品的材料清单，并注明价格。但这只能够让学生在设计中注意到成本，并没有体现考虑成本对设计的影响。因而一般布置一项设计任务时，笔者会限定每项设计的金额。另外匹配还体现在实践对认知的针对性上，笔者并不喜欢让学生做过多综合性的实践活动，因为这种做法的侧重点不明显，体现不了某一教学内容的学习情况，而且综合性的实践活动在课时上不便于安排。我们可以考虑让学生在课堂上完成一个设计中的某一环节。某学校的老师在讲授“怎样挑选材料”一节时设计了一个实践活动，要求学生选用给出来的几种材料制作一个亚运吉祥物公仔，然后就做出来的公仔的选材进行分析。这个设计的实践内容与理论知识是一致的，但问题就出在实践活动时没有突出“如何选材”的内容，制作一个亚运吉祥物公仔的方法过多，无法体现选材的一些要领，从而难以归纳方法。如果为这堂课设计一个实践活动，笔者认为可以这样考虑：第一，了解教学重点，挑选材料这节内容主要是让学生学会根据现实的要求，考虑材料的特性进行选材；第二，设定实践活动的中心点，对几种材料的某些特性进行对比选择；第三，围绕中心设计情景和要求，提供报纸、玻璃纸、塑料膜，要求包装一本书；第四，设计体现材料特性比较的过程，要求学生利用对比表格，帮助梳理选材的分析过程。

其次，要灵活调整认知与实践在教学中出现的先后顺序。对于技能性很强的教学内容，实践固然重要，但必须确保在实践之前学生有足够的认知水平。这是因为学生必须明白实践中要运用的知识，才有可能有针对性地运用知识解决问题，只有理解、清楚自己要做些什么事情，才可以事半功倍。特别是在新授课时，我们更希望学生能通过实践加深对知识的认知，而不是侧重于考验学生对知识运动的灵活性。另外，这样的处理可以提高实践过程的安全性，毕竟通用技术使用的设备存在一定的危险性。例如，我们学校开设的木工工艺课程分三个阶段进行：第一阶段，先了解木工常用工具及使用方法，在学生尝试使用这些工具之前，通过理论课程、观摩视频、老师演示来提高学生对工具的认识度；第二阶段，先让学生制作一个方形小笔筒，在学生动手操作前，老师会就学案让学生预习制作方法，来解决一些制作工程中常犯的错误，从而避免材料的浪费；第三阶段，让学生利用木料制作某一特定题材的作品。过于综合实践活动必须分阶段，并且每个阶段在动手之前必须先让学生有一定的认知水平才能让实践活动达到效果。而对于理论性比较强的教学内容，讲究的是学生对知识点的认知，但通用技术的知识点相对抽象，淡出理论分析无法让学生准确理解知识点的作用。这种情况实践应该先于认知。例如，《技术与设计 2》结构的强度中，提到结构的强度与横截面形状，课本列举出相同横截面面积不同形状的管材的强度顺序图，但单靠这些信息是解答不了学生对该知识点的疑惑的。所以可以先做实验证明，用有一定硬度、大小一样的纸皮折出那些管的形状进行承力试验。试验结果可以很好地解答学生心中的疑惑。实践是检验真理的唯一标准，通过实践验证可以解答课文中许多抽象的知识点。

总而言之，在通用技术课程中体现认知与实践的联系作用，就在于认知与实践的灵活搭配，步调一致。

体验性学习在通技课程中的有效实施

黄文忠

【摘要】新课程提倡体验性学习，通用技术这门课程采用体验性学习更是如虎添翼。本文就有效开展体验性通用技术学习进行讨论。其中重点分析了体验性学习在通技课程中的有效化的条件，并结合教学经历总结进行体验性通用技术学习的有效措施。

【关键词】体验性学习　通用技术　教学方式

通用技术是一门以提高学生技术素养、培养学生创新能力为主的课程。要实现教学目的，让学生进行实践体会是必不可少的。恰好，体验性学习强调人们内省、体察自身经历过程中的情感、行为、事物，最终认识某些可以言说或未必能够言说的知识，掌握某些技能，养成某些行为习惯，乃至形成某些情感、态度、观念的实践性学习方式。因而，在通用技术上采取体验性学习是正确的。

一、体验性学习在通技课程中的有效化的条件

体验性学习，能培养起学生积极主动的学习态度、独立探究获取知识的能力，养成团结协作的合作精神以及积极向上的精神风貌，这些都是我们的教学追求。但是问题在于体验性学习如何在有限的正常教学时间内发挥效果。特别在通用技术的课程上进行体验性学习，没有一定的基础技能，体验学习是低效的，甚至是危险的。试问没了解过这个学生的技能水平，你敢让他拿锤子钉钉子吗？在初中的科技课教学里面，这点体会非常深刻。特别是城市里面的孩子，在某些层

面生活能力相当薄弱，笔者曾经为没有教学生如何使用打气筒上发水火箭而懊悔，为看到学生不小心用剪刀划破自己的手而担心。因此我们认为，体验性学习必须以基础知识学习为前提，以观察和阅读为开端。

通用技术教学，成功的关键在于吸引学生的注意力。这里所说的注意力有两层含义：第一层含义是指让学生重视这门课程，意识到这门课程的价值；第二层含义是能把学生的注意力引导到教学目标上，实现质的飞跃。

体验性学习可以把课本中难懂、抽象的知识要点变成生动具体的实例，便于学生理解。例如，广东人教版《设计1》在第3～5章分析设计的一般过程，以制作六面广告宣传灯的体验过程进行教学。学生在完成了任务后，对于设计的一般过程也会有了实质性的认识。笔者非常赞同在这个知识点使用体验性学习。虽然无法做到把课文中每一个概念性的知识点讲解透彻，但换个角度看，设计应该重于运用方法而非归纳方法。体验用一种方法去解决问题，更胜满脑子的“发散思维”。

体验性学习要达到这样的效果，很大程度是建立在体验成功的基础上。这学期笔者尝试按照这种教学理念去开展课程，最终出现了两极分化的效果。特别是在制作灯笼这一环节，有些学生根据教学安排最终递交了一份近乎完美的作品，这门课程的其他方面都表现得相当优秀，甚至积极参与课外活动；而那些屡屡失败的学生，信心大减；更甚由于以小组形式开展活动，不良氛围会迅速传染到别的有意向的学生身上。体验成功是推动通用技术课程的神丹妙药。哪怕是一点点的成就，都可以激发学生的自信而前进。在这次制作中，某个小组在信息收集、设计方案阶段做得相当不错，但后来却迟迟没有交作品，原来他们无法设计出满足原定方案的电路因而整个组的进度就停下来。后来看这组学生的半成品，从外形和结构来看，这个作品挺美观的，采用了玻璃纸作外层，还画上了精美的卡通图案，结合了传统的表现方式和学生活泼的特质。笔者于是把自己欣赏这个作品的地方都告诉他们，还承诺如果能完成，一定给满分。学生们也做出承诺，会把它完成，还主动询问老师电路实现的方法，最终按时实现让灯笼轮流变更颜色的效果，完成制作。

从教学的普遍性角度看，体验性的内容应该是能让绝大学生都有能力体验成功的内容，在这些内容的基础上允许有能力的学生进行扩展。因此，在通用技术课程里头要有效进行体验性学习的准备条件是通过选取恰当的学习内容让学生体验成功。

二、体验性学习在通技课程中的措施

1. 教在前练在后，基础做前提，体验成享受

就像要在铁板上打个洞，得先做个冲眼。要提高通用技术的教学效率，就必须让学生在动手体验之前，有一定的感性认识和理论基础。举一个典型的范例：在纸上画个正六边形，高一的学生不至于不会，但在通用技术课堂上，要求学生锯个六边形的木板，问题就来了。总结出来有两个主要原因：第一，没有实现知识迁移，在学生脑海里正六边形就是六边相等，每个内角是120°，却没有想到正六边形各条对角线都是相等的，分出来的每个小三角形是等边三角形；第二，工具使用不灵活，在没有圆规的情况下就不懂得用墨线代替；第三，过于自信或者是随意应付，既然没有需要的工具，就来个霸王硬上弓，拿起锯子就去干。

在课堂上取得效率就得善加控制，能放能收。而体验前的示范性和理论性教学就是引导学生知识迁移、认识仪器、尊重规矩的强力手段，没有了它，你的体验是没有头绪、漫无目的的，且最后多以失败告终。

2. 打破传统教学模式，让体验性学习成为课程间的衔接点

由通用技术课程的出发点和难度来看，单纯的授课练题模式无法满足通用技术课程的需要。学生学习的是对事物本质及其规律的分析能力、优于生活的基本技能、群体合作的团队精神，这些内容没有通过学生亲身体验，进行思想碰撞是不深刻的。只有量和难度控制恰当，体验性学习在课前课后进行才是有价值的。

例如在讲述“交流与设计”时，要求学生能够判断出怎样的行为是技术交流，具体属于哪一分类。这个要求存在着两个要点：第一，要学生清楚什么是技术交流；第二，技术交流应用类型是多样化的。在讲这堂课之前，笔者布置了一个自选作业：①要求学生就购买一样物品时所做的事情归纳一下；②归纳某一产品在推广过程中运用了哪些媒体形式。上课的时候就学生的一两个典型例子加以分析，通过深刻的体会，要理解这两个要点就容易多了。

而课后的体验是为了让学生学以致用。这是提高学生对通用技术课程的重视程度的有效保证。笔者所在的学校要求通用技术课程不得占用正常上课的课余时间，平时只能做些堂上训练。课程跨度大，不常用的知识遗忘率大。为了解决这个问题，我们可以利用研究性学习时间或者节假日时间开展一些竞赛式实践课题，让学生动动脑子，使其学有用武之地。

3. 师生共同体验学习，发扬师生、学生间的良性竞争意识

这一点是针对高一学生的心理提出来的，高一学生好胜心强，对新鲜的高中

教学模式兴趣浓厚。假如教师在教学过程中能表现出亲切、有个性的形象，对教学开展是有利无害的；而且通过师生共同的体验性学习，可以促进老师增强在自身技能水平方面的提高。例如，在纸张形状承受力测试的试验里面，教师的成功演示是这门课的一大亮点。通过教师的演示，能明确试验的规范化，而教师做出不可能般的记录又是学生挑战的最大目标。

另外，教师对体验内容的事前实践，有利于控制教学难度，顾及普遍学生的能力，务求体验成功概率大，从而充分发挥体验性学习的效果。

4. 形式不是最主要，反思却是不可少

体验性学习可以让课堂充满活力，但课堂气氛不是我们的最终目的。而是通过课堂教学形式多样化这种手段，带给学生实质的知识和技能。反思是知识技能固化的一个必要环节。常用的反思途径有以下三种：

（1）场景判断法：要求学生对一些场景加以判断，说出所体现的知识点；

（2）现场对质法：在完成某项任务后，要求学生就某一制作过程进行汇报；

（3）思路引导法：要求学生就多个相同的事例做共性的归纳和文字说明。

除了上述四点主要措施外，笔者认为，教学任务明确具体，评价公平公正，做好体验记录也是不可忽略的。前两个方面是教学规范化的要求，后者是教学发展的需求。总之，在通用技术教学过程中体验性学习的有效实施值得我们深入探究。

体育自主学习的综述研究

鞠秋爽

【摘要】自主学习不仅能有效地激发学生的学习兴趣、增强学生的学习动机，而且还能发挥学生学习的主动性与创造性。本文从自主学习能力的基本概念着手，分析自主学习能力在体育教学中应用的价值及培养途径，并提出相关的思考意见。

【关键词】自主学习 体育 综述研究

一、自主学习的概述

什么是自主学习，它的实质是什么，这是研究自主学习首要回答的问题。学者余文森（1999）认为，自主学习是指学生主宰自己的学习，是与其他学习相对立的一种学习方式。自主学习可以分为三个方面：一是对自己学习目标的事先计划和安排；二是对自己实际学习活动的监察、评价和反馈；三是对学习活动进行调节修正和控制。也就是说，学习的主体即学习者根据自己已有的知识基础与自身状况，主动灵活地运用不同的方法和手段去获取知识和技能的活动。

自主学习具有的特征为：学习动机是内在的或自我激发的；学习内容是自己选择的；学习方法由自己选择并能有效地加以利用；学习时间由自己计划或管理；对学习过程能够自我监控；能够主动组织和利用有利于学习的物质和环境；对学习结果能够进行自我总结、评价，并据此进行自我强化。

二、体育自主学习的意义

随着体育课程改革的进一步深入和发展，人们越来越清醒地认识到：过分重视运动技术的传授式教学方法，学生会形成单一、被动的学习方式。这些不仅助长了学生体育学习的依赖性，泯灭了学生的创造性，而且没有关注学生的情感体验，往往使学生感到枯燥、乏味，严重地影响了学习效果，制约了体育课程的改革与发展。只有学生处在主动积极、心情愉快的良好学习状态时，才能获得生动的学习效果。所以在课堂推行体育自主学习，培养运动兴趣和习惯，提高学生体育学习能力，不仅能解决学生“厌学”问题，还是实现体育教学目标、提高体育学习质量的有效途径，同时，自主学习也是终身体育构建的基石。

当下，自主学习在体育教学中的价值已得到认可，但是在实施过程中却屡遇困难，实际情况就是虽然老师具有较高教学改革的热情，也清楚自主学习的理念是先进的、有价值的，可是操作起来无从下手。究其原因，主要是缺乏强大的理论支撑，以至于实践的过程时常是形式主义、无的放矢的。

三、体育自主学习的特征

1. 主体性

主体性是自主学习的基本定位，自主学习强调学生的主体意识，将学生置于学习的主体地位，明确学生才是活动的主体，着重培养学生的积极性和创造性，把学生作为“自我活动、自我教育和自我发展”的主体，而非客体来对待，让学生从内心树立学习是为自己学的理念，确立学生在教学中的主体地位和培养学生在学习过程中自发的、积极主动的学习精神和态度等。

传统体育教育视学生为知识的容器和练习的机器，采用的是强制式、灌输式的教学，强调整齐划一、统一练习、统一要求，这种教学方式忽视了学生的主体地位和个性差异。自主学习最鲜明的特征是学生主体地位的弘扬，学生不是知识和技能的被动接受者，而是学习的主动建构者。体育自主学习能有效改善这种现象，将学生由被动接受，转换为主动学习，提升学习效率。

2. 独立性

独立性指学生的学习活动是任何人都不能替代的，只有学生本人才得以完成学习活动，学生自身必须做好自我管理，自主安排学习时间，选择学习环境。根据学习计划，探索采用合适的学习方法，自我思考，自我总结，期间还要克服学习中的惰性因素，达到预期的学习效果。这一过程，使得学生成了学习的主人。课外体育活动在体育自主学习独立性特征中表现得最为明显。

但这种独立性又不是绝对的，不可能完全脱离教师或他人的指导和帮助。就在校学生来说，其学习的许多方面，如学习时间和学习内容等，都不可能全部由自己来决定，也不可能完全脱离教师的指导，因而还有其依赖性的一面。

3. 能动性

自主学习有别于各种形式的他主学习，它是积极、主动、自觉地从事和管理自己的学习活动，具有自我能动性。体育自主学习就是要发挥学生的主观能动性，使学生产生对体育学习的浓厚兴趣，能自己设置学习目标，选择学习内容，明确学习目的，掌握体育锻炼的基本规律，用科学的方法指导自身进行体育锻炼，并能进行自我监控和评价，不断调整学习内容和学习方法，提高身心健康水平，奠定终身体育的坚实基础。

4. 有效性

体育自主学习有利于激发学生对体育运动的兴趣，从而积极主动地运用所学知识锻炼身体、磨炼意志，掌握提高动作技术的技能，以健康的体魄迎接学习和生活的挑战。体育自主学习有利于提高课堂教学质量，使学生养成体育锻炼习惯，培养终身体育学习能力。

四、体育自主学习能力的途径探究

冯国华对高中一年级的学生进行了教学实验研究，通过激发学生的学习动机、注重课堂的渗透、优化课堂学习方式、确立学生的主体地位等教学策略的运用，明显提高学生参与学习的主体意识，有效地提高了学生体育自主学习的能力和学生的运动成绩。

吴本连认为自主学习中教师只是引导作用，学习的几个环节需要学生自己完成，将学生放在教学的主体地位，发挥学生自身的自主能动性。

郝彩丽就自主学习在体育教学中的具体操作、实施过程中教师和学生扮演的角色和承担任务的变化、实验班与对照班学生体育成绩的进步情况、学生体育自主学习水平各指标体系实验前后的变化情况，以及学生体育自主学习水平与其体育成绩的相关性进行了实验研究，并给予了建议。

不难发现，体育课在自主学习方面的研究显得零星、肤浅，缺乏系统的梳理。从查阅的资料看，教育实践与研究上“关于学校体育开展学生自主学习的探索”、高等农业教育上“大学生体育自主学习能力培养的研究”、教学与管理上

“自主学习理论在体育教学中的应用”以及体育师友上“自主学习的探讨”等，更多的只是从宏观角度进行理论上的分析，对具体的实施步骤很少涉及，更多的是实践方面的摸索和个人经验总结，而对自主学习的具体实施过程还未形成系统一致的看法，并且对自主学习能力的评价没有统一的标准，建议性的语言较多。

综上所述，自主学习能力的培养在体育教学上是有必要的，终身体育是伴随人的一生的。在离开校园后，学生在校养成的锻炼习惯与运动能力，能为他们一生的体育锻炼和健康打下坚实的基础。

探究自主学习在课堂中的运用

王少兰

【摘要】建立自主学习的课堂环境，激发学生的自主学习兴趣；创设一个自主探索的空间，把学习的主动权交给学生；调动学生多种感官，让学生参与自主学习的实践活动；精心设计练习，诱发学生自主探索欲；联系英语学习实践，发展自主探索能力。在高中英语的学习中，教师要帮助学生在自主探索和合作交流的过程中，真正理解和掌握高中英语知识与技能、英语思想和方法，获得广泛的英语活动经验。

【关键词】建立　创设　调动　设计

自新课程实施以来，英语课堂的“自主性学习活动”越来越受到老师们的青睐，然而在实际教学中，老师必须在学生开展自主学习之前，先探明学生的实际情况，即学生的知识、技能、情感等方面究竟处于一种怎样的水平状态，他们的知识经验分别已知了什么，已有了什么。学生必须在已有知识的基础上，借助于已知的内容对未知领域做出自己的猜测，并进行实验、推理及解释。

一、建立自主学习的课堂环境，激发学生自主学习兴趣

课堂氛围指教学中包括老师在内的群体心理气氛，教学中注重让学生在愉悦、宽松、自由的气氛中学得自主、学得生动，使学生积极地动手、动口、动脑。如根据高一年级学生好动、好奇的心理特点，在课堂中设计更多的语言运用活动，化静为动，把他们带入一种美妙的情景中，使学生兴趣盎然。

二、创设一个自主探索的空间，把学习的主动权交给学生

苏霍姆林斯基认为，教学就是教给学生借助已有知识去获取新知的能力，并使学习成为一种探索活动。正因为如此，在教学中教师需要充分发挥主导作用，善于在新旧知识的连接处抓住契机，让学生产生新的需要。在学生探索的过程中，在知识的岔道口指路，使学生能动地得到发展。英语的核心是思考和运用，而有价值的思考和运用往往需要一定的时间，因此在课堂上为学生提供充分的思考和运用余地是非常必要的。教材的编排体系上同样能体现出这些，它不直接轻易呈现结论或方法，而是用一个问题作引子，让学生通过独立思考并与同伴交流得到结果、获得结论和方法，那么我们在教学时也要遵循教材的意图，创设空间让学生在经历了一些自我的亲身探究后主动获取。把学生推到探索新知的“第一线”，让他们自己动耳听、动脑想、动口说，主动探索新知，不仅有利于他们良好的认知结构的形成和自学能力的提高，而且可以极大地调动他们学习的积极性和创造力。

三、调动学生多种感官，让学生参与自主学习的实践活动

实践证明，学生的思维活动是由具体形象思维向抽象逻辑思维的过渡，学习英语知识必须建立在感性认识的基础上，让学生在实践操作中自己去理解。在课堂教学中尽可能地让全体学生都参与到探索新知的实践活动中。平时通过让学生动口、动脑，将英语知识的智力活动转化为一种系列化的动作程序，使每个学生都参与到学习过程中；同时，让他们学得十分轻松、愉快，并对所学的知识记忆深刻，促进思维的发展。

四、精心设计练习，诱发学生自主探索欲

心理学告诉我们，一个人只要体验一次成功的快乐和胜利的欣慰，便会激发追求无休止成功的意念和力量，而课堂练习是教学过程中的重要组成部分。它不仅仅是信息反馈的手段，还是让学生掌握基础知识，形成技能、发展智力的重要措施，更是发展学生创造性思维的极好时机。因此教师要精心设计课堂练习，为学生创造性思维能力的发展和满足学生成就感、体验成功的喜悦创造条件，从而达到促进学生积极主动发展的目的。

综上所述，在高中英语的学习中，教师要支持学生运用以自主探索为主的学习方式。在这一过程中，有猜想、验证，有操作、发现，有观察、归纳，有类比、联想，教师要精心预设、组织、指导、促进，帮助学生在自主探索和合作交流的过程中真正理解和掌握基本的英语知识与技能、英语思想和方法，获得广泛的英语活动经验。

体验式教学突破物理图像分析难点

王 焕

【摘要】高中物理图像问题不仅是教学重点，更是教学难点。本文介绍了笔者日常实施体验式教学模式，让学生自主参与、体验，并动手、动脑来学习，突破物理图像学习的难重点。

【关键词】物理图像　体验式教学

物理教学，需要老师做一个有心人，让探究活动在我们的生活中无处不在，让学生不再觉得物理抽象难学。本文以物理图像分析教学为例，阐述了物理教学源于生活并指导生活的本质特点，以及如何联系生活实际构建物理情景的一些具体做法，从而达到提高学生科学素养及分析问题、解决问题的能力的目的。

一、教学背景及学情分析

图像能够形象、简洁地展现两个物理量之间的关系，清晰、直观地表达物理过程，正确地反映物理规律及内涵，是物理现象和物理模型之间、实验数据和数学模型之间的一条重要纽带，它是科学研究的一种极好的方法。在高中物理的学习中，图像问题不仅是一个重点，更是一个难点。弄清楚图像问题，学生往往需要具备如下知识和能力：

1. 看清直角坐标系中横轴、纵轴的符号及其代表的含义

图像是描述两个物理量之间的关系，如果坐标轴所代表的物理量不同，则它们反映的物理规律就截然不同。学生要学会从坐标轴代表什么物理量来观察物理

图像，把图像中的特征量或函数式写出来，同时注意单位及标度。

2. 图像的点、交点、拐点

图像是由点组成的，点是图像的最基本单元，一般来说，图像上的点表示一个状态。拐点是多过程中的重点和关键点，是联系两个过程的纽带，不仅反映两个物理参量在某一物理状态的对应关系，而且也是两种不同变化情况的交界，即物理量之间的突变点，在拐点处发生了根本变化。学生要学会从物理图像中，把握图像上的点表示的状态、交点的相同量、拐点的突变量。

3. 图像上切线的物理意义

图像中的各物理量是变化的，要进一步地反映图像的变化问题不仅需要回答变大、变小等问题，而且需要回答两个相关的物理量的变化快慢问题。图像上任一点的切线斜率是反映该点纵坐标对横坐标变化的快慢。

4. 图线与纵、横坐标所围面积的物理意义

图像与它对应的横轴、纵轴所围成的面积表示纵轴所代表的物理量对横轴所代表的物理量的积累，是过程量。其含义是坐标轴所代表的物理量相乘得到的物理量。

几乎每一个图像问题，都会涉及以上几点，所以说这对学生的能力要求较高。而我们的学生正处在能力形成阶段，一下子接受并消化这些知识难度较大。笔者通过多次与学生的交流发现，学生在学习过程中，感觉最难的就是物理图像的理解和运用。特别是高一的学生，第一章就会接触到运动图像，如 $s-t$ 图像、$v-t$图像的分析。如果没有突破图像分析这一难点，不仅会造成学生后续学习的阻力，更是容易让学生萌生畏难情绪，对物理的学习和学生的健康成长极为不利。基于以上原因，探索巧妙的图像教学方法，也就显得尤为重要。

二、体验式教学突破物理图像分析难点

如图1所示，学生较容易觉得这个质点在做来回的往复运动。为突破这一难点，笔者让一位同学走上讲坛，站在讲坛的一端，由同学们按着图像指挥这名同学完成图像里所描述的运动任务，这样一来，台上台下都乐了，他们非常开心，很快就得出了正确的结果：这个质点一直在向一个方向做直线运动，加速度的大小没有变，但是方向变化了。为了巩固同学们的体验成果，笔者又设置了另一幅运动图像，如图2所示，由刚才那位同学指定一个同学上来完成任务，指定另一位同学来指挥。其他同学观察，看是否需要补充或者更正。这两位同学配合得非常好，获得了同学们热烈的掌声。从掌声中，笔者也感受到了同学们强烈的成就

感以及满满的信心。

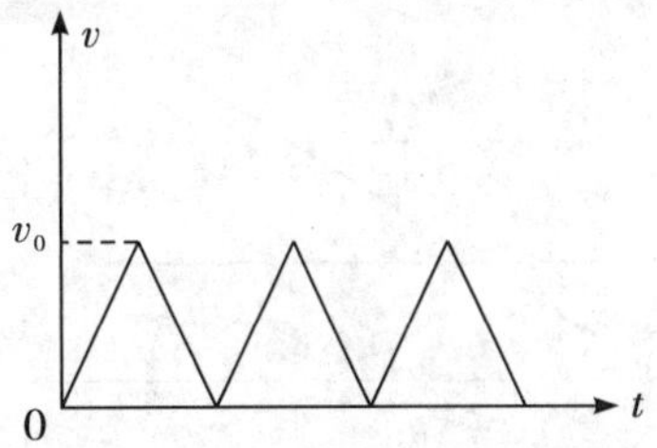

图1

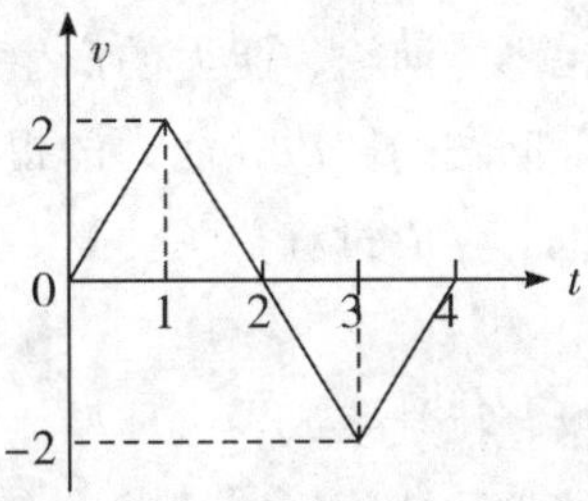

图2

在后来的教学中，又遇到了将矩形电压夹在两极板间，问带电粒子从静止开始，以后的运动状态如何？有了之前的情景体验，学生们也很快突破了难点，知道这样的电压对粒子的作用力是呈周期性变化的，分析到了这个带电粒子在极板间一会儿从零匀加速直线运动到某一速度，一会儿匀减速直线运动直到速度减为零，但是始终没有改变方向，更没有往复运动。笔者深深感触到，情景体验不仅让学生掌握了当时学习的知识，更重要的是体验的过程让学生能够更好地利用物理知识，并形成了能力。当后续遇到类似的问题时，学生们能自主地去分析，去归纳和总结，并形成能力。

再如图3所示，追击问题也是高中物理图像问题的一个难点，学生总是很难理解在速度相等时两者是相距最远的。笔者就设置这样的情景：让体育委员指挥班上最突出的两位运动健将去完成图像里面的运动任务（在教室里模拟，如果有条件去操场上进行，或者用课间时间来完成）。同学们非常感兴趣，而且也很快分析到，在前2s，甲的速度一直比乙的速度大，甲将乙越甩越远，直到过了第2s，乙才有追赶的能力，所以第2s时两者相距最远。同学们恍然大悟，原来，他们平时的你追我赶，其实蕴含着不少物理知识呢。

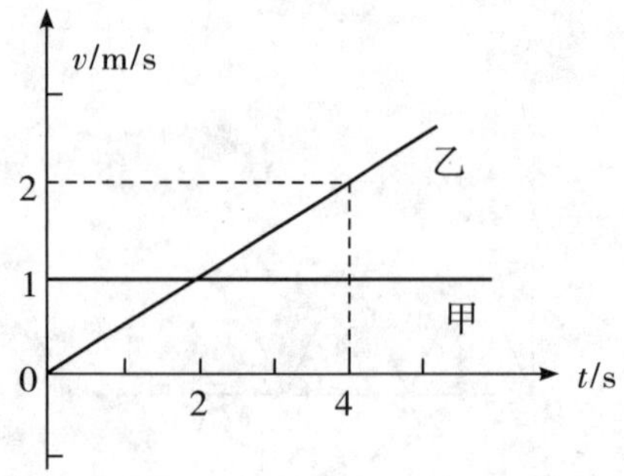

图 3

能力不是凭空产生的，也不能灌输，能力的产生依靠对物理情景亲力亲为的分析以及运用相关知识对实际问题的解决，能力的提高是在动态中生成、在动态分析中实现的。只有强调知识的生成过程，关注学习过程的情感体验，才能高效完整地进行物理教学。

巧妙地引用生活常见情景，让学生或者去体验，或者借助于类比，不仅能突破学习难点，还能培养学生的学习情感，培养学生的学习能力和创新精神。通过将生活情景和物理学习紧密相连，充分认识到物理来源于生活，又反作用于生活的道理；让学生领会到，物理是非常有用的，要好好学习物理。寓教于乐，寓教于生活，这样的教学，才是真教学，学生才好学，才乐学！

参考文献

[1] 夏焰．物理课堂教学中的情景教学．中学物理教学参考，2013（4）．

[2] 全威，陈翠娴，叶正波．中学物理情景教学研究．物理教学，2003（12）．

[3] 黄逸云．生活—物理—社会：谈物理有效教学的途径．教育导刊，2003（C2）．

高中化学中“先学后教”教学模式初探

赵 星

【摘要】“先学后教”是一种新的课堂教学模式，也是新课程教学改革方法之一。它打破以往“老师教学生学，老师主动学生被动”的僵死的教学模式；同时，它作为一种教学模式，也是教无定法，并无固定的形式。教师可以根据所选择的课题有不同的设计。本文以笔者的一节课例为例，阐述了笔者在高中化学“先学后教”教学模式的开展。

【关键词】先学后教　教学模式

新课程教学的目标之一是“教师教得轻松，学生学得愉快，素质和升学成绩双丰收”。这是传统的教学方式难以实现的目标。因为在传统教学中，“教”支配“学”，“学”无条件地服从“教”。“教学”由共同体变成了单一体，学生的自主性、独创性缺失，主体性被压抑。因此，在新课程教学中教师应不断拓宽教学思路，尝试新的教学方法以实现素质教育与应试教育的双丰收。

“先学后教”是一种新的课堂教学模式。“先学”中的“先”字，是强调学生的主体意识和积极主动的学习态度，希望学生在学习活动中要先入为主，主动探究。以自主学习、生生合作等方式，为“课堂教学”建构一个前置性平台。“后教”中的“后”字则是对传统教学过程中教师绝对权威的弱化，它更多的是强调教师要转变角色，走下讲台，以服务者、促进者的身份积极参与到学生的学习中来，打破以往“老师教学生学，老师主动学生被动”的僵死的教学模式。这一模式开辟了教学的新天地，给我们很好的启迪和引导。同时，“先学后教”作为一种教学模式，也是教无定法，并无固定的形式。教师可以根据所选择的课题有不同的设计。下面是笔者在高中化学选修4“盐类水解”一节中，采用“先学后教”的教学模式的一些探究。

“盐类水解”是高中化学中的一个重难点内容。教学目标是让学生掌握盐类水解的实质、条件、结果、分类，水解方程式的书写，影响盐类水解的因素等核心知识，并要拓展一些难点知识，如常见酸式盐溶液的酸碱性等。常规的教学设计一般都是从几种盐的酸碱性实验导入，验证盐溶液具有不同的酸碱性，然后根据盐组成上的特点进行分类，并分析发生水解的条件、水解的结果；接着形成关于盐类水解规律的口诀——“无弱不水解，有弱才水解；谁弱谁水解，谁强显谁性”，再展开后续应用等。这种按部就班的教学方式虽然能让学生很容易地掌握，做起题目来也顺手，但对于学生学习能力的形成和发展而言是无任何好处的，是对教学资源的一种浪费。因此，笔者用“先学后教”的教学模式尝试了该课例的教学，打破了常规教学的桎梏，互换了教与学的角色，收到了意想不到的教学效果。

笔者把两节课的教学分成了两个部分。第一节课交给学生自学，让学生根据课本、学案、自主实验等解决问题，发现问题，完成教学目标。第二节课则是“以学定教”，把教师的“教”建立在学生自主学习新知，自主发现问题、提出问题的基础上，教师围绕学生在自学中尚未解决的问题，做适时、适当的引导、点拨，以实现课堂教学时间的有效运用和高效运用，从而避免教学的低效和无效。

现将教学实录摘抄如下：

（第一课时）

师：我们准备分两节课完成“盐类水解”的学习，第一课时请同学们先自学，第二课时我们再集中解决问题，提高拓展。请大家根据课本所提供的实验材料，结合教学学案，开展学习。在学习的过程中，如果遇到问题，最好自己先深入思考，对于不能解决的问题，可以就近讨论，也可以问老师。注意及时完成学案，并争取实现以下教学目标：

（1）理解盐的类型和溶液酸碱性的关系。

（2）理解盐类水解的实质、条件和结果，能根据盐的组成判断盐溶液的酸碱性。

（3）能正确书写盐类水解的化学方程式和离子方程式。

（4）能利用勒夏特列原理分析盐类水解的影响因素。

学生开始自学。

老师在教室内巡视，帮助学生解决问题。

该阶段首先是教师出示这堂课的学习目标和自学要求。让学生根据课本，围绕学案，结合所提供的实验器材分析，逐步解决问题，实现目标。以上问题是以表格或填空形式给出的。在学案中也穿插了若干习题和思考题，以激发学生的深层次思考，提高学生对知识的本质的理解和深化。教师则巡视发现学生自学中产生的问题。

可以看出，“先学”不是学生漫无目的地学，而是在教师简明扼要地出示学习目标、提出自学要求、进行学前指导后，学生带着思考题在规定时间内自学指定内容，完成检测性练习的过程。

这种安排可以使学生在第一课时内实现对基本知识点的熟悉和预热，使学生对这一专题内容形成比较全面和完整的了解，并通过一些应用和训练，帮助学生加深对课堂所学重难点的理解。

同时，在第一课时中，我们马上就会发现问题。那么，在第二节课上，教师可以有的放矢地教，形成教师与学生、学生与学生之间互动式的有效学习。

（第二课时）

第二课时的教学包括三个环节。首先是学生汇报自学结果（差生优先）；然后，师生互助，纠正、讨论、指导自学结果；最后，学生完成当堂检测，教师批改分析。

（一）汇报自学结果

师：在第一课时的“先学”中，同学们一定发现一些问题吧。这节课，我们先来解决这些问题。

生1：有哪些常见的“弱”离子？

生2：多元弱酸的盐是如何分步水解的？多元弱碱阳离子（如 Fe^{3+} 等）水解方程式该如何写？

生3：除了强碱弱酸盐、强酸弱碱盐、强酸强碱盐之外，还有什么其他类型的盐？水解情况如何？

生4：为什么酸或者碱越弱，其盐就越易水解？

这是这一堂课上非常关键的一个环节。请学生提出“先学”中产生的疑难问题。通过这些问题的提出，教师可以迅速地了解学生存在的疑难，接下来就围绕着这些问题展开教学了。

（二）师生互助，纠正、讨论、指导自学结果

师：前面几位同学提出了不同的问题，这些问题实际上都是盐类水解中很核心的问题，提得非常好，值得我们好好地思考和整理。请同学们讨论一下，争取把它回答出来。

学生彼此讨论、思考。

老师参与一些小组的讨论。

生5：我们可以通过整理一些常见的弱酸弱碱盐，知道对应的弱酸根离子和对应的弱碱阳离子。常见的弱酸根离子有 ClO^-、CH_3COO^-、F^-、CO_3^{2-}、HCO_3^-、S^{2-}、HS^-、SO_3^{2-}、HSO_3^-、PO_4^{3-}、HPO_4^{2-}、$H_2PO_4^-$ 等；常见的弱碱阳离子有铜、铁、镁、铝、铵等离子。

生6：多元弱酸的盐是分步水解的，在水解方程式的书写中主要写一级水解。例如 Na_2CO_3 的水解。

第一步：$CO_3^{2-} + H_2O \rightleftharpoons HCO_3^- + OH^-$（主要）；

第二步：$HCO_3^- + H_2O \rightleftharpoons H_2CO_3 + OH^-$（次要）；

多元弱碱阳离子的水解合并写一条，如：

$Fe^{3+} + 3H_2O \rightleftharpoons Fe(OH)_3 + 3H^+$。

生7：除了常见的强酸弱碱盐、弱酸强碱盐、强酸强碱盐之外，还有弱酸弱碱盐，其酸碱性要根据对应的酸与碱的相对强弱来判断，比如醋酸铵。由于醋酸的酸性和氨水的碱性在浓度相同的前提下基本相等，所以醋酸铵是显中性的。

生8：当酸越弱的时候，其酸根水解的程度就会越大，则相应的盐的碱性就会越强。

……

像这样，根据学生“先学”中暴露的问题进行教学。把问题交给全班同学展开讨论，以生生互助和师生互助的方式开展，凡是他们自己能够解决的问题，继续让他们自己去独立解决；凡是他们自己不能独立解决的问题，则启发、引导、组织大家一起解决。这种教学针对性很强，不仅针对学生的问题，也针对学生的能力。

当然，我们在教学中仍需帮助学生形成一个比较完善的知识体系。因此，在大致解决了学生的疑问之后，可以校对学案上的答案并对一些需要拓展的知识点做补充介绍。如“为什么 $NaHCO_3$ 溶液的 pH 值大于 7，$NaHSO_3$ 溶液的 pH 值小于 7”，“为什么生活中常用 Na_2CO_3 溶液代替 NaOH 溶液去油污？热溶液去污效果好还是冷溶液去污效果好”，把知识点应用到生活、生产中去。

总之，“后教”要求教师必须超越学生自学而使学生的进步有质的飞跃。

（三）当堂检测，批改分析

当堂检测，是在先学、后教之后，让学生通过一定时间和一定数量的训练，应用所学知识解决问题。因此，笔者选取了一些典型问题，帮助学生加深对课堂所学重难点的理解和应用。

该课例实施之后，我们可以从教师、学生、教学质量等多角度进行反思和评价。

从教师的角度讲，这是比较麻烦的一件事，事前要做大量的准备工作。教师必须研究教材，研究学生的学习能力，提供给学生一份简明扼要、容量适中的学案。该学案必须根据课程标准的要求，落实好具体的教学目标。以引导学生自己看书、思考为核心，成为学生学习的拐杖，完成基本的学习任务；并为学生学习能力的生成服务，使学生逐步学会并形成学习能力；并且在教学过程中，教师不可能预先设定学生“先学”中存在的所有问题，而学生在学习中的各种即兴表现和自由发挥更是教师所难以预料的，这对教师来说也是一种挑战。

从学生的角度讲，学生的表现远远超出笔者的预设，出现了很多意想不到的精彩。他们的探究欲望和探索能力让人赞叹。当然，因人而异，不同的学生会有不同的感受。当时的教学评价可以说是褒贬不一。像学习能力弱一点的学生，他们会觉得比较吃力。因为长期依赖老师已经形成了习惯，这样放手反而使学生手足无措。而对于学习好的学生，这种学习方式较受欢迎，它鼓励每个学生按自己的速度和方式进行超前学习，也鼓励优秀的学生进行跳跃式的学习；而且优秀生们在生生互助的过程中还有机会帮助别人，更加有一种成就感。

同时，从教学效果的角度讲，根据当堂检测和课后作业的反馈分析，“先学后教”的教学模式实现了预期的教学目标，学生普遍当堂掌握了主要的教学内容，应用知识解决问题的能力也表现得很出色。

此外，笔者还体会到在采用该教学模式教学的时候，为了实现对学生能力培养的最大化，教师的指导工作应该做得更加到位。比如，我们应该充分重视学生自主学习能力的培养。要相信，每一位学生都具有与生俱来的潜能，关键在于激发。相信学生才能激发学生，才能挣脱传统教学思维，而培养学生自主学习能力的核心是指导学生会阅读、会思考。阅读的重点则是教科书。只要学生真心诚意地、积极主动地学习了，成绩就不可能不提高。还有，教学要建立在学生独立充分的自主学习基础之上，努力使课堂教学成为推进、巩固独立学习行为，深化独立学习效果的活动，而不能流于表面形式。

探求生活化新解，提升高中政治课堂有效性

王俊峰

【摘要】当前的政治课堂尚属低效教学，而其最主要的问题是政治课理论性与教学生活化之间的矛盾问题。笔者在此事实基础上通过系统分析政治课教学生活化的内涵及其必然要求，深入探究现状与对策脱节的主客观原因，针对现实矛盾，进而提出切实有效的建议，以期对高中政治课教学有效策略的研究提供参考。

【关键词】有效教学　生活化　理论性　新课程改革

一、高中政治课教学生活化的内涵及生活化的必然要求

（一）政治课教学生活化的内涵

高中政治课教学生活化是指在高中政治教学中，必须将学生课堂学习课本理论知识（间接经验）与现实生活（直接经验）结合起来，将课堂学习与生活实践结合起来，从学生的生活经验和已有的知识背景出发，联系生活讲政治，构建学生感兴趣的生活课堂，把生活世界提供给学生去体验，让学生在体验生活的过程中掌握知识，发展能力，体现“政治教学源于生活、寓于生活、用于生活”的教学观念。

（二）政治课教学生活化的必然要求

1. 思想政治课教学生活化是促进学生全面发展的需要

促进人的全面发展，是新课程实施的核心目标。人的全面发展必须是一个知识与技能、方法与过程、情感态度与价值观三个维度目标同时推进的过程，而这

些目标的形成离不开人的生活经验的融入和生活实践的锻炼、体验和陶冶。因此，强调联系生活实际是新课程实施的重要手段，它有利于促进学生三维教学目标的实现。

2. 思想政治课教学生活化是促进学生认知发展、加深知识理解的需要

人的发展是理性认识不断深化和感性认识不断丰富的过程。思想政治课程中的理性知识（即课本理论知识）是学生的间接经验，这种间接经验的正确性、深刻性以及它的存在价值，只有在学生的自我生活实践中真正转化为直接感受时，才能使学生去深刻认识，去真正接受，从而促进学生对理性知识的巩固和理解。

3. 思想政治课教学生活化是让学生学会生活的需要

中小学思想政治课教学的落脚点，就是让每个学生通过学习由自然人转化为社会人，帮助学生学习做有责任心的公民，学会正确处理个人与社会、家庭、国家、他人之间的相互关系，适应社会，并学会积极向上的健康的生活方式。然而由于受社会竞争和传统应试教育的影响，有些家长让孩子到学校读书只强调学习成绩。考高分和进重点中学是一些家长、学生主要的甚至是唯一的追求目标，“闭门苦读圣贤书，两耳不闻窗外事”的现象比较普遍。由于缺少对生活的学习和实践，一些学生虽有满腹的书本知识，个人生活却不能自理，面对社会生活中遇到的困难和问题束手无策的状况并不少见。思想政治课只有回归生活，让学生体验生活，才能更好地理解我们所教的生活道理，才能真正掌握生活的技能，才能真正学会生活。

二、中学政治课理论性与教学生活化存在的矛盾

（一）教育制度和教育新理念的矛盾

尽管近年来新课程改革在坚持“以学生为本”原则前提下做了多方有益的探索，但始终难以从根本上突破，其最深刻的原因仍在于由中国各方面的复杂原因所决定的教育制度。以高考为唯一衡量标准的升学制度似乎成了不可逾越的阻碍，许多教育理念一旦置于高考之前便显得黯然失色。新课标是在实行素质教育的情况下制定的，但在实践中，我们却无奈地发现，普通高中学校在高考压力下苦苦挣扎的生存状态并没有根本改变。在此背景下，新理念的实施并没有很好的实践基地。

（二）教学时间与活动教学的矛盾

新课程中，合作探究性学习成为教学的一大亮点和重点，许多研究学者也对这种学习方法加以高度肯定和推崇。倡导“应组织学生多看、多做，多参与合适

的活动，让学生真正成为学习的主体，使思想政治教学过程成为学生反复亲历体验的过程。此外，在教学中，教师还应该鼓励学生走出课堂，走向校园、走向家庭、走向社会”。新课程也倡导探究性学习，要求积极开展多种形式的社区服务、社会调查等实践活动。如每一个单元的综合实践活动课程，让学生在学习中获得个性解放，关注的是人的心理经验与学科逻辑的关系，即人与文化的关系；综合实践活动课程所关注的是人的心理经验与活生生的生活世界的关系，但课堂40分钟很难达到活动应有的效果，何况我们也很清楚每一节政治课都有每一节政治课要完成的教学任务。这种创新固然有促进学生发展的作用，但花费的时间之多，却是现实教学中很难解决的问题。一旦没有了时间的保证，这一活动环节极可能只是口头支票。如果课后完成工作，学生的活动安全性、积极性和学习的资源也难以得到保证。

（三）活动气氛与教学主题的矛盾

很多人认为新课程教学的课堂气氛一定要活跃，这一观点使得教师千方百计地调节课堂气氛，如在课堂中引入各种活动，使那些比较单调的认知过程变得生动活泼，变厌学为乐学，但并不是所有的活动都能起到有效的作用。因为在调动课堂气氛的同时，我们往往很容易离主题越来越远，比如一堂课，一开始情景模拟，学生乐于参与，课堂气氛活跃，但活动的主题却越来越偏，以至于在知识的生成层面上效果不大。那么这时候，知识、能力、情感态度和课堂气氛就很难相统一，这时候有可能会导致一个适得其反的效果。

（四）新课程教材的知识逻辑和生活逻辑的矛盾

通过前期在实际调查学生的反馈中，大部分学生反映目前的政治课较难梳理知识系统，在知识的把握上有较大难度，使生活化和理论性的成功结合又遇到了一大阻力。因此，我们通过对教材的认真研究，发现新课程教材中在强调生活化设计的同时，由于过分强调生活逻辑，淡化了知识间的逻辑，其内容和结构的不足增大了学生的学习难度。

如文化生活是新增的课程模块，它强调的是精神文明，占了整个高中政治课程四分之一的内容，而这个全新的内容在过去从没学过。它强调生活逻辑要从生活角度来谈问题，引导学生结合生活来思考问题，强调学生的探究能力，这是它的最大特点。然而从新课程的建议中可以看出，过分强调生活逻辑，淡化知识间的逻辑不利于学生知识系统的形成，而这也是各模块普遍存在的问题；并且建议的内容未能做到从政治教学的客观存在的事实出发，加大了教学的难度。

三、提升高中政治课堂有效性的建议

1. 评价多元化，缓解教学评价方式与生活化教学目标的矛盾

《调整方案》中的一大亮点是增设了高中学业水平考试，这就使得高考录取依据不再是单一的高考成绩，同时也包括了高中学业水平考试成绩和综合素质评定，而在高中学业水平考试上又具有一定的灵活性和可控性，这就与新课程所提倡的多元评价方式不谋而合，能够共同促进学生的全面发展。高中学业水平考试从2009年开始实施，因此中学政治课教学的教师们应该紧抓契机，适当调整教学内容，使生活化教学的目标得以逐步体现。

2. 科学分析教材重点，理性规划"三维"教学目标

针对上述所提"三维"教学目标的导向性与重点模糊性之间的矛盾，主要问题在于教师没有很好地处理"三维"的关系，目标一把抓，即使突破传统方式，也不能很好地实现有效教学。因此，教师在备课时应该科学分析教材的侧重点，紧抓重点选择合适的教学方法和表达方式，重视基础知识与基本技能，"贴近生活，贴近实际，贴近学生"地对重点进行全面剖析，而辅之以其他教学目标的实现，不一定要同时实现，面面俱到，但要追求重难点清晰明了。总的来说，中学课堂教学目标应以知识与技能作为基础和载体，注重过程与方法，渗透情感、态度、价值观。

3. 准确把握课堂气氛，提高课堂的驾驭能力

从上述矛盾我们可以得知，"一池死水"和"兴起难空"是课堂气氛的两种极端现象。在新的教学理念的指导下，部分政治教师意识到要改变"一池死水"的课堂气氛，但活动的引入却往往使主题偏离，除了导致"乱哄哄"的课堂，别无他效。因此，在尝试使用生活化教学的同时，教师要善于利用，善于组织，善于指导，应始终以课堂为基点，既要选取学生感兴趣的生活题材，又要理性把握活跃程度，控制课堂气氛，坚持"活动为课堂服务"的宗旨，营造知识、能力、情感态度和课堂相统一的气氛，真正实现在生活中学习的教学目的。

4. 注重构建知识逻辑，实现政治生活化和理性化的高度统一

新课程教材在强调生活化设计的同时，淡化了知识间的逻辑，其内容和结构的不足增大了学生的学习难度。也许在教材的编写上确实难以完美体现清晰的生活逻辑和知识逻辑的并存，但教材是死的，解读教材的主体才是活的。因此，在知识层面凌驾于学生之上的教师应该很好地充当起知识逻辑的建构者和引导者。首先，教师应该自己做到心中一盘棋，对教材具有全面通透的把握，建构最有利

于学生接受的知识框架和体系；其次，在传授知识的课堂学习中，不仅要遵循教材的逻辑按部就班，一成不变地完成教学任务，更应时时以相应的学习方法、学习规律、知识条理对学生进行点拨和指导；最后，教师应该始终明确：生活化只是实现教学有效性的手段，而不是目的，因此，教师应该在生活化的过程中将知识升华到理论的高度，在不同程度上帮助学生提高理论水平和概括能力。只有这样，才能在增强课堂有效性的同时提高学生的自主学习能力，使学生更好地在自主生活中学习政治，在政治学习中领悟生活，实现政治生活化和理论性的高度统一。

参考文献

[1] 陈晓庚. 高中思想政治课合作学习研究. 山东师范大学硕士学位论文，2005.

[2] 黄伟，谢利民. 研究性学习课程实施中的问题辨正. 教育理论与实践，2001 (12).

[3] 邓景丽. 关于我国政治文化现状的几点思考. 淮北煤炭师范学院学报 (哲学社会科学版)，2003 (3).

[4] 张效民，禹明. 中学思想品德新课程课堂教学案例. 广州：广东高等教育出版社，2003.

在“自主探究、多元互动”课堂教学模式下对于“学案导学”编写的一点思考

马　萌

【摘要】导，即开导、启迪之意，是启发式教学的精髓。学生在学习的过程中，教师进行适当的引导，不仅能使学生不断体验成功，也能缩短获取知识的时间，提高学习效率，培养学生探索学习的能力。本文是笔者在“自主探究、多元互动”课堂教学模式下对“学案导学”教学的实践做法与思考。

【关键词】导学　自主探究　多元互动

导，即开导、启迪之意，是启发式教学的精髓。一个“导”字充分体现了学生的主体地位。心理学原理表明，人在认知过程中，适当的问题能激发学习动机。如果学生在学习的过程中，教师进行适当的引导，不仅能使学生不断地体验成功，维持持久的学习动力，而且在教师的引导下，学生也能缩短获取知识的时间，提高学习效率，有助于自身探索学习能力的培养。

一、导学问题的设计

1. 运用问题情景设计导学问题

心理学研究表明，在激发创新思维的因素中，问题情景起着极其重要的作用。可以说，创新思维总是在一定的问题情景中产生的。恰当的问题情景能够把学生要学习的知识点蕴含在等待探索的问题里，并且启发学生联系已有的知识去

思考新问题，接受新知识，有效地激发起学生探索、求知的欲望。这样，在运用问题情景设计导学问题时，应以新课程标准和授课内容为依据，联系实际，巧妙创设导学问题，激发学生在积极的思考中掌握知识，解决学习问题。

例如，在“非金属元素”一章学习氮气的性质时，对于氮气与氧气的反应，如果不借助于现实生活中的一些问题情景去设计问题，而只是让学生认识 $N_2 + O_2 \xlongequal{放电} 2NO$ 这一知识点，那就失去了训练学生创新思维和强化知识训练的契机。相反，如果设计这样的导学问题“有句农谚‘雷雨肥庄稼’，其中有什么科学道理？试用所学知识解释”，“想一想汽油机的工作原理，为什么汽车会排出含氮的大气污染物”，学生不但从中发现蕴含的知识，而且反过来应用知识对问题做了深层次的思考。其中，依“情”而生的导学问题难易要适中，要有助于形成“愤悱”状态，使学生经过一定容量的思维训练而完成学习任务。如果导学问题过难，不但不利于学生的思维培养，还容易挫伤学生学习的积极性。

2. 根据内容特点为学生阅读讨论设计导学问题

在上课时，教师要依据授课内容的特点设计自学思考题，供学生阅读思考，为搞好“讨论交流”打下良好基础。化学阅读理解过程是提供、收集和接受信息，提取识记，尝试加工，综合运用各种有关化学知识和经验的过程。因此，设计思考题时教师应注意以下几点：①诱发学生深思，激发学生兴趣；②抓住课本的主要内容，把握重点、难点；③抓住思路，层层深入，环环相扣，力求体现教材的基本思路，引导学生一路探索，以训练其思考问题的条理性和严密性。

如学习“用途广泛的金属材料”一节时，我们设计的导学问题是：

（1）什么是合金？

（2）合金有哪些优良的性能？

（3）你知道合金在生活中有哪些用途？

（4）我国使用最早的合金是什么？

（5）用量最大、用途最广的合金是什么？

将学生自己原有的知识与新的有关概念、原理整合成新的结构，并在各种新的情景中加以运用。因此，要把化学阅读活动构建成学生能用已有的化学认识结构同化，加工整理成新的、较完整的知识结构。

3. 在实验探究中设计开放性导学问题

化学是一门以实验为基础的自然科学，重视实验探究的过程教学，是优化课堂教学和提高课堂效率的重要环节。在实验教学中，学生经过动手操作、认真观察及积极思考，自然会发现一些问题，发现自己的疑点、困惑。这正是教师在备课的问题设计中所应预料到的，也是课堂教学要解决的学习任务。所以应该以实验为线索，让学生亲身经历实验的探究，亲身体会由现象到本质的思维过程。教师要珍惜化学学科这种难得的动态生成资源，设计开放性的探索性问题，培养学生的创新思维。

例如，在“铜与浓硫酸反应”的教学中，结合实验探究，可以设计这样的导学问题：

（1）铜与浓硫酸的反应现象是什么？你能分步写出反应的化学方程式吗？

（2）在反应中浓硫酸的作用是什么？

（3）考虑本实验的产物为有毒气体，请你结合课本第85页的装置，想一想如何处理实验中产生的有毒的尾气？若想同时证明SO_2溶液显酸性，又如何改进实验？

这样，在导学问题的引导中，学生的思维层次不断提升，学生在实验的探究中也不断获得知识，形成能力。

二、导学问题的解决

1．学生的讨论交流

讨论交流，可缓和学生听课的紧张气氛，减轻学生听课的疲劳，可调动学生的学习积极性，使学生开阔眼界，活跃思路，相互启发，取长补短，共同提高。讨论的方式有：①与同学交流、讨论、互相传递有用的信息，排除无关信息以及错误观点，获得知识，形成补救，取得成功；②向教师咨询在阅读讨论中不能解决的问题；③学生通过反思、回忆所学旧知识的内容达到解决问题的目的。充分发挥教师的指导作用和学生之间互相帮助的力量。在讨论交流过程中，要注意以下三个方面：第一，要引导学生注意把握讨论的中心点。第二，要引导学生持正确的讨论态度，即讨论的目的，是为了相互切磋，共同提高，讨论时勇于发表自己的见解，冷静听取和思考别人的意见，要敢于坚持真理，勇于修正错误。第三，要引导学生注意逐步掌握解决问题的方法。

2．学生的表达与教师的回应

注重学生的主体性就要重视学生对导学问题的表达。“讨论交流”的下一个层次目标就是“表达”，教师要全神贯注倾听有差异性的学生对导学问题的表达，学生的表达不一定完美，可能充满个性，也可能与教师的预设不相符合，但教师一定要有耐心；教师一边耐心倾听，一边快速思考学生表达的内容是否切中导学问题的要害，有无闪光之处与不足，是否有新的资源生成；对新的资源生成要及时给予肯定与回应，对闪光之处与不足要做出适度的评价、表扬及鼓励，让学生体验到成功带来的喜悦和快乐。尊重学生的表达，就是落实新课程理念，切实把课堂还给了学生。如对于“铜与浓硫酸反应”导学的问题3（如何处理实验中产生的有毒的尾气），有学生想到了用水吸收。教师当即予以肯定，并加以表扬，因为SO_2易溶于水，与水反应。“有没有更好的吸收方法?”教师立即将生成资源有效回升，学生很快又想到了用碱溶液吸收，导学问题迎刃而解。

3. 教师精讲

学生通过阅读、讨论交流后，对所学内容已有大体了解，但对一些疑点、难点认识得还不是很透彻，对知识的系统性还不会很清楚，这时就需要教师精讲归纳。为此，教师要认真分析学生的潜质，分析课堂“导学”时学生应弄清的重点；哪些是学生已理解，已能运用而不需要讲的内容；哪些是学生理解不深，运用不熟，稍加点拨，学生就能独立理解所能运用的知识；哪些是学生学习起来难度太大，可以缓学一步的内容；哪些是学生迫切需要理解和掌握而难度又较大，必须由教师讲解的内容。精讲不等于少讲，精讲也就是要抓住问题的关键和本质，在有限的时间内突出重点，攻破难点，指明知识的前后联系和某些概念、规律的应用范围，使学生获得的知识系统、深刻和完整。

如何在实验探究教学中实现 “交流”

郑 倩

【摘要】《全日制义务教育物理课程标准》（实验稿）把科学探究教程分成七个要素：①提出问题；②猜想与假设；③制订计划和设计实验；④进行实验和收集证据；⑤分析和论证；⑥评估；⑦交流与合作。笔者把其中的第⑥、第⑦两要素统称为“交流”，在本文中论述了交流的地位，并结合教学实践探讨在实验教学过程中交流的作用、内容、方式等问题。

【关键词】交流 实验探究 课程标准

物理是一门以实验为基础的科学。在物理教学中，实验的作用举足轻重，它既是物理教学的沃土，也是培养学生学习兴趣的重要手段。

旧的教学观念中，学生实验是以测量性和验证性的实验为主，其主要目的不是让学生去探索新的物理知识，而是运用已学过的知识与技能比较规范地去培养学生的实验技能和“活化”所学知识。这样的结果是使相当一部分学生对实验只是一种应付的态度，并渐渐对物理失去兴趣，实验预期的效果根本达不到。

心理学家奥苏贝尔指出，实验室应“使学生得以领略到科学方法和科学精神，增进问题解决能力、分析和概括能力，理解科学的本质”。《全日制义务教育物理课程标准》（实验稿）就是从这个角度出发，提倡采用科学探究的方法进行教学。科学探究过程可分为七个步骤：①提出问题；②猜想与假设；③制订计划和设计实验；④进行实验和收集证据；⑤分析和论证；⑥评估；⑦交流与合作。

笔者这里把“评估”和“交流与合作”两要素统称为“交流”。交流是较易被人忽略的一个过程，譬如过去的物理教学虽然也组织过一些探究活动，但往往只是得出结论就万事大吉了；其实交流是探究教学过程中必不可少的一个过程。以下是笔者对交流这一教学过程的认识。

一、交流是探究教学过程中的重要环节

1．理论依据

创造心理学的信息催化理论认为：倘若你有一种思想，我也有一种思想，而我们彼此交流，我们两个人将各占有两个思想，这是扩散性的。信息扩散思想交换的结果，不只是各自占有几种思想，还可以通过组合改造已有的思想而产生新的思想，或者在新的信息的刺激下，通过联想作用激发一些有价值的观念，这样就能导致创造。

2．交流的地位

交流是当今科学探究的一个重要环节，科学家就是通过交流把自己的研究情况告诉同行，以获取反馈信息并加以不断修正的。

探究教学把学生学习的过程看作一个社会化的过程。学习者以自己的方式来理解世界，从而不同的人看到事物的不同方面，不存在唯一标准。然而，如果不加强个体间的交流与合作，这种见解很容易陷入“盲人摸象”的片面性悲剧之中，因为有些探究活动绝不是个人所能完成的。在学习过程中，学生通过彼此之间的交流与合作，使自己的见解更加深刻与完善，也使自己逐步成为一个学会合作与交流的社会主体。

3．交流的作用

（1）通过交流，学生的头脑中才会更好地把分散的、孤立的知识碎片系统化、条理化，从而辨别“似是而非”的概念，发现“同中有异”“异中有同”的问题，达到“举一反三”“触类旁通”的境界。例如，人教版教材第七章第三节“测量小灯泡的电功率”的教学中，就可以在交流中引导学生对比这个实验与第六章第五节“测量小灯泡的电阻”的实验的异同，从而达到对知识的升华，进一步提高探究能力的教学效果。

（2）学生通过交流合作使书面表达和口头表达能力都得到了很好的锻炼，形成良好的团队精神，有利于学生在现代社会生活和科学工作中较好地和他人或团体交流合作。

4．交流的内容

（1）学生能够向其他同学科学地表述自己的探究成果，包括探究的过程、方法和结果。

（2）学生评估在探究过程中的得与失、自己在各个方面的收获，如“我学会了什么”，“我掌握了什么方法”，“今后我准备如何改进自己的研究工作”，“通过探究究竟得到了哪些启示”，“为什么探究的结果与事先的预测不一样”，“探究的设计和计划的进行过程是否有缺陷”，“还有哪些需要改进的地方”，“探究过程中还有什么新发现吗”……

5. 交流的方式

实验探究教学一般把 2 ~ 3 名学生分为一组。在实验过程中，同组的实验者之间已经有了小范围的交流，教师可以把这个范围扩大到全班同学之间，学生和教师之间，也就是要学生自评、小组交流评价、全班交流评价、教师评价四者相结合，引导全体学生相互切磋，以达到共同进步的目的。

二、在实验教学中实施交流的几点体会

1. 要尽量多让学生发言

在此过程中还可以循序渐进地培养学生尽可能地用已有的科学知识和较为准确的语言来表述自己的探究成果。

2. 让学生学会倾听，学会尊重

在整个交流过程中，培养学生注意倾听其他同学的探究报告，尊重别人的劳动成果，允许别人对自己的探究过程和成果提出不同的意见和表示怀疑，并能认真思考别人的意见，改进自己的探究方案。

3. 抓住学生交流过程中的闪光点

相互交流实现了思维碰撞，自然会产生新的火花，引出新的问题。教师要把握好这些“火花”，争取让教学上一个新的台阶。

例如，在“测量小灯泡的电功率”的实验教学中，当学生提出“这个实验装置和上次测电阻的一样”时，应马上引导学生对比两个实验的异同，这样对这次实验的目的、原理、器材、数据处理等问题就更清楚了，同时对之前所学的测电阻的实验也是一次巩固，起到很好的教学效果，甚至还可引导学生从结论中提出问题。学生可能会在得出“电压改变，电功率也改变”这个结论时，进一步提出“如果电压（或电流）变为原来的 1/2，电功率会怎样变化”这个新问题，此时可让学生进行新的探究。这就是教师有意识地留下一些富有思考性、探索性的问题给学生，使教学延伸到课外，形成一种“余音绕梁”之势，如此探究精神才能源源不断地保持发展下去。

4. 实验探究教学中一定要给学生时间充分地进行交流

科学探究关注的目标是，让学生经历探究过程、获得理智和情感体验、积累

科学知识和方法。只有学生自己进行了充分交流后得出的结论，他们才会信服，才会留有深刻的印象，才有助于消化知识，才会在以后的学习、生产、生活中更好地应用知识。

同样，在上述的“测量小灯泡的电功率”的实验教学中，提出新的问题并设计实验进行验证后，就已到了下课时间，笔者就引导学生课后回去理论推导。在第二节课中将理论推导与实验结果对比，学生又会发现实验结果与理论推导不相符，再进行原因探讨，学生会想到是由于温度影响了电阻而产生的结果。这样的做法虽然花费了很多的时间和精力，但让学生体会到知识前后的紧密联系，知识层次就达到了一个新的高度，而且也增加了思维的深度和广度。根据后来的测试情况看，学生在完成了这一课教学后，对前面的“电阻”的有关知识掌握得更全面了。

三、小结

物理学家劳厄说过：“重要的不是获得知识，而是发展思维能力，教育无非是已学过的东西都遗忘掉的时候所剩下来的东西。”这充分说明能力的培养比知识的传授更重要。交流是一种超越型的行为，交流是一种手段，交流后则奋进，存在问题就整改，发现问题则深思，找到经验就升华，能力的提高自然不在话下了。

参考文献

[1] 教育部基础教育司. 全日制义务教育物理课程标准解读. 武汉：湖北教育出版社，2002.

[2] 胡广彤. 探究式教学——创新的现代教学方式. 物理教师，2004（5）.

[3] 叶根弟，许光曙. 渗透研究性学习　凸现科学性探究：“问题—实验—交流”探究性物理教学模式的初探. 物理教师，2003（1）.

[4] 杜敏. 兴趣　创新　实践. 中学物理教学参考，2003（4）.

[5] 朱道荣. 让学生品尝欢乐　让课堂焕发活力——初中物理课堂教学例谈. 物理教师，2003（3）.

走实践探究道路 造明日科学精英

——谈四中馆校共建的科学教学方法

黄文忠

【摘要】本文通过对广州市第四中学馆校共建模式的思考，论述校内科普场馆建设的意义和职能，并提出了在四中实行馆校共建的有效途径，以及对应的科学教学方法。该方法理念的重点在于促进学生树立远大理想、鼓励学生自主参与实践探究活动。

【关键词】实践探究 馆校共建 科学教学 教学方法

一直以来，学校都是青少年科学教育的主阵地。在新课程标准的号召下，学校的科学教育开始注重发现学习、合作学习、探究学习等学习方法，逐渐注重技能的培养。科学教育的形式逐渐朝多样化、系统化的方向发展。而馆校共建的教学模式，弥补了学校科学教育资源不足的缺陷，对学校科学教育向外延伸起到了桥梁作用。我校为了发展科学教育，建有专门的科学教育基地——广州市第四中学创新实践和环境保护教育基地（简称“四中科技馆”）。我校即便有自己的科技馆，也仍在急切思考怎样有效地发挥校内科技馆对学校科学教育的促进作用，这是一个值得研究的话题。现就我校的情况进行分析并提出观点。

一、在学校兴建科技馆的意义

广州市第四中学之所以建科技馆，初衷在于实现两个功能，一是纪念和展示学校历年来在科学教育方面取得的成果，为校园科学教育营造氛围；二是合理调整学校的教学资源，为我校开展科学教育提供一个专用的场所。这两个目的，在科技馆建成以来都得到了很好的实现。科技馆保留了历届学生科技创新的小发明，记录了师生参与的各项科技活动，成为在校学生课余补充科学知识、体验科学乐趣的绝佳场所。它不仅成为校内开展学生科学教育的主要基地，而且为学校对外宣传和交流科学教育经验提供了帮助。

二、校内科技馆职能的落脚点

学校科技馆已运行了七年之久。在这七年中，它对学校在科学教育等方面的作用是不可代替的，然而我们不能忽视一个问题，什么样的校内科技馆才对学校科学教育最有效？从校内科技馆的职能角度来说，它的职能主要是什么？

作为纪念馆，它行使着展示学校历年来在科学教育方面取得的成果的职能，它是一个存放和展示学校历届学生科技创新作品的地方。

作为科普场所，它需要起到普及科学的作用。学校科技馆通过宣传展板、实物模型、体验小实验等形式，进行创新实践和环境保护这两大主题的科学普及工作。

作为实践基地，它是一个学生参与科学社团和学习科学知识的活动场所。这一职能是校内科技馆最重要的职能，因为这一职能直接提供学生科学知识。因此，一所成功的校内科技馆，里面应该设有某些学科的科学探究功能室，通过这些功能室来开展科学研究活动。在我校科技馆中设有机器人、车床实践、发明创造等功能室，并进驻相应社团开展活动。这些活动大大地提升了作为科学教育场所的科技馆的存在价值。

三、馆校共建的有效途径

为了使科技馆的职能得到充分发挥，这七年来学校不断探索与实践，在学生实践活动、对外交流合作、科学教育文化等多个方面取得了良好的成绩。在实践中我们总结出了以下有效措施。

1. 不断更新科技馆内部展示的作品和科普资源，做到与时俱进

科技馆是一个向人们展示科学生命力的地方，它不可能只呈现过去的成就。因此，在学校经济条件允许范围内，我们不断丰富科技馆的科普资源，突破场所空间的限制，采用多媒体、科普软件搭建了一个数字化的自主学习功能室。通过计算机网络，大大提高了科学知识资源的容量和质量。

结合学校科技馆的特殊性，每年定期更新场馆里展示的学生作品，并利用小展板的形式丰富学生作品的相关资料，重点突出对发明思路和作品创新点的介

绍，让参观学生对展示作品有更深入的了解。

2. 增强与外界的合作与联系，实行“走出去、引进来”的双向交流

每所学校的科技馆都有着本校的特色主题。与其他学校交流实现资源共享，是一件利己利人的举措。学校科技馆充分履行其对外开放的义务，每年都承担着接待周边兄弟学校及外省学习团的访问的任务。如2011年，在学校举行了广州市科普教育基地联盟进校园的启动仪式，科技馆就是该联盟的成员之一，在当天接待了近1 000名来自芦荻西小学等三所中小学的学生代表。2012年5月，学校在六中举行的广州市科普周活动中，向全市学生展示了学校科技馆机器人、车模等特色项目。2011年和2012年组织学生参加了广州市青少年科技馆的机器人嘉年华、科普剧等活动。

为了突破学校科学教育资源不足的局限，我们每学期都会邀请著名专家开展讲座交流活动，并不定期邀请市或区的其他科普联盟来学校进行科普文化宣传。如2011年，我们特意邀请广州市电台著名主持人马志海来校开人生志向的讲座，引起了全校师生的轰动。

3. 利用学校节日庆典宣传科技馆的文化

每年5月份的科技节、学校周年庆典、招生调研开放日等特殊的日子都是科技馆发挥科学教育作用的重要日子。利用这些特殊的日子，我们不仅增加了学生接触科技馆的机会，而且通过特殊节日所举办的一系列表演和展示活动，让科技馆的文化得以传播。例如2009年60周年国庆时，我们得到一位爱好模型的学生家长的大力支持，在科技馆举办了军事模型展览，激发了学生对祖国繁荣富强的自豪之情。通过这样一些特殊的日子，我们在发挥科技馆的科学教育作用、进行爱国主义等德育渗透之余，也为家长了解学生的成长情况提供了一个有效的平台。

4. 从数量和质量上丰富社团活动，扩大学生的自主权，部分社团活动采取导师制

校内的科技馆，仅仅作为一个科普场地是远远不够的，它还要成为一个学术探讨的场所，方可体现其价值。为达到这一目标，学校科技馆里为多个科学类社团提供活动场所，如DI社团、机器人社团、发明创造社团，以及开展通用技术课程实践活动等。通过社团活动来提高校内科技馆的利用率，也增强了社团学生对科技馆的归宿感。

四、结合馆校共建模式，紧抓自主探究和实践研究的科学教育方法

2012年8月在北京举行的第8届宋庆龄基金会少年儿童发明奖评奖活动中，

我校共有两件作品分别获得了金奖和铜奖。笔者有幸参与了金奖作品“热对流增强型干衣机”团队的辅导工作，这是学生们在科技馆参与科学实践活动的结晶。这一案例坚定了我们采取科学教育方法的信心，这一方法恰好与学校开展馆校共建的教学策略相匹配。笔者认为科学教育理念的重点在于促进学生树立远大理想，鼓励学生自主参与实践探究活动。

1. 常规课程与兴趣课程相辉映，吸引学生参与

专业上的成功源自当初的兴趣和长期的坚持不懈。在校园里，常规课堂中的精彩情景能有效地达到让更多学生对科学产生兴趣这一目标。所以为学生上好每一节常规课是激发学生参与后续活动的前提条件，也是笔者作为一名科学教育工作者的信条。况且，常规课的内容有许许多多值得学生继续探讨的知识。就上面提到的案例里，学生作品的灵感就是来自对“蒸发”这一物理现象的透彻理解。在常规课堂之外，笔者会就学生提出的怀疑或课堂上留下的悬念开设兴趣课堂，使学生加深了解。通过满足学生的求知欲，教与学得到了良性的发展。

2. 增强师生沟通，引导学生树立理想、目标，激发学生继续参与实践研究的动力

师生之间的交流，能诱发学生的心理变化。通过与学生的交流，我们可以进一步了解学生心中的想法，在接下来的实践活动中引导其担任一个恰当的角色。通过真挚的交流，可以让学生知道你对他们寄予的希望，而从他们的角度来看，他们能清晰知道所走的路的前方都有些什么在等待他们。哪些是荆棘、哪些是硕果都是他们应该知道的。有些时候学生放弃继续参与实践活动的理由，往往就是一些疑惑和误会。我们的热情和关怀是他们坚持的动力之一，能让他们追寻目标。有了目标的存在，他们才不会迷茫，才不会走太多的弯路。像这次辅导的学生，他们在班里的成绩是名列前茅的，参与这些活动对他们来说可有可无，然而在学习压力比较大的情况下，学生依然愿意跟着老师研究下去，这是因为他们知道研究不是为了成绩，而是基于心中的理想和对老师的信任。

3. 合理安排学生学习的节奏，为学生制订有效的研究规划

在目前的教育体系中，学生高中阶段进行科学研究必须有一个高效的策略，毕竟不能占用学生过多的课余时间。对于发明作品类的研发，最理想的是高一阶段就能定下研究的课题，并且在上学期间开展文献收集、原理试验、社会分析、方案设计等活动。利用寒暑假把作品制作出来。而高二阶段不需另外找新的课题，而是对原来研究的课题进行进一步的优化。这次辅导的学生就是这样历练过来的，他们的作品获奖不仅是因为新颖实用，还在于这些都是学生在合理的研究规划下点点滴滴积累的精华。这才是学生们真正的成就。

4. 与学生同甘共苦，给足学生自主实践的机会

我们一直提倡合作精神，实践研究无处不需要合作，这些合作在学生之间、师生之间、学生与家长之间等。社会调查，请谁来回答你的问题？这就是一个合作的过程。与学生同甘共苦，用最真实的行动去打动学生，只有让他们愿意切身体会，他们才会珍惜与你共度的这一过程。在研究过程中难免有大量超出学生认知水平的新事物，这些新的事物不是让老师去解决的，而是让学生知道老师是怎么解决，甚至是让他们自己找到解决问题的方法。高中阶段的学生有一定的认知能力，我们应该给予空间让他们挑战自己的极限，发挥他们的创意。在完成"热对流增强型干衣机"的过程中，我们遇到的一个麻烦，就是要制作挂衣服的支架。在学校现有的资源下要满足这个需求是困难的，笔者让学生们一起找寻解答的方法，最后学生想到了利用洗衣机可弯曲的金属来满足这一需求。方法不一定是最好的，但体现了学生的创作价值，所以最后作品就采用了这一解决办法。

5. 为学生记录点滴，为其留下美好的回忆，创造发展的空间

也许有人说这是不必要的，完成了研究，就是结束。但笔者认为学生参与实践研究的这一过程才是可贵的。回顾这一过程，可以让学生认识自身的不足，肯定自己的能力，沉淀收获的一切。携带一台相机来指导学生开展实践活动是必要的。我们应该把学生参与实践的过程记录下来，因为这可以见证大家共同付出的劳动。

馆校共建的教学模式为学校科学教育带来了广阔的发展空间，而紧抓学生实践研究的做法有利于充分利用学校科普场地的资源。在已有成效的科学教学方法和校内科普场馆的建设方法的配合下，笔者认为学校的科学教育成果将会更加丰硕。而该理念和场馆管理方法在同行兄弟院校中是否适合，则有待专家们的验证。

参考文献

[1] 李伟. 解放思想，走"馆校结合"之路，更好地为少年儿童读者服务. 中国校外教育，2009（4）.

[2] 俞学慧，方家增. 馆校结合的科学教育实践与探索. 科协论坛，2012（5）.

教学案例篇

JIAOXUE ANLI PIAN

基于《广州市义务教育阶段学科学业质量评价标准（思想品德）》的试卷讲评课研究

麦 欣

【摘要】本文以思想品德试卷讲评课为例，探究在《广州市义务教育阶段学科学业质量评价标准（思想品德）》（以下简称《评价标准》）下的试卷讲评课中怎样实现以生为本，落实教学三维目标，实施多元评价，实践素质教育，促进学生的全面发展。

【关键词】试卷讲评　以生为本　评价方式

一、思想品德教学中试卷讲评课存在的问题

思想品德教学中，试卷讲评课是主要课型之一，也是中考备考中的常见课型。上好试卷讲评课对强化教学效果、提高教学质量具有非常重要的意义。特别是上好冲刺阶段的讲评课，很大程度上成了中考政治取得好成绩的关键。但在平时的教学活动中，有部分教师往往更多地把精力放在了新授课或专题复习课的研究上，没有对试卷讲评课给予足够的重视，更不习惯用《评价标准》指导备课，仍然沿用以往应试教育中的老方法：讲评中没有重点，不分主次，将一张试卷从头讲到尾，只注重正确答案而不对题目进行分析和对解题方法进行指导等，使得讲评课质量不高，成为几种课型中最薄弱的环节。这样把试卷讲评课上成了核对答案课，教师热衷于单向地向学生灌输正确答案，学生被动地听讲、机械地记录，教学收效甚微。

在教学实践中，如何使用《评价标准》，提高课堂实效，成为当前值得我们教师关注和研究的问题。

二、如何利用《评价标准》上好试卷讲评课

广州市制定的《评价标准》，其目的是全面贯彻国家的教育方针，推进素质教育在教学领域的实施；引导思想品德课堂教学改革和学习方式的转变，培养学生的创新能力和实践能力，促进学生良好的思想品德素质的形成与全面和谐发展。它既是学校进行学业测试和区域组织学业质量监测（抽测）的命题依据，也是教师在教学过程中对学生进行各种非纸笔的表现性评价的参考，还可以作为教师在日常教学中进行自我监控的教学建议。

《评价标准》对课堂教学具有指引作用，为教师在日常教学中进行自我监控提供有益的教学建议。《评价标准》的编写分为评价目标和评价方式两大类，评价目标分为情感态度价值观、知识和能力三部分。这种划分体现了课堂教学上需要贯彻新课程的核心理念“以生为本”以及落实三维目标。

（一）根据《评价标准》中知识和能力的要求、学生的学情确定试卷讲评的重难点

首先，《评价标准》中指出，对知识和能力的考查以纸笔测试为主。试卷讲评课的设计也应该以此为导向，重视学生对知识的掌握和能力的提高。一份好的试卷，可以说每一道题目都凝聚着命题者的心血。大至最后的开卷部分的问答题，小至单项选择题中的每一个选项，命题者都会精心设计。然而，《评价标准》的试行只有短短的两年时间，教师在试卷的设计中未必就能准确把握《评价标准》的理念，试题设计的深浅难易的把握不一定准确到位，未必每一道题都符合《评价标准》的目标要求。作为执教者，如果对一份试卷从头至尾每一道题目都平均用力地去讲解，既没有必要，也不可能，更收不到好的效果。那么，在试卷讲评课中应如何处理呢？这需要教师对《评价标准》多加学习和理解，讲评前，以《评价标准》为指导，确定讲评的侧重点。

如题“2011 年 3 月 25 日，第十一届全国人大常委会第十九次会议表决通过了刑法修正案（八）。自今年 5 月 1 日起，13 个经济性非暴力犯罪将不再判处死刑，我国死刑罪名将由 68 个减至 55 个。这是 1979 年新中国刑法颁布以来第一次削减死刑罪名。这是刑法修正案（八）中最引人注目的修改。请谈谈你对材料中提到的刑法修正案（八）中的相关内容的理解”。题目的答案涉及生命和人权。从答题的情况来看，学生对生命的尊重这一主题的把握尚可，但对于人权保障的

理解就成了很多人的失分点。这需要教师引导学生认识《评价标准》3.1.2 中提到的“认识法律保障体制的主要内容”。这个知识点如果放在选择题上，可能更符合动词“认识”的标准。

其次，落实《评价标准》，就要注重学情分析，坚持以生为本。上好试卷讲评课，讲评前要对学生的学习情况准确定位，对学生的答题情况认真诊断。针对不同的生源，讲评课的形式和方法必须有所不同。

在 2011 年的中考备考中，笔者为提高讲评课的实效，利用广州市农村地区义务教育阶段学校思想品德学科教师第二期培训的契机，尝试了一节异地中考备考试卷讲评课——2011 年十一校联考思想品德试卷讲评。上公开课的地点是广州市某区的薄弱学校，学生生源不理想，学生的学习动力和成就感不足，学生厌学情绪比较严重。据该校老师反映，平常上课学生多半睡觉，听课的只有几个人。上这节试卷讲评课时离中考仅剩下一个月，很多学生已经呈现出半放弃甚至完全放弃的状态。到底这节课该怎么上呢？教师，作为学生学习的领路人，绝对不能受学生的这种消极情绪感染，只想着早早结束备战，这绝对是百害而无一利的。只要有一线希望，我们教师都应该尽力挽救。对此，实际上就是如何贯彻《评价标准》、落实以生为本的理念、因材施教的问题。上这样的公开课对于老师来讲确实不好上。正如我们结对教师之间互相调侃，看谁的唤“醒”能力强。为此，这节公开课中，笔者首先设计的重点是根据学生的学情，提高学生的答题积极性。帮助学生树立信心，达到努力提高得分的目的。笔者把题目分成三大类：抄书题、做法题、理解题。同时指出，前两类题目在中考中的分数不少，即使仅剩下一个月的时间，我们仍然有希望通过掌握技巧多拿分数。从当天课堂学生的表现来看，学生对这种临时抱佛脚的方法还是比较感兴趣的。

（二）根据《评价标准》的能力要求，试卷讲评要注重学生解题技巧和方法的培养

如前所述，制定《评价标准》的目的是要培养学生的创新精神和实践能力。培养能力应该是试卷讲评的一个重要目标。纸笔考试，既能考查学生对基础知识的理解，又能考查学生理论联系实际的能力、阅读能力、分析和综合能力，还能考查学生解决问题能力、抽象思维、发散性和创造性的思维。试卷讲评，最关键是教给学生解题的技巧和方法。常言道：“授人以鱼，不如授人以渔。”主要的做法如下：

1. 一题多变

首先，对原题进行讲评。在讲评过程中，要注意引导学生及时弥补知识缺陷，及时总结概括规律、方法，以提高学生的辨别分析能力，切忌就题讲题。其

次，通过对试题进行情景变换或条件拓展延伸，突破原试题的范围，鼓励学生自己探索，促成知识的迁移，从而找到解题的突破口和最佳的解题途径，找出解题规律与方法，达到巩固基础知识、理清解题思路、掌握解题方法、提高解题能力的目的。

如题：背景材料讲述我国人民在面对因日本福岛核辐射而出现的抢盐和哄抬盐价的行为，让学生分析商家和抢盐者的言行。这是一道典型的评析式题目。笔者讲评的做法是先让学生分组讨论答题的要点，然后在教师的指引下，归纳总结方法、解题步骤，最后在此基础上练习一些评析式题目。

2. 一题多联

试题"源于课本，高于课本"，指导学生要重视课本学习。因此，试卷讲评时，教师借一题所考查的知识点，让学生回忆、联想相关知识点，对知识进行系统梳理，形成知识网络，真正达到做一道题、会一类题的目的，可以收到奇效。

例如，2011 年的热点时事垃圾分类专题，学生做了很多不同的题目，在最后的备课阶段，我们要领会《评价标准》中相关内容的要求，如 4. 5. 4 中提到"在实际生活中从我做起，保护环境"，以及 2. 3. 5 "在生活中反思并更好地履行责任"的要求，我们可指引学生对该专题的知识做归类，包括保护环境的国策、可持续发展战略、公民的责任感等。

此外，能力的体现表现在方方面面，需要我们在试卷讲评中关注更多的细节，才能在学科领域更好地深化素质教育。

（三）试卷讲评课中注重情感、态度、价值观目标的落实

《评价标准》中，每个知识点都有对应的情感、态度、价值观目标。那么，试卷讲评能否可以像新授课那样，在传授知识的同时，也注重情感、态度、价值观培养目标的落实呢？

笔者认为，纸笔考试既考知识与技能，也考过程与方法，更考情感、态度与价值观。试卷讲评课中的情感、态度、价值观目标的落实可以从两个方面来着手。

第一，要挖掘试题本身的情感因素。试题当中所包含的情感因素是很丰富的。如题"南粤传统文化生生不息，历久弥新，作为中学生，应承担起弘扬传统文化的责任，请你为南粤传统文化进校园出谋划策"。在讲评这道题目的过程中，鼓励学生进行创新回答，这样有利于对学生进行尊重和发扬本土民族文化的情感培养。

第二，在讲评过程中要处理好师生关系。教师在讲评中应该尊重学生，切忌对学生进行奚落和嘲笑。学生做错题目，应找明原因。表扬和批评都要把握好度，不能因为要表扬成绩好的而冷落了成绩差的，其实考不好的学生更需要老师

的关注与鼓励。

（四）依据《评价标准》，试卷讲评应体现多样的评价方式

《评价标准》作为教师在教学过程中对学生进行各种非纸笔的表现性评价的参考，是对评价改革的一个尝试，起到了对学生学业评价的规范作用。在《评价标准》“评价方式”的设置中，主要分为“纸笔测试”和“非纸笔测试”两类。所谓“纸笔测试”可以理解为平时的测验、考试乃至中考。《评价标准》中提出“学习过程中的情感、态度、价值观和行为表现等方面，宜采用多种评价方式”，试卷讲评过程中，可采取描述性评语的评价方式对学生的学习状况进行评价，这类似于学期结束后班主任写给学生的评语。可分为学生自评和老师评价两部分来操作。

学生自评：凭借试卷，指导学生自查自纠自评。在试卷讲评课上，学生自主学习的过程就是对自己的试卷进行自查自纠自评的过程。在试卷讲评课中可设计反思作业。例如“你这次试卷讲评的收获是什么”，让学生对自己的考卷进行重新审视，从中获得新的启发和全新的认知，自我诊断以后会获得良好的经验，肯定自己的优点，找到自己的不足，从而达到“有则改之，无则加勉”的目的。

老师评语：考试不是学生学习的终结，而是一个新的起点，是为了学生今后的长远发展。“考”的目的是让学生更好地发现学习中存在的问题，在下一阶段的学习中调整学习的重点和方法等。教师在试卷讲评课上要注意突出正面激励，着眼未来，向学生提出新的学习希望。有些时候，教师在试卷讲评课上客观地分析、评价学生非智力方面的因素，会令学生更加钦佩教师的学识涵养，进而拉近与教师的距离，增强学生对该门学科学习的主动性、积极性和创造性。正所谓，良言一句三冬暖，激励性的评语可使学生产生心灵的触动，促使学生改善自我。这绝不是“纸笔测试”可以考查的，也绝不是水平测试的成绩可以体现和衡量的，这正是多元评价的目的所在，更有利于学生的长远发展。

三、使用《评价标准》指导教学的反思

在《评价标准》实施后，思想品德教学面临着一个新的起点，作为教师，要更新自己的教育观念，重视和研究《评价标准》，更要强化其对教法和学法的探讨，因为教法与学法衔接与否，是能否优化课堂教学、提高实效、落实素质教育、促进学生全面发展的关键。

相信经过大家的研究和努力，这个问题将会得到比较好的解决。

参考文献

[1] 广州市教育局教学研究室编. 广州市义务教育阶段学科学业质量评价标准（思想品德）. 广州：广东教育出版社，2009.

[2] 杨景福. “行动研究法”在高三政治讲评课中的运用. 科学咨询，2009（21）.

[3] 段忠英. 两节试卷讲评课的思考. 科技资讯，2010（15）.

[4] 汤立宏，卢卫宁. 试卷讲评课如何体现新课程教育改革的理念——对三节中学期中试卷讲评课的教学反思. 中小学教师培训，2006（9）.

（注：本文获得广州市试行《学科学业质量评价标准》阶段研究成果一等奖，并入选《广州教学研究》）

对“手持技术与中学数学新课程整合”的一点思考

——“利用图形计算器，进行合作探究学习”课堂实录及思考

刘运科

【摘要】当前，各地都在进行“信息技术与新课程整合”的课题研究，高中数学的“手持技术与中学数学新课程整合”课题研究也在全国部分城市开展。本文完整地呈现了一个“利用图形计算器，进行合作探究学习”的课堂实录，并对此进行思考分析，对该如何整合手持技术与新课程提出了自己的观点：恰当地整合，合理地使用手持技术，对于学生形成自主、探究、合作的学习方式有极好的促进作用。

【关键词】手持技术　图形计算器　新课程　整合

一、引言

2008 年 8 月，广州市第四中学被广州市教育局教研室选为“手持技术与新课程整合”实验学校，部分教师在江苏参加了首轮实验一期培训。培训的主要内容是学习使用 HP39gs 图形计算器（如图 1 所示）。图形计算器（Graphing Calculator，以下简称 GC）是一种集数值计算、函数图象显示、编程、数据分析等功能于一身的掌上计算器，是根据数学学科特点，针对提高学生收集、处理信息，分析问题，解决问题的能力而设计的，是手持技术中最重要的数学学习工具之一。

开学后，笔者一直在思考手持技术与新课程该如何整合，什么时候使用 GC，以何种方式来上课，但是并没有想到比较好的模式。后经学校统筹安排，笔者与

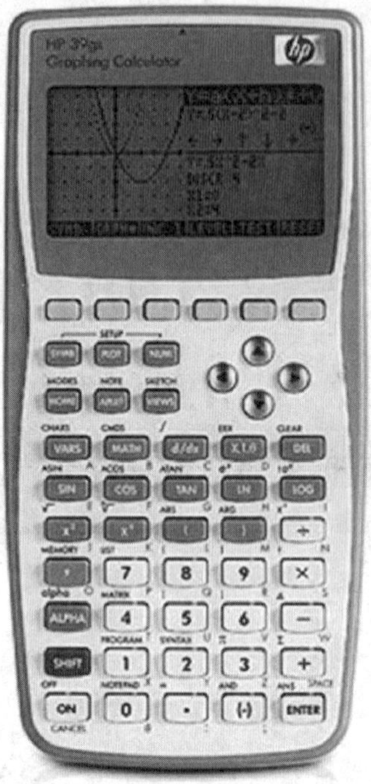

图 1

另外一位教师开设了“手持技术与中学数学新课程整合”的选修课。笔者首先利用两节课介绍了 GC 的基本操作。以后的课程本来打算按照教程挑选一些重要章节照本宣科地讲。但是在高二的某堂课发生的“意外”，竟然改变了笔者的想法，使笔者有了意想不到的收获。以下是那堂课的课堂实录。

二、课堂实录

（1）第一题，解方程：$3^x+4^x=5^x$。

学生可以观察出答案：$x=2$。但是，此方程是否还有其他解？能否用学过的知识、方法解出此题？到底如何进行变形与转化？这些是难点。笔者原本打算先介绍传统的解法，再利用 GC 来解决此题，以此凸显 GC 的优越性。

学生在做了一番尝试之后，笔者进行启发诱导，共同得出传统解法。

（2）传统解法：将原方程转化为$\left(\frac{3}{5}\right)^x+\left(\frac{4}{5}\right)^x=1$，令 $f(x)=\left(\frac{3}{5}\right)^x+\left(\frac{4}{5}\right)^x$，

因 $0<\frac{3}{5}<1$，$0<\frac{4}{5}<1$，$\left(\frac{3}{5}\right)^x$、$\left(\frac{4}{5}\right)^x$ 都是 x 的减函数（$x\in\mathbf{R}$ 时），

故$f(x)=\left(\frac{3}{5}\right)^x+\left(\frac{4}{5}\right)^x$是$x$的减函数（$x\in\mathbf{R}$时）。

因$f(2)=1$，故方程$\left(\frac{3}{5}\right)^x+\left(\frac{4}{5}\right)^x=1$即为$f(x)=f(2)$，

因$f(x)$是x的减函数（$x\in\mathbf{R}$时），故$f(x)=f(2)$有唯一解$x=2$。

笔者继续按部就班地讲解。

（3）做完此题后，感觉用传统解法难度较大。考虑到方程$3^x+4^x=5^x$的解，就是函数$F_1(x)=3^x+4^x-5^x$的零点，下面利用 GC，求$F_1(x)=3^x+4^x-5^x$的零点。

（4）进入 APLET 中的 Function，输入函数：$F_1(x)=3^x+4^x-5^x$，并作出其图像，调整好大小：

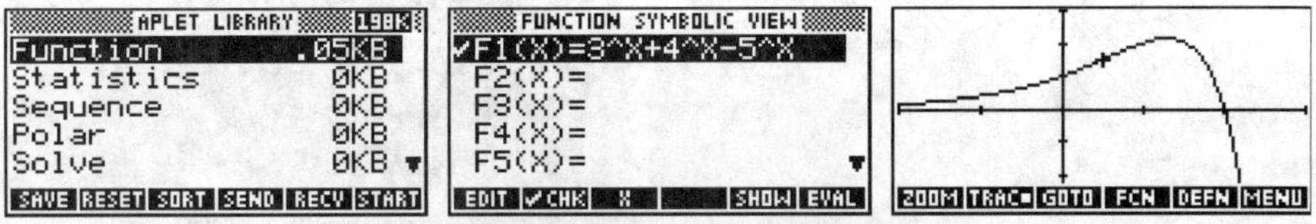

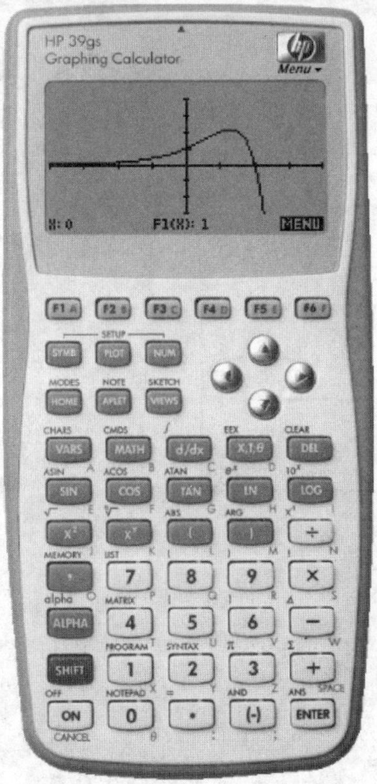

图 2

由图 2 可以看出：F_1（x）有唯一零点 $x=2$，符合刚才的计算……

（5）正当笔者要讲 GC 的“优越性”时，一位学生意外地打断了笔者：“老师，我还发现，当 $x<2$ 时，F_1（x）>0；当 $x>2$ 时，F_1（x）<0；由图还可以看出：当 $x\to-\infty$ 时，F_1（x）$\to 0$；当 $x\to+\infty$ 时，F_1（x）$\to-\infty$……这是为什么呢?”

另外一位学生说：“F_1（x）也有单调性，当 $x\in$（$-\infty$，1.287）时，F_1（x）单调递增；当 $x\in$（1.287，$+\infty$）时，F_1（x）单调递减（如图 3，1.287 是近似值）……这是怎么回事呢?”

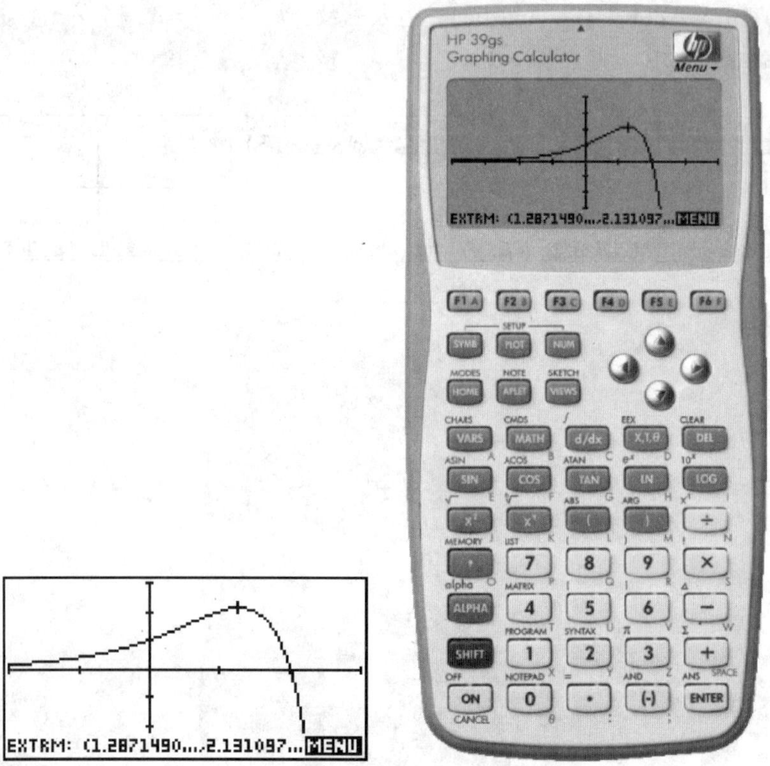

图 3

（6）两位学生发现的问题打乱了笔者原来的计划，笔者立即让学生分小组讨论，尝试分析此函数为什么有这些特点。自己也进行思考，参与到各小组的讨论活动中去。

（7）经过几分钟的讨论，师生共同得出了一些解释。笔者让各小组学生代表将思路进行整理，又过了几分钟后，各小组学生代表发言：

学生甲：因 F_1（x）$=3^x+4^x-5^x=5^x\left[\left(\frac{3}{5}\right)^x+\left(\frac{4}{5}\right)^x-1\right]$，令 g（x）$=$

$\left(\frac{3}{5}\right)^x+\left(\frac{4}{5}\right)^x-1$，用类似刚才的解法，可知 $g(x)$ 有唯一零点 $x=2$；而 $F_1(x)=5^x g(x)$，$5^x>0$，故 $F_1(x)$ 有唯一零点 $x=2$。同理可得：当 $x<2$ 时，$F_1(x)>0$；当 $x>2$ 时，$F_1(x)<0$。

学生乙：当 $x\to-\infty$ 时，$3^x\to0$，$4^x\to0$，$5^x\to0$，故 $F_1(x)=3^x+4^x-5^x\to0$；当 $x\to+\infty$ 时，$\left(\frac{3}{5}\right)^x\to0$，$\left(\frac{4}{5}\right)^x\to0$，$g(x)=\left(\frac{3}{5}\right)^x+\left(\frac{4}{5}\right)^x-1\to-1$，$F_1(x)=5^x g(x)$，$5^x\to+\infty$，故 $F_1(x)\to-\infty$。

学生丙：至于 $F_1(x)=3^x+4^x-5^x$ 的单调性，考虑用求导来判断。$[F_1(x)]'=(\ln 3)3^x+(2\ln 2)4^x-(\ln 5)5^x$，令 $[F_1(x)]'=0$，利用GC可得其近似解 $x=1.287$。

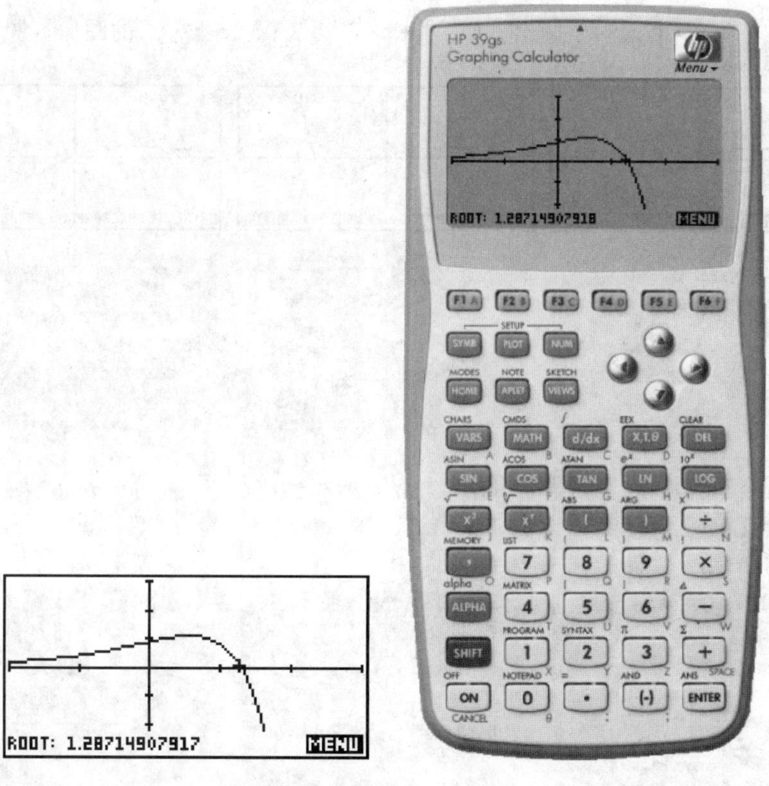

图4

可以判断：当 $x\in(-\infty, 1.287)$ 时，$[F_1(x)]'>0$，故 $F_1(x)$ 单调递增；当 $x\in(1.287, +\infty)$ 时，$[F_1(x)]'<0$，故 $F_1(x)$ 单调递减。

学生的思维深度确实让人惊讶。一次意外打断，竟使笔者得到了意想不到的收获！简单小结第一题之后，笔者赶紧改变了计划，将原来的第二题“解方程：

$3\cdot2^{2x}+2\cdot3^{2x}-5\cdot6^{x}=0$”，临时改为“解不等式：$3\cdot2^{2x}+2\cdot3^{2x}-5\cdot6^{x}<0$，并利用 GC 探究函数 $f(x)=3\cdot2^{2x}+2\cdot3^{2x}-5\cdot6^{x}$ 的性质，利用学过的知识尝试加以解释”。

（8）第二题，解不等式：$3\cdot2^{2x}+2\cdot3^{2x}-5\cdot6^{x}<0$，并利用 GC 探究函数 $f(x)=3\cdot2^{2x}+2\cdot3^{2x}-5\cdot6^{x}$ 的性质，利用学过的知识尝试加以解释。

（9）经过一番思考、尝试，有学生得出了传统解法：

原不等式 $3\cdot2^{2x}+2\cdot3^{2x}-5\cdot6^{x}<0$ 即为 $(3\cdot2^{x}-2\cdot3^{x})(2^{x}-3^{x})<0$，

因 $3^{2x+1}>0$，将不等式两边同除以 3^{2x+1} 得

$\left[\left(\frac{2}{3}\right)^{x}-\frac{2}{3}\right]\left[\left(\frac{2}{3}\right)^{x}-1\right]<0$，$\frac{2}{3}<\left(\frac{2}{3}\right)^{x}<1$，即 $\left(\frac{2}{3}\right)^{1}<\left(\frac{2}{3}\right)^{x}<\left(\frac{2}{3}\right)^{0}$，

因 $g(x)=\left(\frac{2}{3}\right)^{x}$ 是 x 的减函数（$x\in\mathbf{R}$ 时），故 $0<x<1$。

（10）利用 GC，学生画出 $f(x)=3\cdot2^{2x}+2\cdot3^{2x}-5\cdot6^{x}$ 的图像（见图 5）：

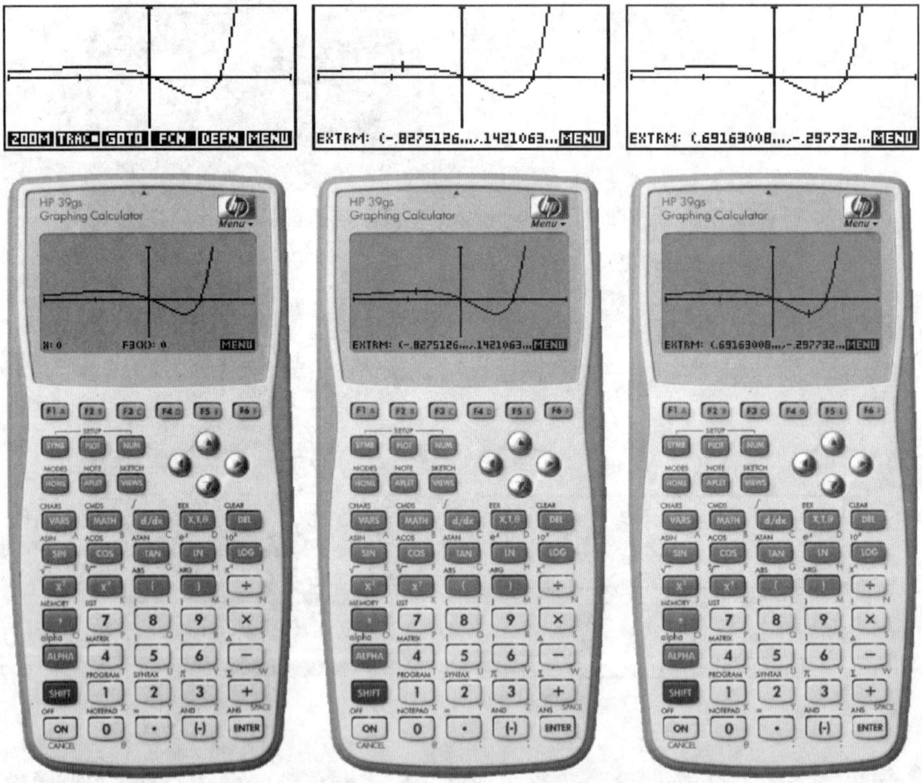

图 5

可以发现$f(x)$有如下特点：

1）有两个零点$x=0$，1；

2）当$0<x<1$时，$f(x)<0$；当$x<0$或$x>1$时，$f(x)>0$；

3）当$x\to-\infty$时，$f(x)\to0$；当$x\to+\infty$时，$f(x)\to+\infty$；

4）有两个极值点：$x_1=-0.82751\cdots$和$x_2=0.69163\cdots$；

单调性为：当$x\in(-\infty,x_1)$时，函数单调递增；

当$x\in(x_1,x_2)$时，函数单调递减；

当$x\in(x_2,+\infty)$时，函数单调递增。

（11）函数$f(x)$的前两个性质是显然的。至于后两个性质，笔者先让大家单独思考，之后再讨论交流，最后由两位学生代表发言。

学生丁：$f(x)=3\cdot2^{2x}+2\cdot3^{2x}-5\cdot6^x$，当$x\to-\infty$时，$3\cdot2^{2x}\to0$，$2\cdot3^{2x}\to0$，$5\cdot6^x\to0$，故$f(x)=3\cdot2^{2x}+2\cdot3^{2x}-5\cdot6^x\to0$；

$f(x)=3\cdot2^{2x}+2\cdot3^{2x}-5\cdot6^x=3^{2x+1}\left[\left(\frac{2}{3}\right)^x-\frac{2}{3}\right]\left[\left(\frac{2}{3}\right)^x-1\right]$，当$x\to+\infty$时，$\left(\frac{2}{3}\right)^x\to0$，$\left[\left(\frac{2}{3}\right)^x-\frac{2}{3}\right]\left[\left(\frac{2}{3}\right)^x-1\right]\to\frac{2}{3}$，而$3^{2x+1}\to+\infty$，故$f(x)\to+\infty$。

学生戊：对于第四个性质，考虑$[f(x)]'=(6\ln2)2^{2x}+(4\ln3)3^{2x}-(5\ln6)6^x$，利用GC，做出$[f(x)]'$的图像（见图6）：

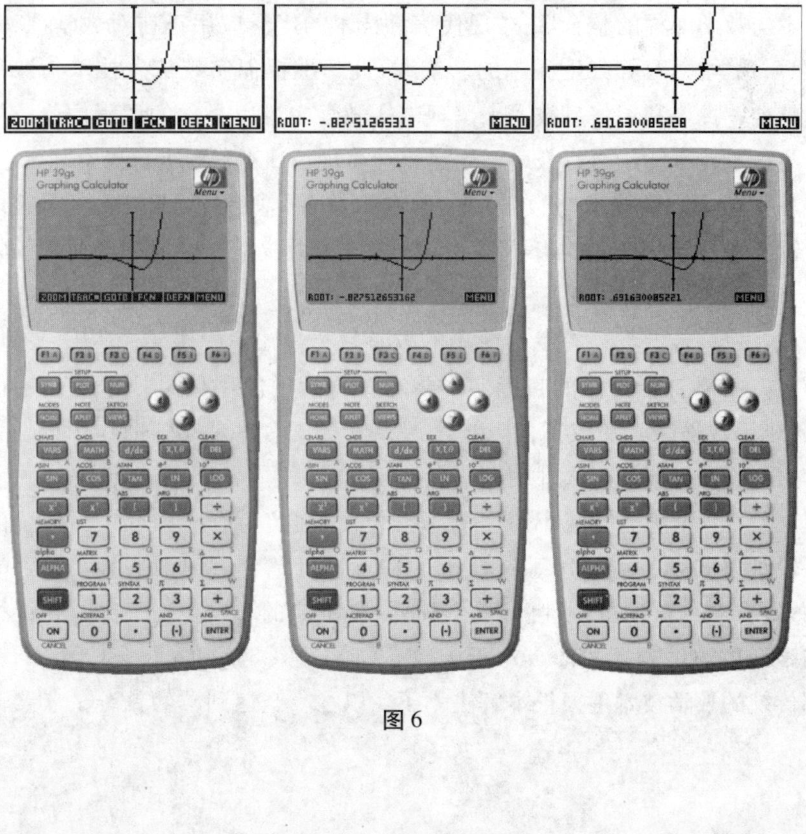

图6

发现$[f(x)]'$的零点果然为$x_1=-0.82751\cdots$和$x_2=0.69163\cdots$，见下表：

x	$(-\infty, x_1)$	x_1	(x_1, x_2)	x_2	$(x_2, +\infty)$
$[f(x)]'$	+	0	−	0	+
$f(x)$	递增	极大值	递减	极小值	递增

……

三、引发的思考：信息技术（手持技术）到底该如何与新课程整合

这节课意想不到的收获，促使笔者以后的几节课形成了基本模式：以做题为引子，用传统方法解题之后，利用GC进行探究，再进行小组讨论，尝试用学过的知识解释探究得到的结论。

反思这节课，笔者发现原来的设想——“按照教程，挑选一些重要章节，照本宣科地讲”是很有问题的。如果按照原来的设想来讲，那么数学课就变成了信息技术课，纯粹“为了使用信息技术而使用信息技术”，数学的本质被忽略，学生的基本数学能力也无法增长。

这节课也让笔者对手持技术与新课程到底该如何整合进行了思考。

《普通高中数学课程标准（实验稿）》中，课程的基本理念的第9点为“注重信息技术与数学课程的整合”，“现代信息技术的广泛应用正在对数学课程内容、数学教学、数学学习等产生深刻的影响”。此标准提倡实现信息技术与课程内容的有机整合，提倡利用信息技术来呈现以往教学中难以呈现的课程内容，加强数学教学与信息技术的结合，鼓励学生运用计算机、计算器等进行探索和发现。

课程整合是信息技术与数学课程的有机结合，要想达到有机结合的理想状态，关键要在新课标理念的指导下，以教学目标为核心，根据信息技术的特点找到整合点。

首先，每一节课都要有一个明确的教学目标，知识、技能、情感、态度、价值观等各方面都要有具体的目标。不要纯粹“为了使用信息技术而使用信息技术”，否则，数学课就变成了信息技术课；信息技术只是起辅助作用，是为了达到教学目标，在必要的时候才使用信息技术。

其次，要找准整合点，不要“为了整合而整合”。有些内容，用传统的教学技术手段难以实现，可利用手持技术的特点进行整合。例如，前文提到的函数$f(x)=3^x+4^x-5^x$的单调性问题，就是一个不错的整合点。又如，在讲述指数函数与幂函数的增长比较时，对于函数$f(x)=x^3$与$g(x)=1.01^x$的增长比较，用传统的教学技术手段根本解决不了。以往，当遇到“刁钻”的学生问此类

问题时，教师难以回答。此时，图形计算器能发挥很好的作用，此类问题就是很好的整合点。有些内容，其教学目标是数学技能，就不必整合。例如，解二次不等式，其教学目标就是让学生掌握解二次不等式的方法，是通过思考，用笔计算出来的，就不必整合。

通过恰当地整合、合理地使用手持技术，教师的教学可以更多地借助于便捷的计算、直观图形和仿真模拟，引导学生进行数学的实验和探究，帮助学生发现数学的结论和理解数学的本质，并进行更加广泛的数学实践和应用；同时，以人为本、以学生为中心的教育观将得到充分体现。学生通过独立思考、自主实践和合作交流，获得更具个性的知识结构与学习能力。

参考文献

[1] 中华人民共和国教育部. 普通高中数学课程标准（实验稿）. 北京：人民教育出版社，2003.

[2] 手持技术与中学数学课程整合项目组. GCE 教案与学案内部资料.

（注：本文在2009年6月“广州市中学数学教学研究会第九届学术年会”论文评比中获一等奖）

手持技术在探究线性递推数列通项公式中的应用

刘运科

【摘要】手持技术在数学教学中应用广泛，本文以实例形式，呈现了手持技术在探究线性递推数列通项公式中的应用，并分析了应用手持技术的注意事项。

【关键词】手持技术　应用　探究　线性递推数列　通项公式

一、引言

“注重信息技术与数学课程的整合”已成为课标的一个基本理念，课标提倡实现信息技术与课程内容的有机整合，鼓励学生运用计算机、计算器等进行探索和发现。手持技术是一种重要的信息技术，是指可以在掌上操作运行的信息技术。对于中学数学而言，手持技术主要指图形计算器以及相关的软件和附属设备。图形计算器是一种集数值计算、函数图像显示、编程、数据分析等功能于一身的掌上计算器，在2010年教育部颁布的高中理科教学仪器配备标准中，图形计算器成为必配仪器。

递推数列是高考的一个热点，其题型多样，求通项公式的方法灵活，对学生的观察、分析、归纳、猜想、推理、论证等综合能力要求较高。求递推数列通项公式也是教学的一个难点。在日常的教学中，一般教师会讲授常见的求递推数列通项公式的方法，如累加法（逐差相加法）、累乘法（逐商相乘法）、构造辅助数列法（待定系数法、取倒数法、取对数法）、特征根法、不动点法、数学归纳法等。由于这些方法难度较大，一般学生难以理解，往往靠机械记忆，最终对递推数列敬而远之。

应用手持技术，学生可以获得递推数列的若干项及数列的图像，从而确定思维方向，探究求通项公式的方法，加深对方法的理解。本文将呈现手持技术在探究线性递推数列通项公式中应用的三个实例，并对应用手持技术的注意事项加以分析。本文用到的计算器是卡西欧（Casio）图形计算器 fx-CG20。

二、实例

（1）实例一：利用手持技术，探究 $a_{n+1}=ka_n+b$ 型递推数列通项公式。

【题 1】已知数列$\{a_n\}$满足：$a_1=1$，$a_{n+1}=2a_n+1\,(n\in\mathbf{N}^*)$，求$\{a_n\}$的通项公式。

第一步，指导学生输入初始条件和递推公式。

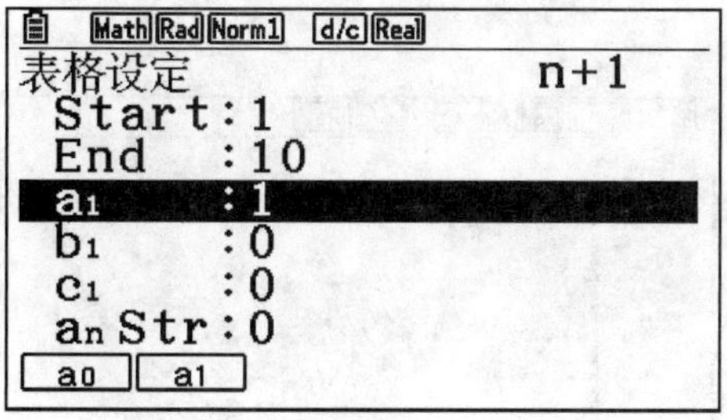

图 1

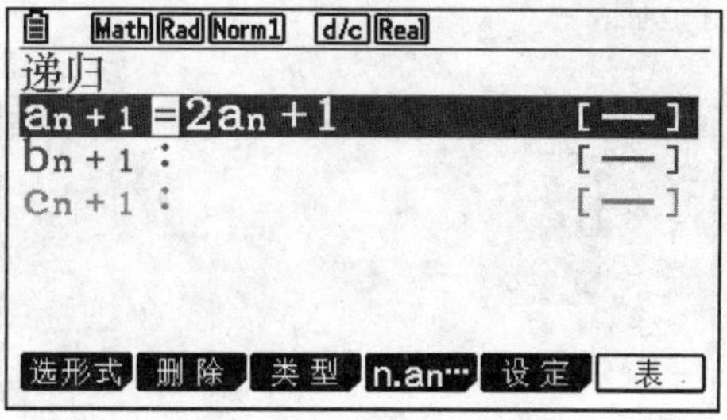

图 2

第二步，利用“表”功能，得到数列前 10 项的数值表。

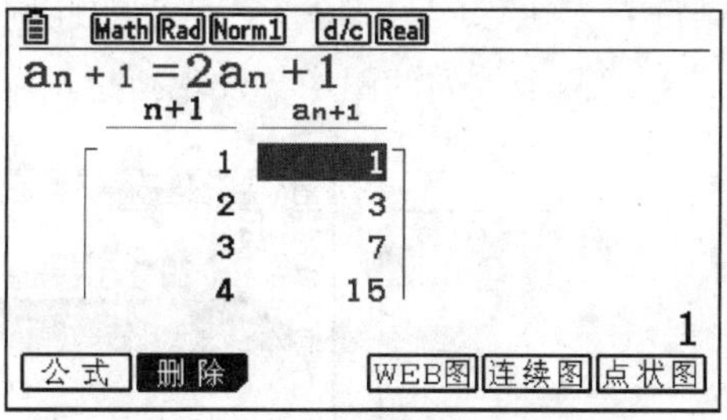

图 3

表 1

n	a_n
1	1
2	3

（续上表）

n	a_n
3	7
4	15
5	31
6	63
7	127
8	255
9	511
10	1 023

第三步，利用点状图、连续图，做出数列的图像，并调整好横、纵坐标的取值范围。

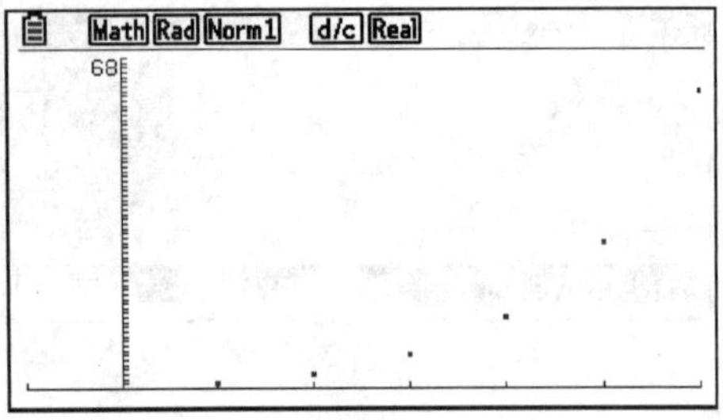

图 4

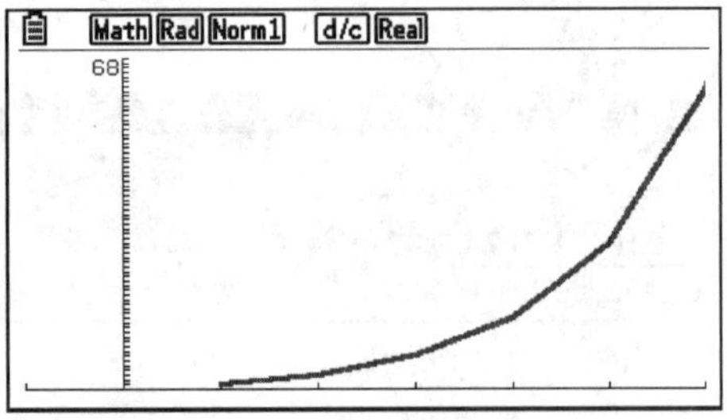

图 5

第四步，观察数据特点，猜想 $a_n=2^n-1$。是否如此呢？可输入 $b_n=2^n-1$，对比 a_n、b_n 各项数值，对比两个数列的图像，发现猜想正确。

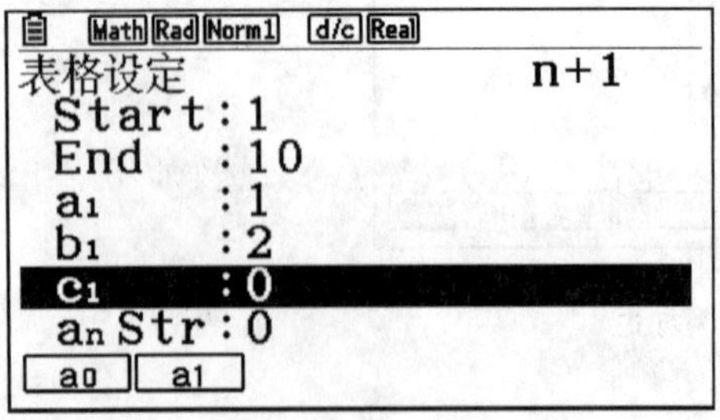

图 6

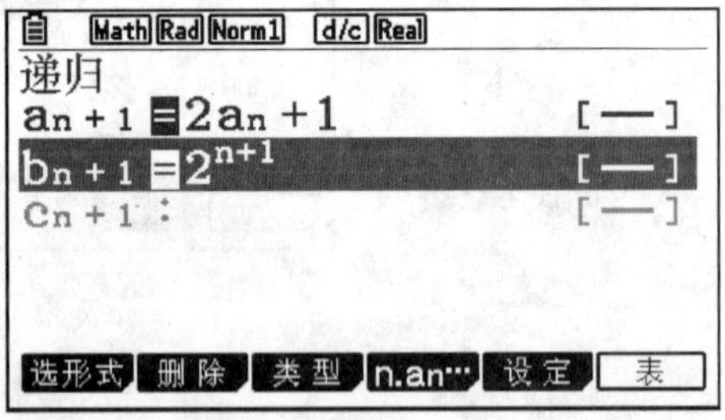

图 7

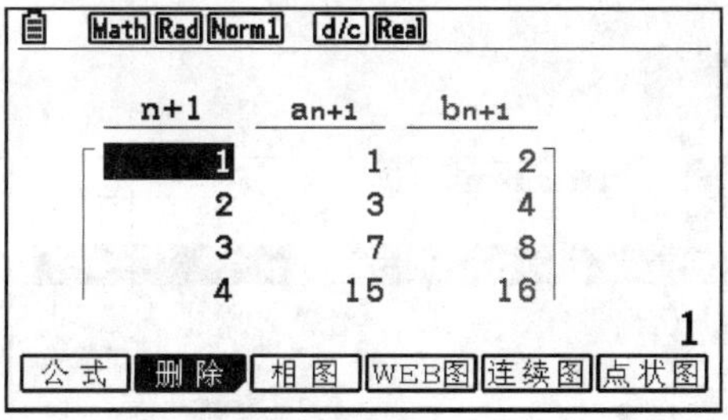

图 8

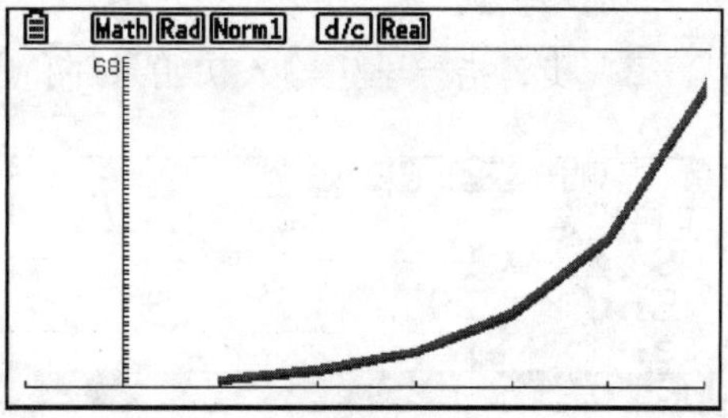

图 9

第五步，教师引导学生，共同得出“构造等比数列法（待定系数法）”，教师规范化解题步骤与格式（略）。

第六步，观察相邻两项的数值，不难发现 $a_{n+1}-a_n=2^n$，这个发现能否提供另外一个解题思路呢?

表 2

n	a_n	$a_{n+1}-a_n$
1	1	2
2	3	4
3	7	8
4	15	16
5	31	32
6	63	64
7	127	128
8	255	256
9	511	512
10	1 023	

第七步，教师引导学生，共同得出“累加法（逐差相加法）”，教师规范化解题步骤与格式（略）。

第八步，将题目改为：已知数列$\{a_n\}$满足：$a_1=1$，$a_{n+1}=3a_n+1(n\in\mathbf{N}^*)$，求$\{a_n\}$的通项公式。

第九步，学生独立用两种方法解决此题，教师巡堂，个别提点。

第十步，师生共同总结 $a_{n+1}=ka_n+b$ 型递推数列通项公式的解法。

（2）实例二：利用手持技术，探究 $a_{n+2}=Aa_{n+1}+Ba_n$ 型递推数列通项公式。

【题 2】已知数列$\{a_n\}$满足：$a_1=1$，$a_2=3$，$a_{n+2}=3a_{n+1}-2a_n(n\in\mathbf{N}^*)$，求

$\{a_n\}$的通项公式。

第一步，指导学生输入初始条件和递推公式。

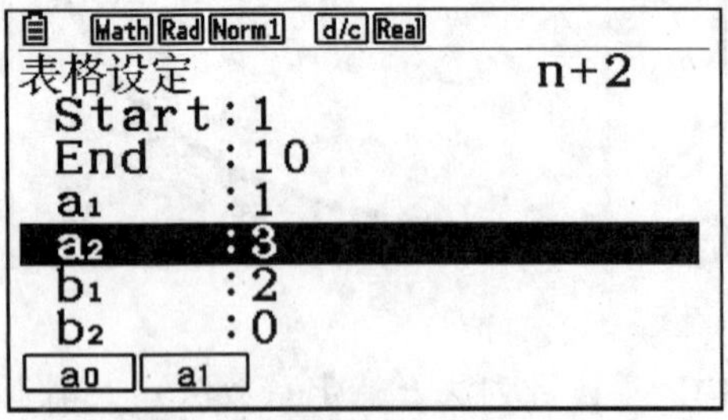

图 10

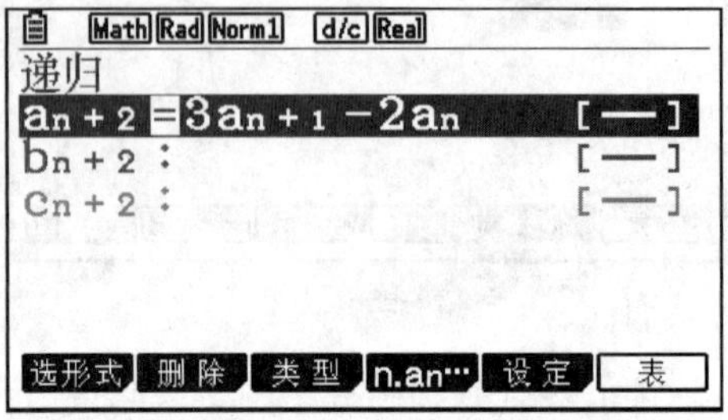

图 11

第二步，利用“表”功能，得到数列前 10 项的数值表。

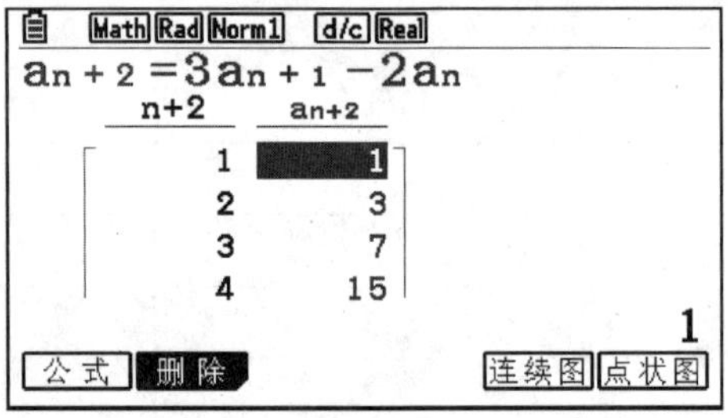

图 12

表 3

n	a_n
1	1
2	3
3	7
4	15
5	31
6	63
7	127
8	255
9	511
10	1 023

第三步，观察发现，题 2 与题 1 结果相同。能否将题 2 转化为题 1？或者，题

2 是否与题 1 有一样的解法？

第四步，尝试第一种方向：

由 $a_{n+2}=3a_{n+1}-2a_n$ 变形为 $a_{n+2}-2a_{n+1}=a_{n+1}-2a_n$，

从而 $a_{n+1}-2a_n=a_n-2a_{n-1}=\cdots=a_2-2a_1=1$，即 $a_{n+1}-2a_n=1$，$a_{n+1}=2a_n+1$，果然与题 1 一样。

第五步，尝试第二种方向：

由 $a_{n+2}=3a_{n+1}-2a_n$ 变形为 $a_{n+2}-a_{n+1}=2a_{n+1}-2a_n=2(a_{n+1}-a_n)$，$\dfrac{a_{n+2}-a_{n+1}}{a_{n+1}-a_n}=2$，

从而构造出等比数列 $\{a_{n+1}-a_n\}$，可得 $a_{n+1}-a_n=2^n$，

接下来的方法仿照题 1，可用“累加法（逐差相加法）”。

第六步，师生共同探究上述第四步和第五步的一般变形原理：

待定系数法，设 $a_{n+2}=Aa_{n+1}+Ba_n$ 可变形为 $a_{n+2}-sa_{n+1}=t(a_{n+1}-sa_n)$，

其中，s、t 由方程 $\begin{cases}s+t=A\\ st=-B\end{cases}$ 确定。

第七步，教师规范化解题步骤与格式（略）。

第八步，教师讲授“特征根法”（略），指出“特征根法”与上述第六步的联系。

（3）实例三：利用手持技术，探究双数列问题。

【题 3】2011 年天津高考理科数学第 20 题。

数列 $\{a_n\}$、$\{b_n\}$ 满足：$b_na_n+a_{n+1}+b_{n+1}a_{n+2}=0$，$b_n=\dfrac{3+(-1)^n}{2}(n\in\mathbf{N}^*)$，

且 $a_1=2$，$a_2=4$。

（Ⅰ）求 a_3，a_4，a_5 的值；

（Ⅱ）设 $c_n=a_{2n-1}+a_{2n+1}(n\in\mathbf{N}^*)$，证明 $\{c_n\}$ 是等比数列；

（Ⅲ）设 $S_k=a_2+a_4+\cdots+a_{2k}(k\in\mathbf{N}^*)$，证明：$\sum\limits_{k=1}^{4n}\dfrac{S_k}{a_k}<\dfrac{7}{6}(n\in\mathbf{N}^*)$。

第一步，输入初始条件和递推公式；

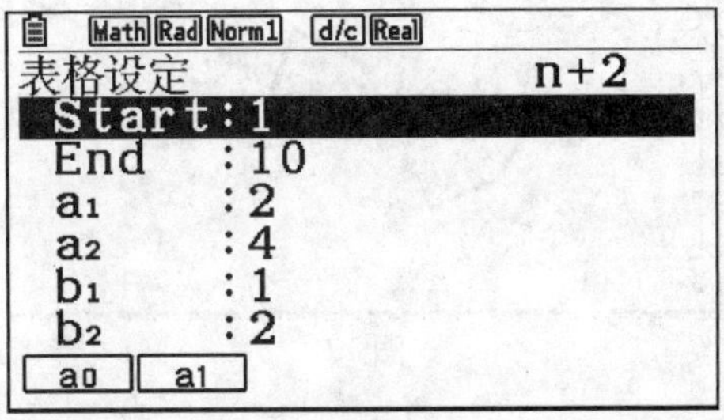

图 13

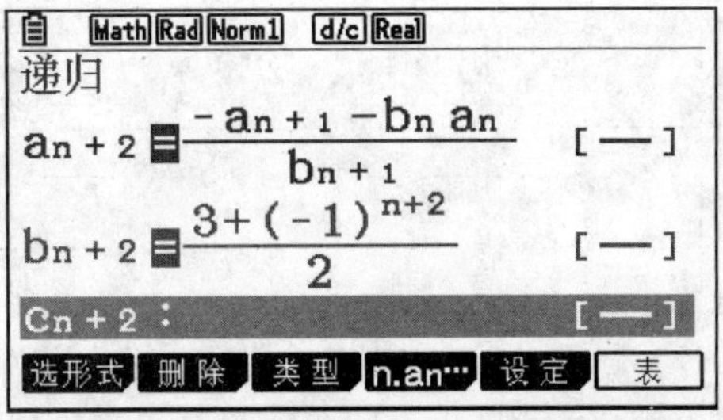

图 14

第二步，利用“表”功能，得到数列前10项的数值表；

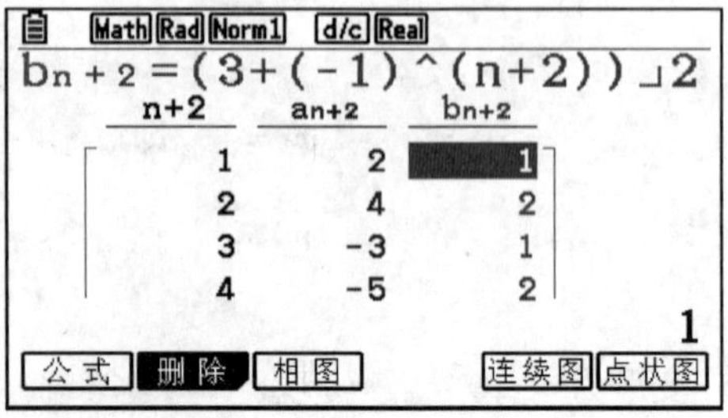

图15

表4

n	a_n	b_n
1	2	1
2	4	2
3	−3	1
4	−5	2
5	4	1
6	6	2
7	−5	1
8	−7	2
9	6	1
10	8	2

第三步，利用点状图、连续图，做出数列的图像，并调整好横、纵坐标的取值范围；

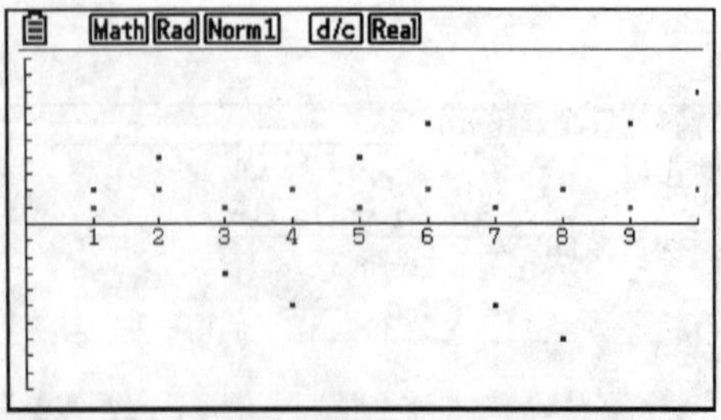

图16

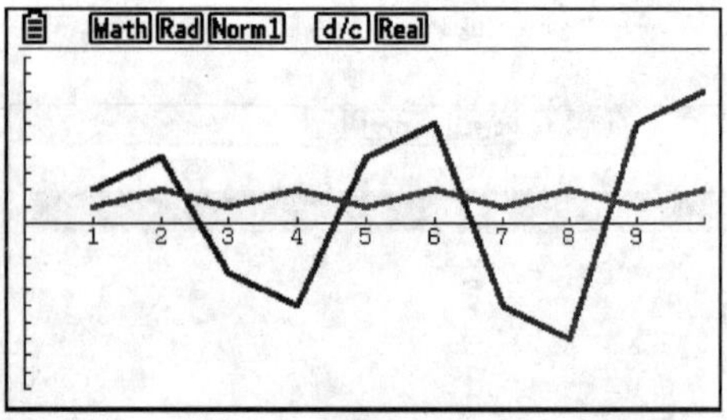

图17

第四步，观察数据特点，可发现：

b_n 的值按 n 的奇偶分别等于 1，2；a_n 的值则两正两负地跳跃，且整体呈绝对值增大的趋势。

既然 b_n 的值与 n 的奇偶性有关，猜想 a_n 的通项公式也与 n 的奇偶性有关。

第五步，尝试解题，分 n 为奇数和偶数两种情况讨论：

$$a_{2n+1}=\frac{-a_{2n}-b_{2n-1}a_{2n-1}}{b_{2n}}=\frac{-a_{2n}-a_{2n-1}}{2}，即 2a_{2n+1}+a_{2n}+a_{2n-1}=0，$$

$$a_{2n+2}=\frac{-a_{2n+1}-b_{2n}a_{2n}}{b_{2n+1}}=-a_{2n+1}-2a_{2n}，即 a_{2n+2}+a_{2n+1}+2a_{2n}=0。$$

由上可得：

$4a_{2n+1}+2a_{2n}+2a_{2n-1}=0$ ①

$2a_{2n+3}+a_{2n+2}+a_{2n+1}=0$ ②

$a_{2n+2}+a_{2n+1}+2a_{2n}=0$ ③

①+②-③得：

$2a_{2n+3}+4a_{2n+1}+2a_{2n-1}=0$，即 $a_{2n+3}+a_{2n+1}=-(a_{2n+1}+a_{2n-1})$，

即 $c_{n+1}=-c_n$，问题得以突破。余下解题过程从略。

三、应用手持技术的注意事项

（1）应用手持技术求线性递推数列通项公式的一般步骤。

第一步，输入初始值及递推关系；

第二步，得到前若干项的值及数列的图像；

第三步，根据第二步发现的规律与性质，确定解题的方向；

第四步，尝试解题；

第五步，解题；

第六步，反思、总结。

（2）选题的难度。

本文的实例一、实例二是新授课，选取了一个极简单的数列。这样有利于学生迅速发现数列的规律，进行合理的猜想；反之，若选取较为复杂的数列，利用手持技术也难以发现规律，则不利于教学的开展。而实例三作为数学优等生的自主探究题目，难度比实例一、实例二要大很多，更具有挑战性。应用手持技术帮助学生发现规律、分析问题、解决问题，这对于激发学生求知欲、发展自主探究能力、完善知识结构大有帮助。

（3）应用手持技术的时机问题。

上面三个实例中，手持技术是在解题前期使用的。实际上，手持技术也可以

在解题完成之后的反思、总结中使用。例如，题目解决后，可以尝试改变初始值，或者尝试改变递推式中某些数值，看看会得到怎样的结果，并加以分析，有利于更加深刻地理解题目。

（4）手持技术的作用与教学重心问题。

手持技术主要起到快捷计算、提供直观图像、辅助提供思维方向的作用。在教学中，常规的观察、分析、归纳、猜想、推理、论证等综合能力仍然是教学的重心，切不可过多依赖手持技术，而忽略数学的本质，本末倒置。

（5）应用手持技术“度”的问题。

手持技术可用，但不可滥用。在日常的教学中，并非所有的课堂都要进行探究活动，在探究活动中，手持技术也未必是最合适的技术。合理、适度地使用手持技术，对于学生形成主动、探究的学习方式有促进作用。

（6）手持技术的优势与局限性。

手持技术的优势：快捷、直观、方便。具体来说就是计算快捷，图形直观，手持方便。

手持技术的局限性：某些设计存在缺陷，相比于电脑、手机等电子产品，缺乏吸引力。相信随着科技的进步，开发者能够逐渐使之完善。

参考文献

[1] 中华人民共和国教育部. 普通高中数学课程标准（实验稿）. 北京：人民教育出版社，2003.

[2] 余元希，田万海，毛宏德. 初等代数研究（下册）. 北京：高等教育出版社，1988.

[3] 任志鸿. 十年高考分类解析与应试策略：数学. 海口：南方出版社，2011.

（注：本文在2010年广东省高中物理课堂教学设计评比中获一等奖，在2012年4月获广州市“图形计算器与高中数学解题教学整合研究”课题教师论文二等奖）

“探究外力做功与物体动能变化的关系”教学设计

——粤教版教材必修二模块第四章第三节

何敏怡

【摘要】动能定理是功能关系的重要体现，是推导机械能守恒定律的依据，常用于解决运动学问题，是力学中最重要的规律之一，它的应用贯穿于以后的许多章节中，因此是该章的重中之重。在整个经典物理学中，动能定理又与牛顿运动定律、动量定理并称为解决动力学问题的三大支柱，也是每年高考的必考内容，因此学好动能定理对每个学生而言都尤为重要。笔者采用了实验探究与理论推导相结合的方法，进行了“探究外力做功与物体动能变化的关系”的教学设计。

【关键词】动能定理　外力做功　动能变化　教学设计

一、课题、课时

“探究外力做功与物体动能变化的关系”（2 课时）。

二、教学内容分析

1. 课程标准对本节的要求

（1）通过实验，探究恒力做功与物体动能变化的关系。

（2）理解动能定理。用动能定理解释生活和生产中的现象。

2. 教材的地位和作用

动能定理是功能关系的重要体现，是推导机械能守恒定律的依据，常用于解决运动学问题，是力学中最重要的规律之一，它的应用贯穿于以后的许多章节，因此是该章的重中之重。在整个经典物理学中，动能定理又与牛顿运动定律、动量定理并称为解决动力学问题的三大支柱，也是每年高考的必考内容，因此学好动能定理对每个学生而言都尤为重要。

3. 教材的编写思路

动能定理的编写，采用了实验探究与理论推导相结合的方法，以期使学生在“必修1”的基础上更加熟悉这种科学研究中常用的方式。通过列举日常生活中的实例提出本节课的课题：外力做功与物体动能的变化之间有什么关系？通过实验与探究，归纳总结出外力做功与物体动能的变化关系；通过理论分析与论证，推导出外力做功与物体动能的变化关系；然后综合归纳实验、探究和理论分析的结果，得出动能定理的文字表述和数学表达式，以及动能定理的适用条件；通过例题，总结运用动能定理解决力学问题的思路和方法，认识利用动能定理解题的优越性；通过实践与拓展来体现学以致用的理念；通过“资料活页”扩展学生的视野；最后通过课后练习巩固所学知识。

4. 教材的特点

（1）重视学生的探究式学习，培养学生运用物理知识和科学探究方法解决问题的能力。该节编写为探究性学习的案例，让学生亲身经历科学探究的过程，认识科学探究的意义。

（2）重视发展学生的自主学习、合作学习的能力，努力提高学生学习的主动性、积极性和自觉性。该节的“理论分析与论证”要求学生通过相互讨论与合作，推导出动能定理，为培养学生这方面的能力提供了一个平台。

（3）重视学生的科学实践活动，通过“实践与拓展”栏目，尝试运用物理原理和研究方法解决一些与生产和生活相关的实际问题。

（4）重视学生理性思维的训练。

5. 教材处理

（1）为培养学生的合作精神、动手能力和探究意识，本节内容先为学生创造一次体验科学探究的机会，提供学生可能需要的一些实验器材，让学生在明确实验目的的情况下，自己设计实验方案和实验步骤、选择实验器材、设计记录数据的表格、操作、记录数据并对实验数据进行处理与分析，归纳得出结论。

（2）第二课时根据教材提供的问题情景，由学生根据牛顿第二定律和运动学公式独立推导出外力做功与物体动能变化的关系，加深学生对功能关系的认识，提高学生的推导能力。并有层次、递进式地安排几道例题，使学生了解应用动能定理的解题过程，通过例题归纳出动能定理的适用范围，使学生清楚地知道无论外力是否为恒力，也不论物体是否做直线运动，动能定理都成立。

三、教学对象分析

1. 学生的兴趣

高一的学生尚处于好奇、好动、好强的阶段，教学中要注意培养学生对物理的兴趣，充分发挥探究实验的作用，调动学生学习的积极性和主动性。

2. 学生的知识基础

学生在前面第一、二节已分别学习过做功和动能的概念，而且学生已经知道实验探究和理论推导相结合的科学研究方法，在这里再次采用这种方法，充分利用学生已有的知识经验，引导学生通过实验设计、观察实验数据，分析、比较、归纳得出实验结果，再进一步通过理论分析、推导与论证，得到外力做功与物体动能的变化关系，使学生积极主动地参与教学过程。

3. 学生的认识特点

本章之前，学生对物理问题的探究主要是以牛顿运动三定律为基础，用运动学公式解决物体运动的速度、位移和加速度问题。而用能量的观点思考上述问题，学生还是第一次接触。所以，在本节的教学过程中，笔者特别注意引导学生逐步习惯于用能量和能量守恒的观点处理物理的运动问题，并突出动能定理解决运动问题的优势。

四、教学目标

1. 知识与技能

（1）知道外力对物体做功可以改变物体的动能。

（2）理解动能定理，知道动能定理的适用条件，会用动能定理进行计算。

（3）会用实验方法来探究物理定理或规律。

（4）理解动能定理的推导过程。

（5）会用动能定理解决力学问题，知道用动能定理解题的一般步骤。

2. 过程与方法

（1）通过实验设计、观察实验现象、记录和处理实验数据，分析、比较、归纳得出实验结果，体会科学探究的方法。

（2）通过理论分析与论证的过程，使学生受到理性思维的训练。

（3）通过实践与拓展，使学生灵活迁移所学知识并解决实际问题。

3. 情感、态度与价值观

（1）通过实验与探究，培养学生的探究意识和实践能力。

（2）通过讨论与交流，培养学生的语言表述能力和团结协作的学习精神。

（3）通过实践与拓展，培养学生对知识的灵活迁移能力和实际应用能力。

五、教学重点

（1）利用实验探究和理论推导，正确理解动能定理。

（2）运用动能定理解决实际问题。

六、教学难点

动能定理中合力做功的分析计算和如何应用动能定理解决有关力学问题。

七、教学策略设计

本节课在教学的指导思想上，始终坚持“自主探究、多元互动”的原则，通过教师创设问题情景和有效的设问引导，让学生亲历物理知识的构建过程。

在教学方法和手段上，采用实验探究与理论推导相结合的方法，并辅以多媒体等手段，把教学过程设计成以学生自主探究为前提，以观察实验和已有知识为基础，以问题为主线。至于学生用怎样的实验方法，选取怎样的器材，处理数据的方法以及理论的推导过程和结论，都由学生自己决定，教师只对学生出现的问题给予指导。

在学法指导上，让学生尝试自己观察思考、探究实验过程和结果，分析情景，概括规律，得出结论；使学生在获取知识的过程中，领会物理学的研究方法，受到科学思维方法训练以及协作精神、探索精神等情感、态度、价值观教育。

八、教学用具

电火花打点计时器、学生电源、纸带、重锤、铁架台、刻度尺、一端带滑轮的长木板、细绳、小车、小桶、钩码、砝码、天平、弹簧秤。

九、教学流程图

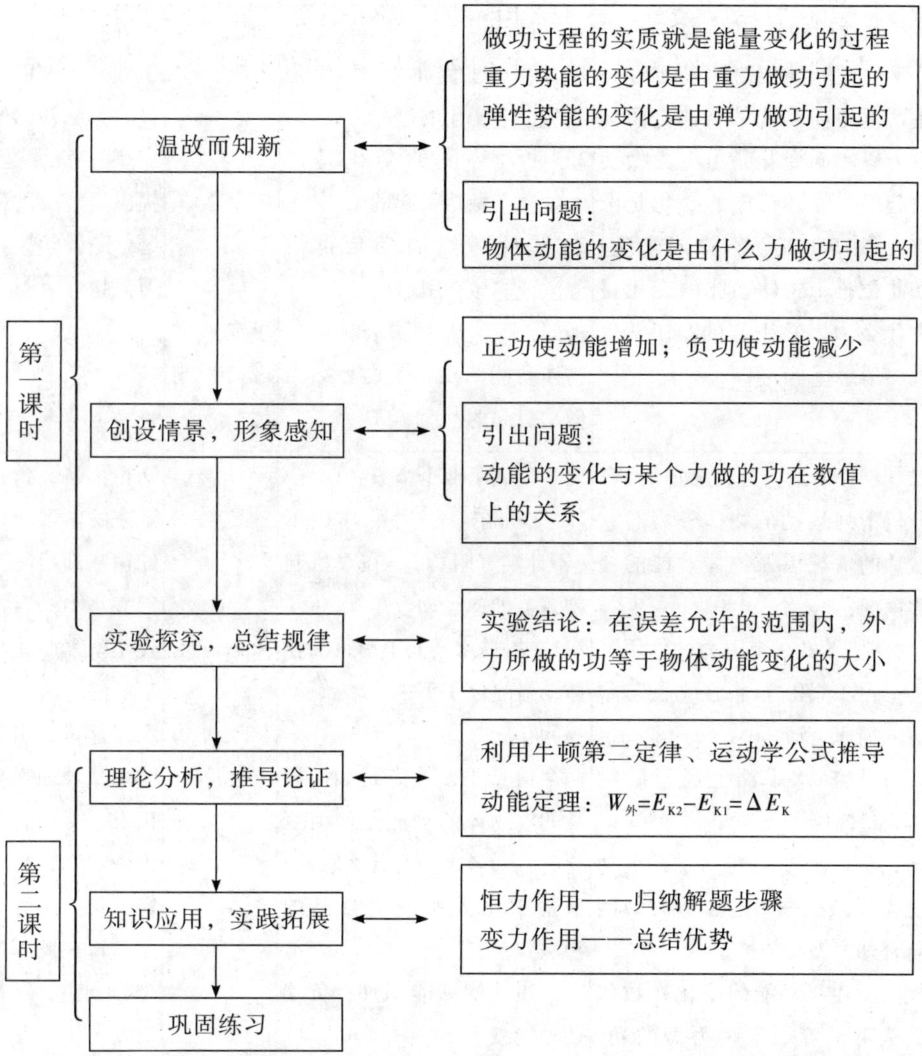
第一课时
温故而知新
做功过程的实质就是能量变化的过程
重力势能的变化是由重力做功引起的
弹性势能的变化是由弹力做功引起的
引出问题：
物体动能的变化是由什么力做功引起的
创设情景，形象感知
正功使动能增加；负功使动能减少
引出问题：
动能的变化与某个力做的功在数值上的关系
实验探究，总结规律
实验结论：在误差允许的范围内，外力所做的功等于物体动能变化的大小
第二课时
理论分析，推导论证
利用牛顿第二定律、运动学公式推导
动能定理：$W_{外}=E_{K2}-E_{K1}=\Delta E_{K}$
知识应用，实践拓展
恒力作用——归纳解题步骤
变力作用——总结优势
巩固练习

十、教学过程设计

教学环节和教学内容	教师活动	学生活动	设计意图
一、温故而知新 让学生回顾功能之间的定性关系，重温功和能的概念，回忆重力势能的变化是由重力做功引起的，弹性势能的变化是由弹力做功引起的。提问学生，如此类推，物体动能的变化是由什么力做功引起的？让学生说出猜想	复习： 1. 做功过程的实质就是________变化的过程 2. 重力势能的变化是由________做功引起的 3. 弹性势能的变化是由________做功引起的 提问： 物体动能的变化是由什么力做功引起的？	回忆、回答 思考，并说出猜想	一方面巩固旧知识，另一方面通过复习已知的知识引入新课题，提出要解决的问题，激发学生学习兴趣
二、创设情景，形象感知 分析下列运动的物体外力对它做功的情况以及物体动能的变化情况： 1. 一架飞机在牵引力的作用下（不计空气阻力），在飞机起跑道上加速运动 2. 在粗糙水平面上滑行的物体，最终停了下来 结论：正功使动能增加；负功使动能减少——定性上的动能与合外力做功的关系 提问学生：动能的变化在数值上是否也等于某个力做的功？让学生设计验证猜想的实验	向学生展示两个情景： 1. 飞机在牵引力的作用下（不计空气阻力），在飞机起跑道上加速运动 2. 在粗糙水平面上滑行的物体，最终停了下来 提问： 两个情景中，外力是如何做功的？物体的动能是如何变化的？两者之间有什么联系？鼓励学生大胆说出自己的想法： ——正功使动能增加；负功使动能减少	思考、回答	知识准备，为接下来的学习奠定知识基础 启发学生思维，让学生大胆说出自己的想法 层层递进，引导学生从表面现象出发，得出合外力做功和物体动能变化的定性关系，再在此基础上向定量分析出发

（续上表）

教学环节和教学内容	教师活动	学生活动	设计意图
三、实验探究，总结规律 1. 探究目标 探究外力做功与物体动能变化的关系 2. 设计思路 (1) 外力做功需要知道哪些物理量？ ——力和力方向上发生的位移 (2) 什么是动能？什么是动能变化？ (3) 要知道物体动能变化又需要知道哪些物理量？ ——初、末位置的速度和物体的质量	跟学生明确实验的目标是探究外力做功与物体动能变化的关系 引导学生的实验设计的思路： 1. 提问学生，让学生明确外力做功需要知道力和力方向上发生的位移这两个物理量 2. 提问学生，何谓动能，何谓动能的变化？使学生清楚，要知道动能的变化就必须知道物体初末位置的速度以及物体的质量	思考、分析、回答	由浅入深，层层递进，引导学生动脑思考，培养学生的逻辑思维能力和口头表达能力 引导学生在探究的过程中思维得到启发 让学生自己开口说出实验设计思路，培养学生的表达能力
3. 实验器材 (1) 物体的质量——天平 (2) 初末位置的速度——电火花打点计时器 (3) 力方向上发生的位移——刻度尺 (4) 力——弹簧秤	提问学生，通过上述的分析，本实验需选择哪些实验器材？	思考、回答	
4. 实验方案 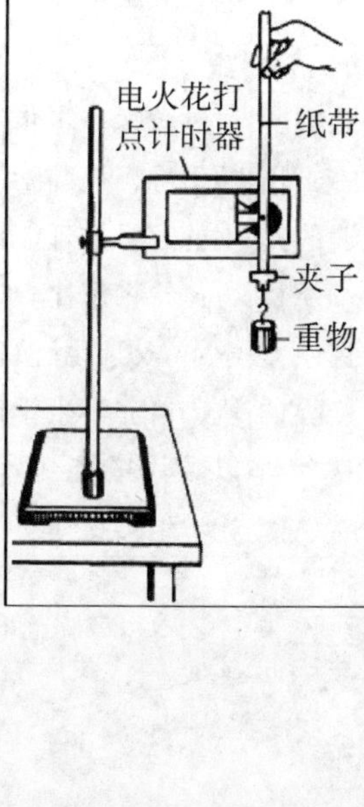 	指导学生进行分组实验。请学生对实验进行数据记录。用课件演示实验过程，并利用软件当场对其中一组学生的数据进行处理，引导学生分析所得数据。总结出外力做功与物体动能变化的定量关系	分组实验 处理数据 总结规律	让学生对数据现场进行处理，培养学生的数学运算能力以及分析问题的能力 利用多媒体课件解释物体的实验过程，将抽象的快速的物理情景清晰地展现出来，有利于让学生从感性认识上升到理性认识

（续上表）

教学环节和教学内容	教师活动	学生活动	设计意图
5. 实验结论 在误差允许的范围内，外力所做的功等于物体动能变化的大小——定量关系			
四、理论分析，推导论证 问题一： 质量为 m 的物体，在一恒定拉力 F 的作用下，以速度 v_1 开始沿水平面运动，经位移 s 后速度增加到 v_2，已知物体与水平面之间的摩擦力恒为 f，试用 m、v_1、v_2 表示物体合外力所做的功 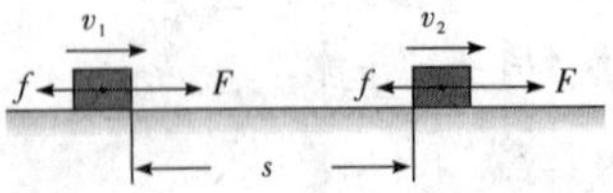 1. 动能定理——合外力对物体所做的功等于物体动能的变化，即 $W_{外}=E_{K2}-E_{K1}=\Delta E_K$ 2. 说明 动能定理揭示了物体动能变化的原因是合外力做了功	引导学生，根据牛顿第二定律以及运动学公式，从理论上推导外力做功和物体动能变化的关系。 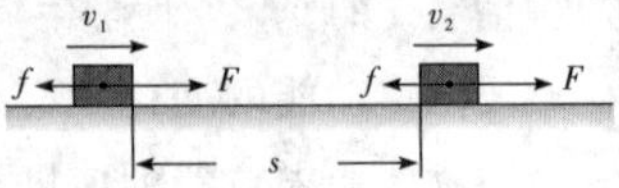 $\left.\begin{aligned}F-f&=ma\\ v_2^2-v_1^2&=2as\end{aligned}\right\}\Rightarrow$ $(F-f)\ s=\frac{1}{2}mv_2^2-\frac{1}{2}mv_1^2$ ——$W_{外}=E_{K2}-E_{K1}=\Delta E_K$ 鼓励学生分别运用文字和公式，将动能定理描述出来	利用牛顿第二定律和运动学公式独立推导动能定理 自主总结归纳动能定理	学生独立自主地完成动能定理的推导，培养学生自主探究的能力 通过总结让学生对动能定理有系统的了解。同时能培养学生的逻辑思维能力和口头表达能力
五、知识应用，实践拓展 问题一： 在实验探究中，我们发现实验数据中，合外力所做的功 W 都比动能的变化量 ΔE_K 略大，为什么？ ——实验中除了重力做正功外，还有阻力做了负功	提问学生，在实验探究中，我们发现实验数据中合外力所做的功 W 都比动能的变化量 ΔE_K 略大，为什么？ 引导学生运用所学知识解决探究实验中遇到的问题——实验中除了重力做正功外，还有阻力做了负功	回忆实验内容，用新学的知识，分析实验误差出现的原因	通过教师一步步的引导，提高学生的逻辑推理能力；并将规律教学导入应用阶段，培养学生学以致用的能力，让学生感受到物

（续上表）

教学环节和教学内容	教师活动	学生活动	设计意图
【例题1】如图，质量 $m=1\text{kg}$ 的木块静止在平台上，木块与平台间的动摩擦因数 $\mu=0.2$，用水平推力 $F=11\text{N}$，推动木块前进，求当木块运动了 $s_1=2\text{m}$ 时，木块的速度为多少？g 取 10m/s^2。 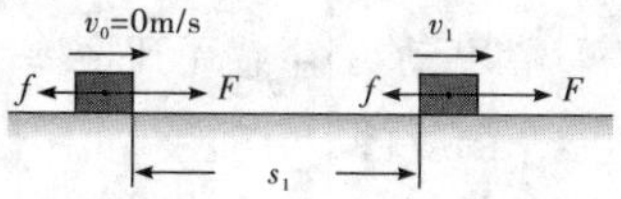 强调解题时须进行受力分析，确定各个力分别所做的功	指引学生自主完成例题，强调解题时须进行受力分析，确定各个力分别所做的功 学生由于对牛顿第二定律印象比较深刻，多数会选择利用牛顿第二定律进行解题，教师适当给予引导，让学生比较两种方法的优劣	自行运用动能定理解决动力学的题目	理的科学性和实用性
问题二：用动能定理解题的一般步骤是什么？ （1）确定研究对象及运动过程 （2）受力分析，并确定各个力所做的功 （3）明确初末状态的动能 （4）列方程求解	提问学生，让学生根据例题1的解题思路，归纳总结，运用动能定理的一般解题思路、步骤	根据上述例题的解题过程，归纳总结利用动能定理解题的一般步骤	通过解题和自主归纳解题步骤，加强学生的逻辑思维能力和总结归纳的能力
【例题2】例题1中，如果当木块产生位移 $s_1=2\text{m}$ 后将水平推力撤去，求木块再滑行 $s_2=5\text{m}$ 后的速度为多少？g 取 10m/s^2。 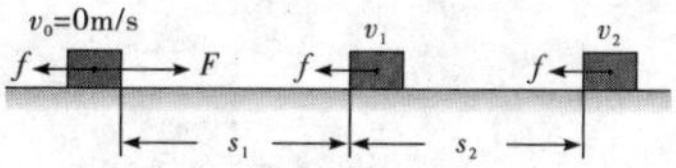 问题三：利用动能定理解决问题，有哪些优越性？	指引学生，让学生在例题恒力做功的情况下，自主解决变力做功的问题 此时，由于前概念，比较多的学生会选择分开两部分运动来计算。老师在此要引导学生，尝试将整个过程总体进行思考，比较两种情况的优劣 同时，要不断强调动能定理比牛顿运动定律的优越性，使学生习惯运用动能定理解题	通过例题，体会、归纳利用动能定理解题的优越性	通过与牛顿运动定律的比较，强化学生对动能定理的认识，熟悉利用动能定理的解题步骤，并且让学生在解题过程中领略动能定理的重要性和优越性

（续上表）

教学环节和教学内容	教师活动	学生活动	设计意图
动能定理的特点是不追究全过程中的运动性质和状态变化细节，对于复杂过程（变力做功和曲线运动）中的功能转化，动能定理提供了方便			
六、巩固练习 【例题3】如图，AB 为 1/4 的光滑圆弧轨道，半径为 0.8m，质量 $m=1\text{kg}$ 的物体，自 A 点从静止起下滑，求：(1) 物体到达 B 点时速度为多少？g 取 10m/s^2；(2) 如果 BC 的摩擦系数为 0.2，物体滑到 C 点刚好停止，求 BC 的距离。 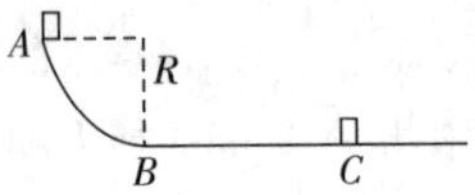	让学生在学会利用动能定理解直线运动的基础上，自行解决曲线运动中的问题，再一次体会动能定理的优越性	自行运用动能定理解决动力学的题目	培养学生学以致用的能力，让学生感受到物理的科学性和实用性
小结： 用动能定理来解题，不必考虑物体在运动过程中的细节，不管是直线运动还是曲线运动，无论是恒力还是变力，只考虑物体初末状态动能的变化量和外力做功的代数和，使解题过程大为简化	小结归纳：利用动能定理解题，强调不必考虑物体在运动过程中的细节，能使解题过程大为简化 即动能定理适用于所有的运动情况		总结归纳，使学生从大局上再一次加深对动能定理的理解以及体会利用动能定理解题的优越所在

十一、板书设计

1. 实验探究

结论：在误差允许的范围内，外力所做的功等于物体动能变化的大小。

2. 理论推导

动能定理：合外力对物体所做的功等于物体动能的变化。

即 $W_{外} = E_{K2} - E_{K1} = \Delta E_K$

用动能定理解题的一般步骤：

（1）确定研究对象及运动过程。

（2）受力分析，并确定各个力所做的功。

（3）明确初末状态的动能。

（4）列方程求解。

十二、学案设计

▶ §4－3 探究外力做功与物体动能变化的关系（2 课时）◀

第 1 课时　实验探究

一、提出问题

试分析下列运动的物体外力对它做功的情况以及物体动能的变化情况。

例 1：一架飞机在牵引力的作用下（不计空气阻力），在飞机起跑道上加速运动。

例 2：在粗糙水平面上滑行的物体，最终停了下来。

小结：____

二、实验探究

（1）实验目的：探究________与________的定量关系。

思考：①如何计算功？如何测量功？

　　　②什么是动能？什么是动能变化？如何计算动能的变化量？

（2）请根据下列提供的实验器材和所学过的知识，设计合适的实验方案。

实验仪器：电火花打点计时器、学生电源、纸带、重锤、铁架台、刻度尺、细绳、小车、小桶、钩码、砝码、一端带滑轮的长木板、天平、弹簧秤。

（3）实验需要记录哪些实验数据？请设计一个表格记录所需要的数据。

(4) 实验步骤如何安排?

(5) 如何处理实验数据?

结论: ______________________________

第2课时 理论探究和应用

问题一：质量为 m 的物体，在一恒定拉力 F 的作用下，以速度 v_1 开始沿水平面运动，经位移 s 后速度增加到 v_2，已知物体与水平面之间的摩擦力恒为 f，试根据牛顿第二定律和运动学公式导出合外力做功与物体动能变化的关系。

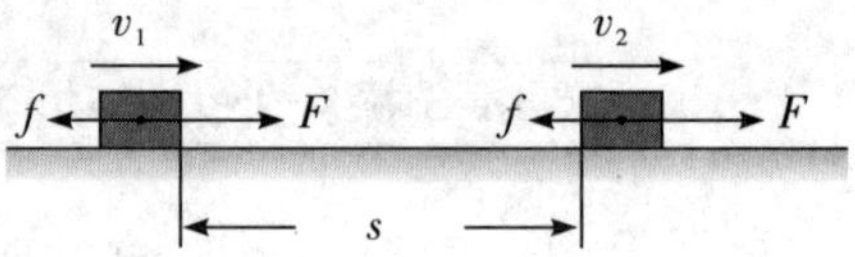

思考：在实验探究中，我们发现实验数据中，合外力所做的功 W 都比动能的变化量 ΔE_K 略大，为什么？

例题1：如图，质量 $m=1\text{kg}$ 的木块静止在平台上，木块与平台间的动摩擦因数 $\mu=0.2$，用水平推力 $F=11\text{N}$，推动木块前进，求当木块运动了 $s_1=2\text{m}$ 时，木块的速度为多少？g 取 10m/s^2。

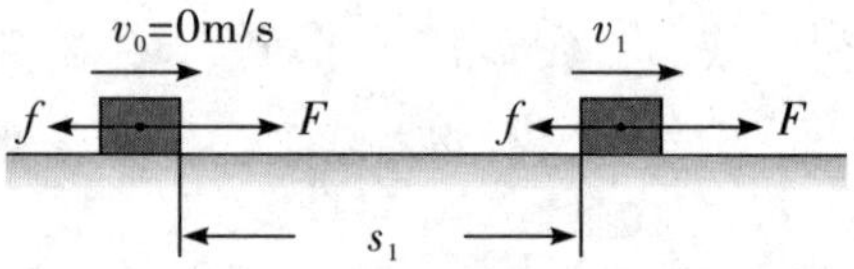

问题二：用动能定理解题的一般步骤是什么？

例题2：例题1中，如果当木块产生位移 $s_1=2\text{m}$ 后将水平推力撤去，求木块再滑行 $s_2=5\text{m}$ 后的速度为多少？g 取 10m/s^2。

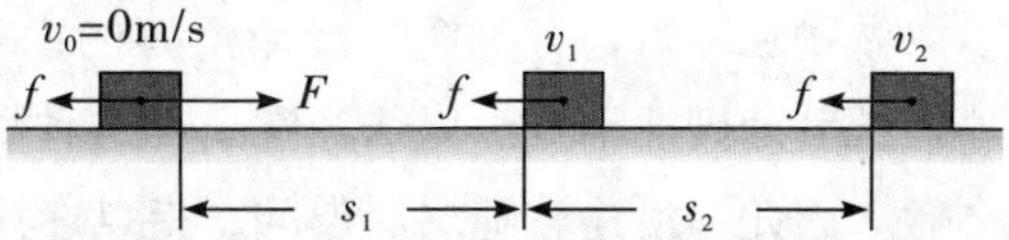

问题三：利用动能定理解决问题，有哪些优越性？

例题3：如图，AB 为1/4的光滑圆弧轨道，半径为0.8m，质量 $m=1\text{kg}$ 的物体，自 A 点从静止起下滑，求：（1）物体到达 B 点时速度为多少？g 取 10m/s^2；（2）如果 BC 的摩擦系数为0.2，物体滑到 C 点刚好停止，求 BC 的距离。

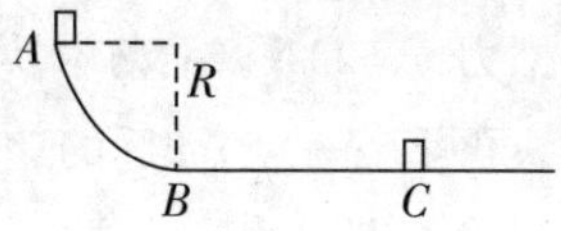

小结：用动能定理来解题，不必考虑物体在运动过程中的细节，不管是直线运动还是曲线运动，无论是恒力还是变力，只考虑物体初末状态动能的变化量和外力做功的代数和，使解题过程大为简化。

十三、教学反思

物理必修二的“探究外力做功与物体动能变化的关系”课程主要的教学目的就是要学生知道什么是动能定理，怎样运用动能定理。只要涉及运用，那么课堂上的例题和练习就必不可少了。练习不但是帮助学生理解知识和巩固知识必不可少的环节，而且练习对提高学生应用知识分析问题的能力很有益处，而在本节课中，笔者深刻地体会到，题目的选取和排列的顺序是关键，也是一节优质课的灵魂。

通过这节课，笔者学会了题目的设置是需要按梯度的。所谓梯度，即问题的设置应该由易到难、由小到大、由简到繁、由具体到抽象、由已知到未知，步步推进，层层深入，逐渐接近问题的本质。

做物理题目，有时像在陡峭崎岖的山径上攀登一样，需要通过弯道、峭壁，才能胜利地到达顶峰。以往经常出现这种情况，学生在听例题时，听懂容易但不会做。因此，沿途教师层层设问，指点迷津，是学生顺利通过弯道、峭壁的关键。在教授中做到难度适中、剥皮见“笋”，是教师应备的教艺。

比如“探究外力做功与物体动能变化的关系”这一节，书里只有一道例题，而且题目的难度在学生刚刚接触动能定理的情况下是偏难的。如果单就例题而讲课，这节课从表面上看可以很快完成教学任务，但是可想而知，课堂气氛和学生情绪会很难调动起来，学生也只是被动地接受灌输，思路打不开，思维不活跃，思考问题和解决问题的能力根本得不到培养，课堂上好像听懂了，但在遇到类似题型时，可能会做错或是一筹莫展。

因此，在例题的处理上，笔者选择将课本的例题先简单化，课本上的例题：“质量 $m=1\text{kg}$ 的木块静止在平台上，木块与平台间的动摩擦因数 $\mu=0.2$，用水平推力 $F=11\text{N}$，推动木块前进，当木块运动了 $s_1=2\text{m}$ 后，将水平推力撤去，求木块再滑行 $s_2=5\text{m}$ 后的速度为多少？”物体的运动是分两个阶段进行的，两个阶段的受力情况均不一样，学生独自分析起来花费时间会较长。而笔者就将课本例题中第二阶段的运动删去，即“质量 $m=1\text{kg}$ 的木块静止在平台上，木块与平台间的动摩擦因数 $\mu=0.2$，用水平推力 $F=11\text{N}$，推动木块前进，求当木块运动了 $s_1=2\text{m}$ 时，木块的速度为多少？”让学生先学会在单一运动状态下运用动能定理。当然，对比起新学的动能定理，有部分学生会选择用熟悉的牛顿第二定律进行运算，此时笔者就将两种方法都陈列出来，让学生去比较哪种方法更简单。

等学生都普遍学会简单地运用动能定理之后，再让他们做书上的练习，学生自然而然地发现能在刚刚例题的基础上进行计算，结果很快就能出来。看上去教师将一道例题变成了两道来做，消耗时间比较长，其实不是。如果让学生直接做例题 2，即书上的例题，学生不熟悉动能定理，反复思量依然无从下手，浪费的时间比做两道题目还要多。

如果先做例题 1，再做例题 2，起点低，从学生最熟悉的运算入手，吸引学生的注意力，激发学生的学习兴趣。再做稍微难一点的题目时，学生就变得活跃起来，课堂气氛也就进入一种学习与探究的状态。有了这样的知识准备与情绪渲染，学生就显得想学、乐学、主动学，而且能够举一反三了。

“自主探究、多元互动”的教学模式

——“探究安培力”

何敏怡

【摘要】本文是笔者基于我省哲学社会科学规划教育类“十一五”课题——“自主探究、多元互动”的教学实践研究，以高中物理教学案例“安培力”来阐述如何立足该课题研究，开展学生学习的自主探究，让学生通过观察、操作、自学、尝试、实验及独立思考来习得知识，增强自主意识，培养其探索精神和创造能力。

【关键词】自主探究　多元互动　教学案例

自主探究是指个体在学习过程中的一种自觉主动的学习行为，简单来说就是给学生提供观察、操作、自学、尝试、实验及独立思考的机会，让每个学生围绕提出的问题，根据各自的知识经验，用自己的思维方式自主地去探索、去发现，再创造出新的知识来。自主探索的目的不仅在于获得知识，更在于让学生在探索的过程中掌握一些科学的方法，从而增强自主意识，培养探索精神和创造能力。它具体表现为学生在学习过程中有强烈的求知欲、主动参与的意识和积极思考的行为。

其中，物理模型方法是物理学研究、中学物理教与学的基本方法，教学双方使用、掌握好物理模型方法是帮助学生培养思维与创新能力、掌握知识、应用知识，提高教学质量的重要途径。所谓物理模型，就是人们为了研究物理问题的方便和探讨事物的本质而对研究对象所做的一种简化的描述或模型，是对实际的问题进行科学抽象的处理，用一种反映原物本质特征的理想物质、过程或假设结构，去描述实际的事物或过程。由于物理学研究自然界中物质最基本、最普遍的规律以及物质和结构的相互作用，几乎每一个具体问题都要涉及许多因素。因此，为了达到对事物本质和规律的认识，为了充分了解研究对象的本质，必须在观察实验的基础上，通过对各种事实和材料的分析、综合、比较、分类等思维过程，根据研究对象和问题的特点，对研究对象做一种简化的描述或模拟。这是科学研究和教学的一种科学方法。

同样的一节课，同样是利用建模的手段，在2011年11月广佛肇三地教学研讨会中，朱老师的处理就很贴近生活，他选择了实体模型——简简单单的三根代表方向的箭头，一块小小的泡沫（见图1），让学生在自主实验中得出规律。

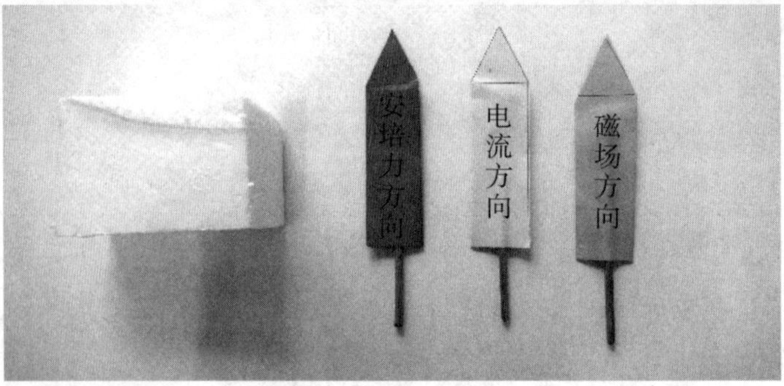

图1

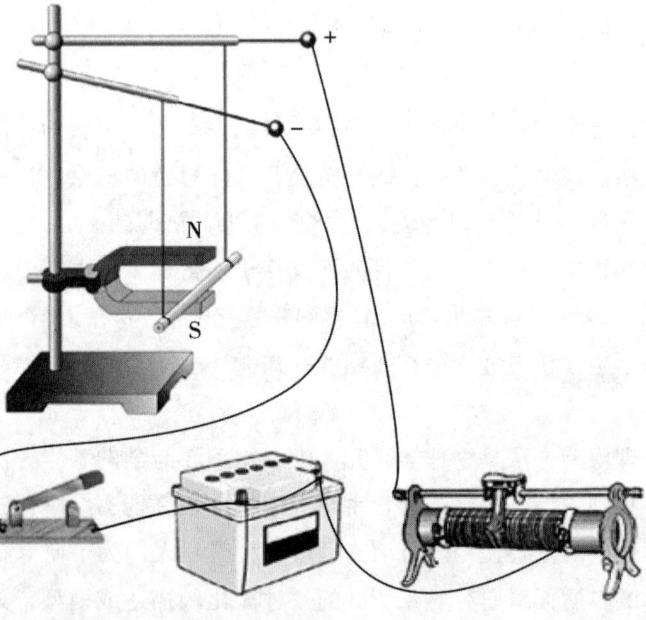

图2

一般的传统教学中，学生也会分组实验，但对于实验数据的处理没有相对有效的方法，学生很难从大量烦琐的数据中自行总结出规律。我们不妨来看一下，探究安培力方向的实验中（见图2），学生需要不断地改变磁场方向、电流方向，从而观察安培力的方向。在这里，变量就有两个——磁场的方向以及电流的方向，也就是说，运用控制变量法来完成实验就必须进行四组实验，形成的实验数据如下（见表1）。而学生必须在短短的十几分钟内从表格中归纳出一个关于安培力方向的共同规律，这对于一个十几岁的正常青少年而言根本不可能。

表1

次数	磁场方向	电流方向	安培力方向
1	向下	垂直纸面向外	水平向右
2		垂直纸面向里	水平向左
3	向上	垂直纸面向里	水平向右
4		垂直纸面向外	水平向左

因此，朱老师在学生分组实验之前首先介绍了三根代表方向的箭头和那块小小的泡沫的作用——建立模型，要求学生先完成第一组实验，并在实验过程中将三根代表方向的箭头按照实验现象分别插在小泡沫上，然后再进行第二组实验，用同样的方法做第二个小泡沫模型（见图3）。最后拿起两个插上箭头的小泡沫进行对比，仔细观察不难看出，将两个小泡沫进行翻转之后，其实两个小泡沫上的箭头方向是一致的，原来两组实验最终显示出的都是同一个模型，这样学生就很快自行归纳出了安培力、电流和磁场三者之间方向的关系。然后再进行第三组和第四组实验，拿着小泡沫进行对照，可以验证刚刚的发现是一般规律而不是特殊情况。

图3

最后教师再顺其自然地介绍左手定则，说明其实“左手”也只不过是“泡沫模型”的另一种表现形式，那么一切都显得自然流畅，水到渠成。这才是授人以渔而非授人以鱼。

而且这样的左手定则是学生自己做实验得出来的，整个规律的来源有根有据，绝非无中生有，学生清清楚楚，同时明白“左手”其实只不过是一个工具——一个方便记忆和携带的工具，并不是非它莫属，这在以后的练习应用中，学生会运用得更加得心应手。同时，朱老师这种建模的方式很简单，所用到的器材在生活中随处可见，不需要专业人员的指导或长时间的准备，同时能满足我们的日常教学要求。

综上可以看出，教学不能无视学习者已有的知识经验，简单强硬地从外部对学习者实施知识的“填灌”，而应当把学习者原有的知识经验作为新知识的生长点，引导学习者从原有的知识经验中生长出新的知识经验。这一思想与维果斯基的“最近发展区”的思想相一致。

教学不是知识的传递，而是知识的处理和转换。由于具体物理问题的解决，需要把具体的物理现象和过程还原成一定的“物理模型”，才能用相应的规律或理论加以解决，因此在科学研究和物理教学中建立物理模型十分重要。“物理模型”教学是提高学生分析问题能力的重要途径，也是培养学生科学研究物理问题的有效途径。同时，通过“物理模型”教学，还有利于促使教学的软化，促进学生综合素质的提高。

在彩墨课中发展学生个性的教学探试

廖家荣

【摘要】本文通过笔者在彩墨教学中的具体案例，探索如何发展学生的个性，构建个性发展的美术课堂教学。

【关键词】个性教学　个性发展　教学案例

促进学生个性发展，是素质教育和创新教育的需要，是学生主体性的具体表现。教师应更加重视学生在教学过程中的主体作用和参与能力，以培养学生的素质、能力、创造性，促进学生个性的健康发展。只有尊重学生的主体地位并促进学生个性的健康成长，“教”与“学”的活动才能发挥其作用。美术学科在促进学生个性发展方面具有独特的作用，笔者在彩墨教学中极力主张发展学生的创造力，力求构建个性发展的美术课堂教学。下面和大家谈谈具体的做法。

一、师生关系须融洽，加强学生的主体意识

宽松、活跃、民主、和谐的教学氛围是学生自主学习、大胆探索、勇于创新的催化剂。学生是有情感、有自尊的活生生的人，而在班级中总是存在着智力水平、行为习惯、家庭环境、兴趣爱好等方面的个体差异，这就需要我们教师在教学过程中架起与学生进行心理沟通的桥梁，营造真诚、信任、民主、愉悦的课堂心理气氛，形成一种富有人情味、相互尊重的美妙和谐的氛围。教师应尊重每位学生，倡导“思维无禁区”，鼓励学生“异想天开”，让学生在课堂中敢说“我认为”“我不赞成”。真诚地对待每一位学生，容许学生提出疑问和表达不同见解，

让学生无拘无束地表现自我，表达自己的思想和感情，不怕出错，不怕失败。学生只有消除胆怯、依赖的心理，有了这样的安全感、自由感，才能真正地进行自主探究学习，促使个性发展，增强主体意识，他们的创造力才能得以体现，进而收到最佳的学习效果。

二、在彩墨课堂中开展发现与探究，培养学生个性化的笔墨语言

美国认知主义心理学家布鲁纳认为："学生在教师的认识指导下，能像科学家发现真理那样，通过自己的探索和学习，发现事物变化的因果关系及其内在联系，形成概念，获得真理。"这种教学方法被称为"发现法"。要想使学生牢固地掌握彩墨知识和技法，就必须让学生用内心的创造与体验来学习彩墨。课堂教学的本质是学生在教师引导下主动参与、自主发现与探索、独立思考并不断创造的过程，而不是学生简单、被动地接受教师和教材提供的现成观点与结论。因此，在课堂教学中，教师应积极创造条件，给学生一个自主学习、探究的空间，引导学生在主动的、体验的学习方式中，主动去发现美、感知美、表现美、创造美，用启发诱导的方法来培养能力，发展学生个性。如笔墨处理方法的教学环节，可以先让学生观察经典的水墨名画（古今对比），然后分析用笔、用墨的规律；接下来尝试中锋用线、侧锋画面等不同的方法画一下，比一比哪种方法更贴近自己的实际学情，并说说为什么。教师先不给学生明确的答案，而是给学生示范墨和水的浓、淡、干、枯、湿的特点，学生通过比较便容易得出正确的笔墨运用方法。这样的尝试探究不仅让教师帮助学生轻易突破了学习方法上的难点，纠正了学生思想上的矛盾观念，而且激发了学生的学习兴趣，让学生在尝试探究中，不断地实现自我超越，得到多方面的满足和发展，获得合作、交流、共享等人文品格与创新能力，从而使学生的个性笔墨语言得到培养与发展。

三、让学生敢在名作前说"NO"，促进学生个性发展

"学起于思，思源于疑"，因此，我们要在教学过程中创设情景，让学生提出质疑，引导学生深入理解，促进学生主动探究，激活学生思维，形成问题意识，培养求知兴趣。如在讲解"墨与色运用"一课时，教师展示出大师们不同时期、不同风格的作品，让学生进行观察、讨论、点评、小结，甚至让学生对作品颜色的搭配进行修改，然后和原作对比一下，看看哪幅作品用色效果更好。这样能激发学生的好奇心和求知欲，当学生遇到困难后，教师再做适当点拨，然后让学生

再尝试，最后解决问题。这样，学生在质疑、尝试、参与的过程中培养了创造性思维，形成了鲜明的自我意识：认识自我、评价自我、发展自我。在探索中丰富了自己的知识、情感，在多样的选择中做出自己的选择，从而促进了个性的发展。

四、合理的学习评价，能促进个性的良性发展

在彩墨教学活动中，我们的评价方式也应考虑采取“不同标准，分层评价”的方法，艺术学习评价不像数学公式那样有统一的标准。教师要认真考虑每个学生的个性、情感、态度、习惯、学习方式等的差异，然后做出多元的评价方式，不能以像不像为准则来做单一、简单的评价。而是注重在画中是否真实反映了学生的内心感受，是否有独特性和新颖的表现。对于美术后进生的点滴进步都应加以表扬，鼓励他们努力向更高层次发展。对于一般的学生及美术水平较高的学生所取得的进步，应采用竞争评价，高标准、严要求，促使他们更加努力奋进。站在学生的立场上，充分考虑他们的个性品质，或者用学生自评、互评等多种形式进行评价，这样有利于增强学生对彩墨的兴趣，促进学生个性的良性发展。

总而言之，教师在教学中要突破传统模式，运用新的教学理念，既要重视人的全面发展，又要尊重学生的身心发展规律和个性特征，重视人的差异性，放开学生的手脚，给予他们自由发挥和充分想象的空间，使学生的个性得到充分的发展。

挖掘自主探究资源 创设多元互动平台

张 勇

【摘要】本文中笔者利用日常教学案例，阐述自己如何挖掘高中物理日常教学资源，创设各种平台让学生自主探究、多元互动，自主地探究学习。

【关键词】自主探究 探究资源 多元互动

如果你是教学的有心人，你会发现探究活动无处不在，学生自主探究、合作学习的素材随处可取，笔者将以向心力教学为例，证明只有联系生活实际，教学过程才会生动活泼。

首先，“向心力”的教学目标要求理解公式含义，理解向心加速度概念，运用向心力解决问题；其次，必修二的大部分知识属于程序性知识、能力达标的知识。所以在教学策略上应充分发挥学生的主动性，重视过程与方法，让学生亲自探究、体验、感受向心力的存在；通过活动体会成功的喜悦，形成理论联系实际的意识，达成教学的三维目标。

解决“怎么做”的程序性问题，不能仅靠教师讲，就如学游泳，只靠讲效果肯定不会好。认知心理学研究认为，事实性知识和程序性知识通俗来说就是“是什么”“怎么做”这两类知识，程序性知识的认知水平高于事实性知识，“怎么做”“怎么想”“怎么问”“怎么解决”是能力目标。

如何培养解决问题的能力一直是物理教学中的难题，也是中学教育的难题。借鉴国内外的经验，从陶行知到杜威都提倡“在做中学”，强调“是什么”的“死知识”需要在落实“怎么做”的“活知识”中去掌握。

圆周运动向心力、向心加速度等概念比较抽象。速度方向的改变快慢、临界速度的受力分析都极其抽象。教育心理学认为，抽象的知识要形象化、具体化，让学生增加感性认识，这就是深入浅出；同时，解决实际问题，又要把具体问题概括化，抽象出数学的普适表达式。做好实验探究非常有助于这两项能力的培养。

基于以上两个理由，笔者在向心力教学中设计了一组简单、有效、有助于培养学生思维能力的探究实验教学。实践证明学生自主探究学习确实能够发挥学生的主动性、解决教学难点。

一、静摩擦力改变速度的大小

物理情景（如图1）：橡皮擦放在展开平伸的掌心中，从静止开始加速运动，再匀速运动，最后减速到静止。

分析此过程橡皮擦受力情况：合力（静摩擦力）为零→静摩擦力作动力→合力（静摩擦力）为零→静摩擦力作阻力→合力（静摩擦力）为零。

结论：静摩擦力改变了橡皮擦速度的大小，根据作用效果称为“动力”“阻力”。

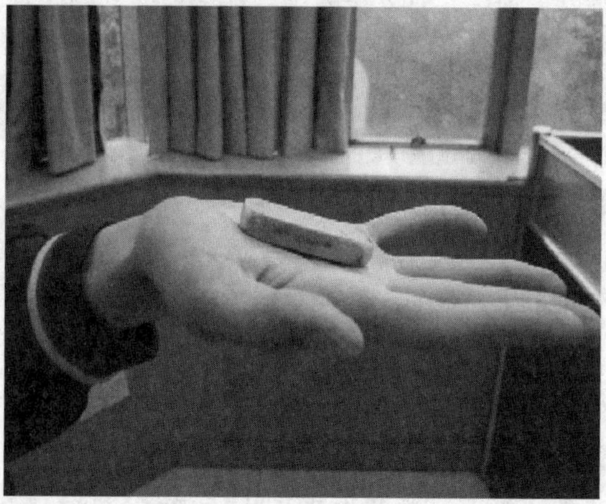

图1

二、静摩擦力改变速度的方向

物理情景（如图2）：橡皮擦放在展开平伸的掌心，伸直手臂，以身体为转轴做圆周运动。问：掌心的橡皮擦受几个力？是什么力改变了橡皮擦的运动方向？

图2

掌心垫一小片玻璃，在玻璃平面上放置一个小铁球，再做以上实验。问：为什么小铁球不能随手掌做圆周运动？

分析橡皮擦的受力情况：合力不为零，橡皮擦受到静摩擦力的作用，合力作向心力，改变了橡皮擦运动的方向。小铁球滚动时摩擦力太小，不足以维持小铁球随手掌做圆周运动。

结论：静摩擦力是重力、支持力、静摩擦力这三个力的合力，该力改变了橡皮擦运动的方向，根据力的作用效果称为“向心力”。

三、静摩擦力作向心力的应用——汽车转弯

物理情景：橡皮擦放在展开平伸的掌心，伸直手臂，以身体为转轴做圆周运动，逐渐加快身体转动速度，直至橡皮擦飞离。

问：转动中，橡皮擦受到的静摩擦力大小如何变化？橡皮擦为何最后飞离掌心？

分析橡皮擦受力情况：静摩擦力逐渐增大，最后达到最大静摩擦力，不能再为方向变化更快的运动提供更大的向心力，所以橡皮擦飞离。

问：如何提供更大的向心力？如何使转弯更安全？

改变摩擦因素，掌心铺毛巾；增大运动半径，用书本延长橡皮擦离身体的距离，但橡皮擦仍易飞离。

结论：静摩擦力并不是最好的向心力。

视频：火车转弯、铁笼飞车。

问：如何转弯？能否模拟转弯的物理过程？

物理情景（如图3）：橡皮擦放在展开倾斜的掌心，伸直手臂，以身体为转轴做圆周运动，逐渐加快转动速度。

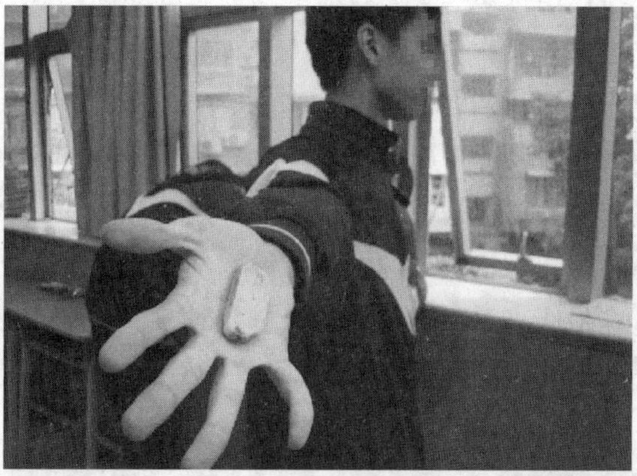

图3

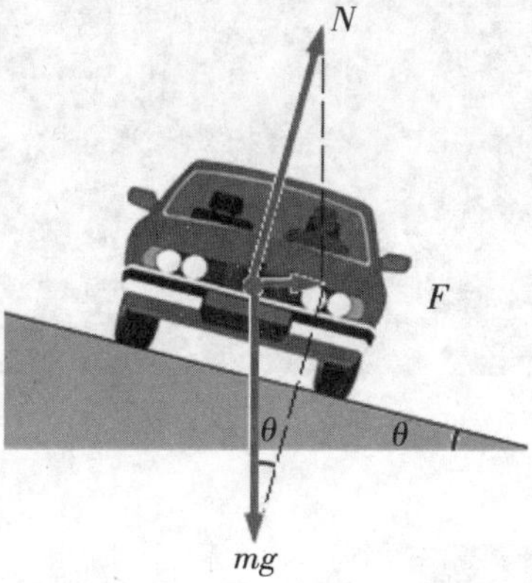

图4

问：转动中什么力提供向心力？

画受力分析图（如图4）。

结论：$F = mg\tan\theta = mv^2/r$，转动越快，需要的向心力越大，需要的倾角越大。

问：转动慢，橡皮擦向哪里运动？转动快，橡皮擦向哪里运动？

结论：重力、斜面的支持力的合力提供向心力；转动快时，θ 不够大，橡皮擦欲做离心运动，静摩擦力作为补充指向内；转动慢时，θ 太大，橡皮擦欲做向心运动，静摩擦力指向外。在实际交通运输中，向心力不能完全依赖静摩擦力，在水平面转弯时，若要防止高速、小弯道的侧滑，最好根据实际车速设计斜面，提供安全的向心力。

四、竖直面上的圆周运动

物理情景：模拟过山车通过最高点时的物理情景（如图5）。把橡皮擦放在稍微弯曲的掌心中，保障其能够自由滚动，然后伸直手臂，以肩为转轴做圆周运动（如图6）；以不同速率抡动手臂，逐渐减慢转速，大约 $n=1\text{r/s}$ 时（可以引导学生估算），感受橡皮擦到达最高点时，离开掌心的瞬间；加快转速，感受橡皮擦贴紧掌心时的不同感受，体会橡皮擦在最高点“越快越安全”的那种贴紧感。引导学生计算最高点时橡皮擦的临界速度。

结论：过山车在最高点时必须达到一个临界速度，小于该速度，将做向心运动；大于该速度，轨道才提供支持力，速度越快，支持力越大。

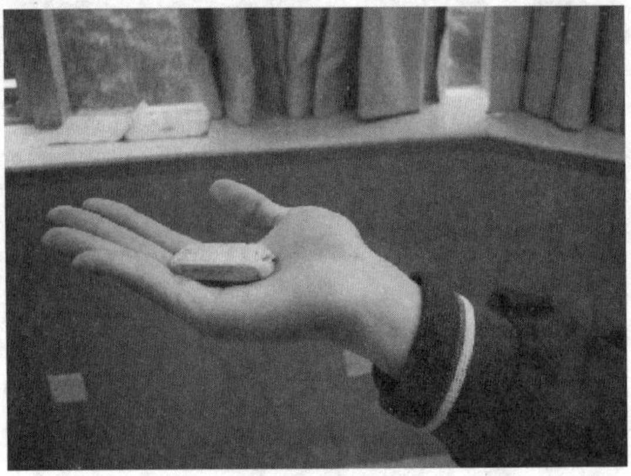

图5

图6

物理情景：模拟过山车处于最低点时超重的感受。把橡皮擦放在稍微弯曲的掌心中，伸直手臂，以肩为转轴做圆周运动，逐渐加快转动速度。当速度加快时，特别留意橡皮擦处于圆周运动最低点时，其对掌心的挤压，比较这个挤压程度，与静止时对掌心的挤压的不同，体会橡皮擦处于最低点时的超重感受。

结论：物体在做匀速圆周运动时，支持力不一定等于物体所受的重力，可能大于重力，处于超重状态；也可能小于重力，处于失重状态；还可能不受支持力，处于完全失重状态。

Sports Spirits （基于主题的阅读、词汇和写作的高三综合能力训练）

——记一节基于“自主探究、多元互动”教学模式的不同学情的同课异构

招健琼

【摘要】本文是笔者基于一节“自主探究、多元互动”的教学模式下同课异构的教学案例，剖析基于同一主题的读、写、词汇融合综合训练的教学做法。

【关键词】自主探究　多元互动　同课异构　英语综合能力

一、问题的提出

英语写作是英语学习者通过语言的大量输入和整合而产生的语言输出体现形式，是学习者语法、词汇和语篇等综合语言能力的一种重要体现。《普通高中英语课程标准》明确指出，在语言技能培训中，高中生在写的技能方面应达到以下要求：①能根据所读文章进行转述或写摘要；②能根据文字及图表提供的信息写短文或报告；③能写出连贯且结构完整的短文，叙述事情或表达观点和态度；④能在写作中做到文体规范、语句通顺。同时2007年广东省新高考英语写作分为基础写作和读写任务两大部分，从而在很大程度上提高了对高中生产出性语言能力的要求。其中的基础写作部分，限定了写作的内容，句子数限5句，主要检测的是学生的词汇、句型等语言结构应用能力和篇章的衔接能力（见高考基础写作评分标准）。因而如何有效地帮助学生增强英文写作的流利性和用词的准确性以及语篇的组织能力，从而快速地提高学生的写作水平，是高中英语教学中的重大

挑战。

然而，不同学生的学习能力与水平是千差万别的，因此作为课堂组织者的教师就必须根据不同学生的不同学情进行分析，构建适合不同学生的课堂教学，使全体参与的学生都能学有所得。因此，在高中教学中，不同学情的同课异构组成了笔者日常教学的主要活动。

二、本文的理论基础

建构主义教学理论认为，知识不是通过教师传授而得到的，而是学习者在一定的情景，即社会文化背景下，借助他人（包括教师和学习伙伴）的帮助，利用必要的学习资料，通过意义建构的方式而获得的。因此，“情景”“协作”“会话”和“意义建构”是学习环境中的四大要素。

认知主义学习理论认为，学习并非简单的刺激与反应的连接，而是认知结构的形成。只有当学习者通过同化或顺应将新知识内化于原有的知识结构中时，有效的学习才能产生。因此英语写作的训练并不能通过教师的简单介绍或陈述被学生习得，而应通过学生的切身体验，通过应用，将写作策略同化和吸收进自己的知识结构中。

教育家杜威主张“在做中学”，在问题中学习。他认为，教学的任务不仅在于教给学生科学的结论，更重要的是促进并激发学生的思维，使他们掌握发现真理、解决问题的科学方法。引导学生发现真理的方法包含两个因素，一个是智慧，一个是探究。他主张从经验中学习，主张让学生在问题的情景中自己探索，自己改造和改组经验，自己得出结论，从而得到发展。学生英语写作策略的形成也应从经验中学习，在问题的情景中自己探索、自我改造和改组，从而得出结论。

三、记一节“自主探究、多元互动”的同课异构的流程

（一）课题

Sports Spirits（基于主题的阅读、词汇和写作）。

（二）目的要求

（1）基于主题复习关于体育精神的考纲词汇（阅读、写作词汇）和写作常用句式。

（2）基于主题复习说明文摘要写作的策略。

（3）基于主题训练读写任务的审题。

（4）基于主题训练如何为读写任务写提纲。

（三）重难点

（1）词汇和常用句式。

（2）摘要写作。

（3）读写任务的审题和列纲。

（四）课堂教学实施设计

Task 1：Show pictures of para-Olympics and draw students' attention to the theme.

Group work：Dictation of the relevant vocabulary：AA；BB.

Share answers.

Task 2：Get to know Nick Vujicic.

Reading：

1）What is the style of the passage? How to grasp the main idea of it?

2）Write a summary of it.

3）Jot down the key phrases and structures you have learned.

Good phrases：

1. 对付典型的挑战
2. 自尊的问题
3. 应对沮丧和孤独
4. 被大学录取
5. 进修、深造
6. 达成某人的梦想
7. 克服困难
8. 被提名
9. 人的潜能是无限的
10. 值得成功

Good sentence patterns：

1. 不仅……而且……
2. 强调句式
3. 某人做某事有信心
4. 做 A 和做 B 都是同等重要的

Task 3：Use the language：Suppose you were Nick，you would give a speech to the

Senior 3 Ss in our grade and encourage them to fight for their dreams (Use the patterns and phrases).

Task 4：你在报纸上读到了尼克（Nick）的自我介绍，请给他写一封信，邀请他跟你做笔友。

写作内容：

1. 用约30个词概括报道的内容。

2. 以约120个词谈谈他的报道对你的启发，应包括以下几点：

（1）你从他的报道中学到了什么样的精神?

（2）简述你经历过的一次困难或考验。

（3）你认为应当如何看待生活中的考验。

（4）表达要和他交笔友的意愿。

请用亲身或虚拟的经历去说明问题。

Prepare to write：

Discussion：What to write?

1. The purpose of writing? Who is the reader? Who is the writer?

2. Structure?

3. Tense?

4. What personal experience you will describe?

5. What moral lesson you learn?

Task 5：Please write an outline.

Task 6：Writing—finish the writing.

Task 7：Design a writing topic (Optional).

Have a try：If you were the teacher，please design a writing topic for the passage.

（五）学生学案

Task 1：Dictation (15 Relevant expressions).

Task 2：Get to know Nick Vujicic.

Hi，my name is Nick Vujicic. Born in 1982 in Melbourne，Australia，without any medical explanation or warning, I came into the world with neither arms nor legs. Throughout my childhood I dealt not only with the typical challenges of school and adolescence such as bullying and self-esteem issues (自尊的问题) but also struggled against depression and loneliness. From this experience, I learned to deal with my disability and started to be able to do more and more things on my own.

With this confidence, I was admitted into the university with further study and obtained a double bachelor degree majoring in accounting and financial planning. By the age of 19, I had started to fulfill my dream of encouraging others by sharing my story through motivational speaking. I found the purpose of my existence and wholeheartedly believes that there was a purpose in each of the obstacle which we encountered in our lives and our attitude that towards those struggles can be the single most effective factor in overcoming the obstacles.

In 2005, I was nominated for the "Young Australian of the Year" Award, which is a great honor in Australia. The award honors a young person for his excellence and service to his local community and the nation, as well as his personal accomplishments. Nominations for this award are only given to truly inspirational people.

As far as I am concerned, there is no limit in one's potential and ability. What's more, it is just as important to believe in oneself as to fight for one's dream. Fight for your dream and you deserve to succeed in future!

1. What is the style of the passage? How to grasp the main idea of it?

2. Write a summary of it.

3. Jot down the key phrases and structures you have learned.

Good phrases:

1. 对付典型的挑战

2. 自尊的问题

3. 应对沮丧和孤独

4. 被大学录取

5. 进修、深造

6. 达成某人的梦想

7. 克服困难

8. 被提名

9. 人的潜能是无限的

10. 值得成功

Good sentence patterns：

1. 不仅……而且……
2. 强调句式
3. 某人做某事有信心
4. 做 A 和做 B 都是同等重要的

Task 3：Use the language：Suppose you were Nick，you would give a speech to the Senior 3 Ss in our grade and encourage them to fight for their dreams（Use the patterns and phrases）.

I heard that most of you are ______ ______ the typical challenges of schools and examinations in the hope of ______ ______ ______ the university for ______ ______.

Here are my suggestions. In order to ______ ______ ______，not only ______ you ______ ______ the heavy burden of academic performances ______ ______ have confidence in yourself. __________ the confidence and determination，you can ______ ______ ______. ______ ______ in this way ________ you can build up your body and mind.

Remember，____________ one's potential and ability. Fight for your dream and you ______ ______ ______.

Task 4：Prepare to write：

Discussion：What to write?

1. The purpose of writing? Who is the reader? Who is the writer?
2. Structure?
3. Tense?
4. What personal experience you will describe?
5. What moral lesson you learn?

Task 5：Please write an outline.

Task 6：Writing—finish the writing.

Task 7：Design a writing topic（Optional）.

Have a try：If you were the teacher，please design a writing topic for the passage.

四、反思和展望

本课从体育精神的主题出发，旨在有效地训练学生的阅读能力、词汇与句型的运用，读写任务的摘要写作和审题列纲的能力。笔者所教的两个班水平差异十分明显，因而在课堂设计中共设计了 7 个任务，锐志班学生要求完成所有任务，而普通班学生则只要求完成前 5 个任务，任务 6 留作家庭作业。在整体教学过程中，注重学生的自主探究和合作学习。如任务 1：将学生分为 A、B 两组，要求他们互相听写与主题相关的语块资料并互助批改。任务 2：通过阅读海豹肢症患者尼克的奋斗事迹，要求学生以小组为单位探讨文章的类型，并复习如何为记叙文写摘要；此外，要求学生自主根据教师给出的中文，在文中找出相关写作语块并进行学习。任务 3：要求学生用刚学到的词汇和句式给尼克写一封鼓励信，让学生在模拟真实的环境中运用语言。任务 4：根据高考读写任务的要求设计写作内容，让学生给尼克写一封信，邀请尼克做笔友。在写前让学生通过充分的小组讨论进行审题，准备写作。任务 5：通过以上 1 至 4 的任务准备，让学生写摘要。任务 6：学生进行独立写作。任务 7：让有能力的学生站在命题者的角度去思考读写任务的命题方式（让有一定水平的学生发展能力）。

本课是基于“自主探究、多元互动”教学模式的一次同课异构尝试，取得了很好的效果，让不同层次的学生都学有所得，在今后的教学中将进一步完善和探讨该教学模式。

“自主探究、多元互动”语文课堂教学的一点思考

——由《鸿门宴》教学有感

郑陈娟

【摘要】本文笔者从《鸿门宴》教学案例入手，探讨“自主探究、多元互动”课堂教学模式的开展与实践研究。

【关键词】自主探究　多元互动　教学案例

现代语文教育的鼻祖叶圣陶先生曾说：“尝谓老师教各种学科，其最终目的在达到不复需教，而学生能自为研索，自求解决，故老师之为教，不在全盘授与，而在相机诱导。”在老师“相机诱导”下，学生自行探索、自行解决问题的能力也就在这个过程中得到锻炼和加强。早在叶老的教育理念中，我们已经可以找到“自主探究、多元互动”的雏形，而纵观我们新一轮的语文教改，也非常注重观念的更新。多元互动的教育理念，就是在当前课堂教学改革的背景下应运而生的。高中语文新课程标准提出“应在继续提高学生观察、感受、分析、判断能力的同时，重点关注学生思考问题的深度和广度，使学生增强探究意识和兴趣，学习探究的方法，使语文学习的过程成为积极主动探索未知领域的过程”。

“自主探究、多元互动”这一理念在语文课堂教学中，具体可以体现在让学生主动参与、探究、发现，调动语文学习的兴趣。学生的主动参与和探究发现是学习兴趣的最显著表现，也是提高教学质量与增强教学效果的前提和条件。如果语文教学没有激活学生的思维和感官，没有充分调动学生学习的兴趣，没有落实学生在课堂教学中的主体地位，没有激发学生探索的欲望和授予探索的方法，那么语文课堂教学只能让学生处于一种被动接受、死记硬背的状态之中，对于所学

内容只能是生吞活剥、一知半解。要改变这种现状，必须重视发现学习。发现学习是学生通过再发现知识形成的步骤，以获取知识并发展探究性思维的一种学习方法。它的基本过程是学生自己从各种特殊事例中归纳出结论，并用之来解决新问题。发现学习最本质的特征是强调探索过程而不是现成的知识。语文教学在培养学生发现学习的能力和习惯时应注意培养发现问题的意识、大胆质疑的能力，以及根据已有知识和能力解决问题的方法。

比如在文言文教学上，传统文言文教学要求掌握课文中常见的文言实词、文言虚词和文言句式，基本都是“满堂灌”的形式，但是文言文教学不应只是如此，“自主探究、多元互动”的理念必须贯穿始终，才能让学生主动参与、探究、发现，调动语文学习的兴趣并发挥巨大作用。

笔者在文言文教学上尝试鼓励更多的学生参与，让他们发现学习，给他们动脑及自我展示的机会，并努力针对学生的各种答案做出有效的回应，引导他们通过自我探究找到正确答案。例如《鸿门宴》一课讲到“张良献策”时，笔者请同学们熟悉了相关的文字后，找两位同学分别扮演张良和沛公，分角色朗读：“良乃入，具告沛公。沛公大惊，曰：‘为之奈何?’良曰：‘料大王士卒足以当项王乎?’沛公默然，曰：‘固不如也。且为之奈何?’……”学生朗读时语气平淡，对人物性格把握不到位，笔者在这个环节中抓住机会正视差异，通过师生朗读再现探究情景，鼓励学生“自主探究、多元互动”。于是，在学生朗读不佳后，笔者抓住刘邦“为之奈何”一句，模仿学生的平淡语气并做了适度的夸张，学生们哄堂大笑。笑过之后，笔者立刻组织学生进行探讨，学生有了兴趣进行积极互动，发现问题所在接着深入研究，基本都能通过品味，领会到这句话中包含的既惊且惧又急的心情了，后来学生再次朗读时表现就好多了。这种语气上的变化也使大家体会到刘邦这个人虽然胆小，但最大的优点就是在自己不知道该怎么办的时候能向别人虚心求教，这也是他在鸿门宴上以及之后的楚汉相争中取胜的一个重要因素。人物形象通过同一句话前后两种不同语气，立刻栩栩如生地展现出来了。在这个教学片断中，让学生自己犯错误，再自己改正错误，最终找到问题的正确答案，这样“自主探究、多元互动”得到的印象就更加深刻了，效果比教师直接讲出要好得多。

“自主探究、多元互动”的理念要求教师在进行教学设计时，一定要充分考虑到学生的主动性，采用探究型的教学方式，鼓励学生发现问题、解决问题。但这样的课堂对教师的驾驭能力要求较高，因此就要求语文教师应树立创建探究型课堂的意识，注重基本功训练，在反复实践中总结经验，不断提高自己的能力，争取最佳的教学效果。